工业和信息化普通高等教育
"十三五"规划教材立项项目

21世纪高等学校
经济管理类规划教材
高校系列

U0733467

NEW ECONOMIC LAW COURSE

新编经济法教程（微课版）

✚ 孙芬 柏成鹏 编著

ECONOMICS AND MANAGEMENT

人民邮电出版社
北　京

图书在版编目（ＣＩＰ）数据

新编经济法教程：微课版 / 孙芬，柏成鹏编著. --
北京：人民邮电出版社，2021.5
21世纪高等学校经济管理类规划教材. 高校系列
ISBN 978-7-115-55728-5

Ⅰ．①新… Ⅱ．①孙… ②柏… Ⅲ．①经济法－中国
－高等学校－教材 Ⅳ．①D922.29

中国版本图书馆CIP数据核字(2020)第260033号

内 容 提 要

本书根据新修订和新颁布的法律法规编写，涵盖了绪论、外商投资法和个人独资企业法、合伙企业法、公司法概述与公司法的基本制度、有限责任公司和股份有限公司、破产法、担保法、合同法、产品质量法、消费者权益保护法、反不正当竞争法、劳动法、税法等内容，并注重案例教学，以培养学生使用法律知识解决实际法律问题的能力。

本书可作为高等院校经济管理类专业相关课程的教材，也适合作为工商企业、事业单位从业人员的自学参考书。

♦ 编　　著　孙　芬　柏成鹏
　　责任编辑　刘向荣
　　责任印制　李　东　胡　南

♦ 人民邮电出版社出版发行　　北京市丰台区成寿寺路 11 号
邮编　100164　　电子邮件　315@ptpress.com.cn
网址　https://www.ptpress.com.cn
大厂回族自治县聚鑫印刷有限责任公司印刷

♦ 开本：787×1092　1/16
印张：13.75　　　　　　　　2021 年 5 月第 1 版
字数：353 千字　　　　　　2021 年 5 月河北第 1 次印刷

定价：48.00 元

读者服务热线：(010)81055256　印装质量热线：(010)81055316
反盗版热线：(010)81055315
广告经营许可证：京东市监广登字 20170147 号

前　言 Preface

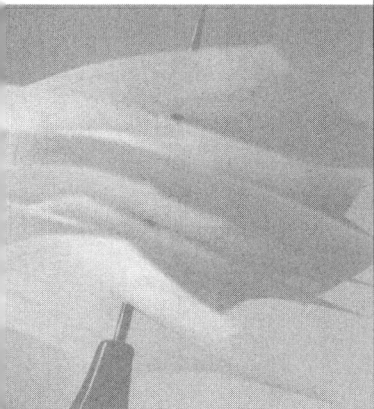

　　经济法是调整在国家宏观经济管理过程中发生的社会关系的法律规范的总称。经济法是一个独立的法的部门，既与其他法的部门有着普遍的联系，又不同于国内法体系中的民法、行政法等法的部门。经济法课程是教育部确定的全国普通高等院校法学专业、经济管理类专业的核心课程之一。

　　经济法内容涉及国民经济的各个方面，内容庞杂，头绪纷繁。经济法方面的教材也往往经纬百端，盘根错节，学生即使在课上"心知肚明"，但在课后仍然"一头雾水"。同时，大多数的经济法教材都比较"厚重"，按时下的学时安排，教师往往难以讲授完全部的内容。作为身处第一线的经济法课程的任课教师，我们认为，在保持经济法学科完整性的同时，教材内容要删繁就简、突出重点，做到条理清晰、言简意赅。编者力图以精练的语言，严谨的框架结构，从庞大而繁杂的经济法体系中提取重点进行阐述，以提高学生准确把握关键知识点和实际运用的能力。编者在编写过程中也始终坚持遵循高等院校"注重能力培养"和培养创新创业型人才的指导思想，将自己学习和研究教学法以及讲授经济法的经验融入教材，以适应实际教学的需要。

　　本书突出时效性，参考了新的经济法规，尤其是参考了 2020 年5 月 28 日第十三届全国人民代表大会第三次会议通过的《中华人民共和国民法典》（该法典共七编，一千二百六十条），采撷了某些涉及经济法的条款的要旨。本书采用了最高人民法院的司法解释，吸收和反映了新的立法内容、学科领域的新研究、司法实践的新成果。例如，已对照 2020 年新实施的《外商投资法》更新相关内容。同时，鉴于经济管理类学生将来实际工作的需要，本书将公司法、合同法和劳动法列为重点内容。

　　为了加强对技能和实践能力的培养，本书融知识性、理论性与实践性于一体，在每章中编入了内容丰富的案例，以不同的形式，深入浅出地剖析重点、难点知识，培养学生的实际运用能力，使全书内容更加完善，更方便教与学。同时，编者还安排了一些随堂演练和课后习题供学生练习。

本书在编写过程中，参考和借鉴了近年来我国经济法教学和研究的新成果，同时也做了一些有益的探索。本书参考了很多同类著作，限于篇幅，恕不一一列出，谨向这些作者深表感谢！

鉴于编者水平有限，文中难免存在词不达意之处，恳请同行与专家不吝指正！

孙　芬　柏成鹏

2021 年 2 月

目录 Contents

经济法用英文表述为 economic law。Economic 是名词 Economy 的形容词形式。Economy 意为某个国家（地区）中生产、贸易和货币供应之间的相互关系（the relationship between production，trade and the supply of money in a particular country or region），简而言之，就是经济（经济情况或经济结构）。按照《辞海》的解释，经济是"经世济民"的意思，是政治和意识形态等上层建筑籍以树立起来的基础，也是一个国家（地区）经济的总称，还可以指经济的各个部门，如农业、林业、贸易、轻工业等。

经济法是调整需要由国家干预的经济关系的法律规范的总称，也就是国家为了克服市场失灵而制定的，调整需要由国家干预的、全局性和社会公共性的经济关系的法律规范的总称。

学术界现在普遍认为，最早在现代意义上使用经济法概念的人是德国学者里特尔（Ritter），他于 1906 年在德国创刊的《世界经济年鉴》中，最早使用了"经济法"这个词语，以阐述有关世界经济的各种法规概况。

经济法作为社会的上层建筑，其产生与发展离不开经济基础。经济法是调整特定经济关系，即物质利益关系的，其目的在于为各类经济法主体之间物质利益的分配提供法律保障。从这个意义上来说，经济法实质上就是分配法（杨紫煊，2008）。经济法是一个独立的法的部门。现代经济法以独立部门法面貌出现，始于 19 世纪末至 20 世纪初，其典型代表是美国和德国的经济法。在这之前，虽有一些经济法性质的法规，但没有部门法意义上的经济法。经济法的产生有其深刻的经济根源、政治根源、法律根源和思想理论根源。经济法的产生符合社会发展的客观规律。

一、经济法产生的因素

（一）经济因素

19 世纪以后，西方各主要资本主义国家的市场条件比较接近完全竞争。作为"一只看不见的手"的市场机制，实现了最优的资源配置效率，对社会的经济生活发挥了积极的引导作用。这一时期的政府活动以不破坏市场的自由运行为限。但是，到了 19 世纪末 20 世纪初，一些主要资本主义国家已经完成了从自由资本主义向垄断资本主义的过渡。市场机制的失灵和经济关系的日益复杂化给政府带来了一系列问题，即垄断和不正当竞争虽然内生于市场经济，但却破坏了市场经济的公平竞争，给市场经济的健全、国家安全和社会秩序带来了严重威胁。在这种情况下，政府对社会经济事务的干预显得越来越重要。由于政府介入经济生活，一种单纯运用公法或私法手段不能解决的经济关系在经济生活中出现了，这种经济关系需要一个新的法的部门来解决。因此，经济法作为一个独立的法的部门出现了。

（二）文化因素

西方资本主义国家的文化传统是建立在个人本位的基础上的，对政府抱有根深蒂固的不信任感，因而奉行对国家权力严格限制的观念，在美国表现得最为突出。19 世纪末，当企业的联合和兼并席卷美国时，绝大多数美国人依然严守着自由竞争的原则和反对垄断的习惯。托拉斯的建立所造成的财富积累导致了权力的集中，从而引起了美国人民普遍的忧虑和不满，因此他们要求国家干预，颁布一种反对垄断和限制竞争的法律。

（三）思想理论因素

早期的资本主义社会是一种完全自由竞争的社会。当时的古典政治经济学代表人物亚当·斯密（1723—1790）认为，政府无须适应和插手社会经济生产，在实施完全竞争的社会生活中，政府只充当"守夜人"的角色。这时占主导地位的思想是，国家对社会生活完全放任，相信其可以遵循"自然秩序"。19世纪末20世纪初的世界经济危机打破了"自然秩序"的神话。于是，应运而生的凯恩斯主义通过主张国家对经济生活的全面干预，从而促成了实质意义上的经济法的诞生。

我国经济法分成两个阶段实施，"改革开放之前"和"改革开放之后"，党的十一届三中全会是两个阶段的分界线。自1949年中华人民共和国成立后，经济法的实施就开始了。改革开放之前，我国政府就颁布了一些有关经济发展的法律法规。从1979年到1992年，我国政府实施了一系列经济法规，我国的经济法框架逐步形成。随着我国对市场经济的确认，经济法学把目光转向已趋成熟的现代经济法。

二、经济法的调整对象

经济法所调整的对象是国家在履行经济管理职能时与各市场主体之间产生的经济关系，具体包括以下几个方面。

（一）企业组织管理关系

经济法对这类关系进行调整，是为了培育合格的市场主体。没有这种活跃且合格的市场主体，就不会形成繁杂有序的市场。在市场主体体系中，企业是主要的市场主体。在企业的设置、变更、终止过程中发生的经济管理关系和企业内部管理过程中发生的经济关系，应该由经济法调整。

（二）市场管理关系

经济法对这类经济关系进行调整是为了规范竞争、维护市场经济秩序、实现市场功能。市场主体进入市场必然展开竞争，无竞争则无市场。然而，内生于竞争的垄断产生了超额利润，因而限制了竞争。另外，激烈的竞争还会导致不正当竞争，这种竞争是一种过度竞争，对市场机制造成明显的损害。无论是垄断还是不正当竞争都会使市场经济的微观调节机制扭曲，从而导致市场失灵。国家必须介入微观市场，排除市场障碍，对扭曲的市场运行关系进行矫正和管理，这种市场管理中的经济关系同样需要经济法调整，才能完善市场规则，实现市场的优化配置功能。

（三）宏观调控关系

经济法对这类经济关系进行调整是为了弥补市场缺陷，防止或消除经济中的总量失衡和结构失调，更好地把民众的当前利益与长远利益、局部利益与整体利益结合起来。宏观调控是指国家为了实现经济总量的基本平衡，促进经济结构的优化，推动国民经济的发展，而对国民经济总体活动进行调节和控制。以间接手段为主的宏观调控应由经济法调整。

（四）社会保障体系

市场主体在激烈的竞争中遭遇风险后，难以保障基本生活，可能威胁市场秩序的稳定，因而国家需要通过法律使人们在激烈的市场竞争中有所保障，给遇到或尚未遇到风险的人解除后顾之忧，提供社会保障制度以帮助他们渡过难关。这种社会保障关系应该由经济法来调整。

三、经济法的特征

与其他部门法相比，经济法具有以下几个特征。

（一）综合性

经济法所调整的经济关系，其内容涉及工业、农业、基本建设、自然资源、能源、运输、邮电、海商、物资、商业、外贸、海关、旅行、劳动、物价、财政、税收、金融、专利、商标、统计、审计、会计等多个方面。经济法调整对象的综合性，决定了经济规范构成的综合性，既包括若干具体部门经济法，又包括经济法律、法令、条例、细则和办法等许多规范形式的经济法律规范，还有中央制定颁布的、地方和主管部门制定与发布的不同层次、不同法律效力、不同适用范围的经济法律规范。调整对象的综合性决定了经济法针对不同的经济关系采用不同的调整方式。在规范作用的结果上，综合性的调整方法有助于实现经济法的价值，维护社会整体利益。

（二）经济政策性

经济法体现经济政策，是作为经济立法的总体把握。体现经济政策的经济法也应根据变化了的实践及时进行必要的修订。

（三）规制性

经济法的规制性是指经济法能够促进与限制、奖励与惩罚综合并用，以实现宏观调控目标和立法目的。限制性是法律的基础。经济法的限制性，主要是通过限制或禁止某种作为或者不作为的法律，来实现限制或者取缔某种经济活动和经济法律关系的发生或者存在的目的。一般的经济法律规范是促进性和限制性两者兼而有之。

（四）平衡协调性

经济法的平衡协调性是指经济法综合运用各种措施，使市场主体的行为和政府干预的行为保持适度的平衡协调，以实现相互冲突的利益在社会总体利益的目标下得到满足而呈现一种相对稳定的静态特征。国家权利与市场自由就像天平的两端，中间的平衡点是市场规律，而经济法是一个活动的砝码，其作用在于调整天平的平衡。当一端偏轻时，经济法这只砝码就移向轻的一端，以保持天平始终处于平衡状态。

（五）现代性

经济法是现代市场经济的产物。20世纪30年代以来，西方国家普遍实行国家干预经济，制定了大量的经济政策。但由于经济政策立法先天就不具备现代经济法的规范政府干预的职能，从而在很大程度上导致政府干预的滥用，这种滥用使政府干预走向失败。西方主要资本主义国家在20世纪六七十年代出现"滞胀"，宣告政府干预失灵。也正是在这个时期，现代经济法作为"政府干预失灵"的手段得到进一步的发展与完善。在内容要求上，经济法具有双重职能，它不仅是政府干预经济的有效手段，也是政府干预经济的约束和规范。在现代市场经济基础上产生的经济法，其保护作用也具有双重性，既保护社会公共利益，又兼顾对市场经济个体私利的保护。

四、经济法的基本原则

贯穿经济法这一法的部门的基本原则，是经济法规范和法律文件所应贯彻的指导性准则。它在经济法这一法的部门内部具有最高的普遍性和概括性，体现经济法的本质属性，反映经济法的精神和价值。下面简述经济法的三大基本原则。

（一）维护公平竞争的原则

经济法要维护市场机制的有效运转，就必须为市场经济提供平等、公平、有序的竞争环境。同时，经济法也要保障市场主体能够自由和正当地竞争。在市场经济条件下，平等、公平、有序的竞争，才能发挥竞争的积极作用，而不平等、不公平的无序竞争，会排斥、扰乱正当的竞争行为，引起社会秩序的混乱。因此，经济法一方面要采取措施引导和促进自由竞争，另一方面要反对不正当竞争，要禁止垄断，以使竞争合理、正当和适度。

（二）责、权、利相统一的原则

"责"是指各级管理组织和企业必须对国家和社会承担的经济义务。"权"是实现责的条件，指的是权利和权力。"利"指的是完成经济义务后应获得的物质利益。责、权、利相统一，是经济法的一条重要准则，是指职责（义务）、权力（利）和权益（物质利益）必须一致，不应当有脱节、错位和不平衡等现象存在。这种一致（统一）是处理国家同各级管理组织、企业相互关系必须依据的原则。每个具体的经济法律关系，其内容（经济权利和经济义务）都是责、权、利相结合的具体化。从经济法调整的经济关系看，无论是宏观管理经济关系，还是市场规制经济关系，都必须做到责、权、利一致。

（三）平衡协调的原则

作为国家调控经济之法，经济法着重于对整个社会经济生活的调控，从整个国民经济的协调发展和社会整体利益出发，在调整各种经济关系时，注意协调各种利益主体的行为，平衡其相互间的利益关系，以引导、促进或强制实现社会整体发展目标与个体目标的协调统一，就是既要保障各种经济主体利益的平衡发展，又要努力使社会的共同利益与个体利益相协调。

五、经济法体系的结构

经济法是一个独立的法的部门，经济法本身又有自己的体系。经济法体系是由多层次的、门类齐全的经济法部门组成的一个有机联系的整体。经济法体系是一个有机的系统，而且是门类齐全的，不是残缺不全的。经济法体系有以下结构。

（一）市场主体法

这是经济法的起点，是经济法的重要组成部分。市场主体法主要包括公司法、企业法等。

（二）市场管理法

市场管理法是在市场管理过程中发生的经济关系的法律规范的总称。市场有序化是充分发挥市场机制作用的前提。市场管理法以生产者、经营者和消费者为对象，以保护公平竞争和保护弱者为原则，排除干扰自由竞争的因素，保证市场自发调节机制正常运转，促进公平竞争，维护市场秩序、防止市场失灵，体现经济法的效益价值。市场管理法主要包括：反不正当竞争法、消费者权益保护法、产品质量法、反垄断法、城市房地产管理法等。

（三）宏观调控法

宏观调控法是经济法体系中的重要组成部分，是国家管理经济的主要法律手段。宏观控制以政府为主要对象，是确认和规范政府宏观经济运行的行为，适度干预经济的法律形式，其通过法律形式赋予国家调节国民经济的权力，推动社会全面进步，以实现经济法的实质公平。宏观调控法主要包括：计划和投资法、预算法、政府采购法、固定资产法、税收法、银行法、国有资产管理法、统计法、会计与审计法，以及自然资源法和能源法等。

（四）社会保障法

在市场经济条件下，自由竞争、优胜劣汰，势必会造成一部分劳动者的生活无法得到保障，而市场本身又无法解决此类问题，因此国家需要进行干预，制定强制措施，建立互济互助、社会化管理的社会保障制度。将社会保障法纳入经济法体系，有利于保护劳动者的基本生活权利，维护社会稳定，促进经济稳定快速发展。社会保障法主要包括：社会保险法、社会救助法、社会福利法、优抚安置法等。

六、经济法的有效实施

经济法要制定得妥善，也要实施得有效。经济法的实施，是指经济法主体实现经济法律规范的活动，其中包括经济守法、经济执法和经济司法。经济守法，是指经济法主体必须遵守经济法律规范；经济执法，是指国家行政机关必须依照法定的职权和程序执行经济法律规范；而经济司法是指国家司法机关依照法定的职权和程序处理违反经济法规的案件的活动。

经济法的制定是经济法实施的前提。但是，经济法的实施更为重要。只有做到有法必依、执法必严、违法必究，才能保证经济法的实施，发挥经济法的作用，维护社会经济秩序，促进市场经济体制的健全和完善，推动经济社会的发展。

法律的生命在于实行。我国经济法的实施取得了很大的成绩，主要表现在两个方面：第一，在市场监管方面，制止不正当竞争，保护消费者权益，维护市场经济秩序，实现市场功能，发挥了重要作用；第二，在加强宏观调控方面，弥补市场调节的缺陷，防止或消除经济中的总量失衡和结构失调，优化资源配置，更好地结合当前利益与长远利益、局部利益与整体利益，推动国民经济的发展。总之，经济法实施的成绩是主要的，是主流，也必须肯定。

不过，也应看到，不少经济法律、法规还没有得到贯彻执行，有法不依、执法不严、违法不究的现象在一些地方和部门依然存在。第九届全国人民代表大会第一次会议批准的《全国人民代表大会常务委员会工作报告》指出：在法律制定后，如何保证法律的有效实施，已经成为我国法制建设的关键环节。

对于如何有效实施经济法律规范，学者们提出了以下建议。

（1）深入开展全方位的经济法制教育，增强公民的经济法制观念。要用多种方式、方法进行，还要结合本行业、本地区、本单位的实际情况进行普法教育。

（2）加强经济执法、司法干部队伍的建设，选择合格的人员担任经济执法、司法干部，对他们加强政治素质、专业知识和业务能力方面的培训，努力造就一支政治坚定、业务精通、作风过硬、纪律严明、廉洁奉公的经济执法、司法干部队伍。

（3）改革与完善经济执法制度。要从制度上保证经济法的实施，必须采取切实措施，加快形成行为规范、公正透明、廉洁高效的经济管理体制。

（4）建立与完善经济法责任制度。在我国制定经济法的过程中，经济法的责任制度主要使用了民事责任、财产责任，这些责任不足以强调经济法的协调功能以及充分利用经济法的法律效力。在这方面，可以积极扩展经济法责任的形式，如行政责任和刑事责任，从行政法和刑事法中扩展经济法的责任形式，同时探索与其他法律和社会责任不同的经济法责任形式，以便经济法得到有效实施和执行。

（5）建立和健全监督关系。加强监督工作，必须采取国家权力机关的监督、行政机关的监督、审判和检察机关的监督、社会团体的监督、民众监督、舆论监督等多种形式进行。各级人民政府都必须自觉接受同级人民代表大会及其常委会的监督。人民法院和人民检察院要健全内部和外部制约机制，加强人民法院的审判监督和检察院的诉讼监督，维护司法公正。

外商投资法和个人独资企业法 | 第一章

导入案例

　　2010年1月8日，澎湃新闻记者从上海市浦东新区人民法院获悉，近日，该院对原告Carson（美国籍）诉被告某进出口有限公司、第三人张某及程某股东资格确认纠纷做出一审判决，认定被告的经营范围不属于外商投资负面清单范围，原告有权享有外商投资国民待遇。遂判决支持了原告的诉讼请求。

　　上海浦东新区人民法院介绍，本案系该院宣判的首例涉《中华人民共和国外商投资法》案件，该法已于2020年1月1日正式生效。

　　根据《中华人民共和国外商投资法》及司法解释的规定，我国在外商投资领域全面实施准入前国民待遇加负面清单制度。上海浦东法院自贸区法庭副庭长、本案审判长黄鑫认为，本案是一起典型的涉外商投资法及其负面清单制度的案件，案件主要有三个争议焦点：一是原告是不是被告的隐名股东；二是原告如果系隐名股东，其与两位第三人共同成立公司的合同效力如何认定；三是将第三人代持的股份变更到原告名下是否存在法律或政策上的障碍。

　　人民法院经审理后认为，综合全案证据，原告确系被告股份的隐名所有人，其中26%股份由第三人张某代持。原《中华人民共和国中外合资经营企业法》虽然规定外方可以同中国的公司、企业或其他经济组织共同创办合资企业，其中中方合资人没有包括中国的自然人，但该法已经废止。新生效的《中华人民共和国外商投资法》在这方面并没有限制，《外商投资法实施条例》进一步明确，中方合资人包括中国的自然人在内。

　　因此，该合同合法有效。

　　同时，被告的经营范围并不属于负面清单范围。根据新出台的《最高人民法院关于适用〈中华人民共和国外商投资法〉若干问题的解释》第二条的规定，对外商投资准入负面清单之外的领域形成的投资合同，当事人以合同未经有关行政主管部门批准、登记为由而主张合同无效或者未生效的，人民法院不予支持。前款规定的投资合同签订于外商投资法施行前，但人民法院在外商投资法施行时尚未做出生效裁判的，适用前款规定认定合同的效力。因此，该合同合法有效。

　　综上，人民法院判决支持原告的所有诉讼请求。

　　（资料来源：澎湃新闻）

　　问题：什么是外商投资的负面清单管理制度？

第一节 | 外商投资法

2019年3月15日第十三届全国人民代表大会第二次会议通过了《中华人民共和国外商投资法》

（以下简称《外商投资法》），包括总则、投资促进、投资保护、投资管理、法律责任及附则，共 6 章，42 条。该法自 2020 年 1 月 1 日起施行，成为新时代我国利用外资的基础性法律。《中华人民共和国中外合资经营企业法》《中华人民共和国外资企业法》《中华人民共和国合作经营企业法》同时废止。但依上述法律设立的外商投资企业，在《外商投资法》施行后五年内可以继续保留原企业组织形式等。具体实施办法由国务院规定。

一、外商投资与外商投资企业概述

（一）外商投资与外商投资企业的概念

1. 外商投资的概念

外商投资，是指外国的自然人、企业或者其他组织（以下简称"外国投资者"）直接或间接在中国境内进行的投资活动。由此可见，外商投资的主体可以是自然人，也可以是企业或其他组织，而发起投资活动既可以是直接的，也可以是间接的。具体地说，包括下列情形。

（1）外国投资者单独或者与其他投资者共同在中国境内设立外商投资企业；

（2）外国投资者取得中国境内企业的股份、股权、财产份额或者其他类似权益；

（3）外国投资者单独或者与其他投资者共同在中国境内投资新建项目；

（4）法律、行政法规或者国务院规定的其他方式的投资。

从这个规定中可以看出，外国投资者在中国的投资既可以是设立企业的形式，也可以是投资新建项目的形式，还可以是通过取得中国境内企业的权益的形式。这种投资形式是比较多元化的。《外商投资法》同时规定，对外国投资者在中国境内投资银行业、证券业、保险业等金融行业，或者在证券市场、外汇市场等金融市场进行投资的管理，国家另有规定的，依照其规定。

2. 外商投资企业的概念

外商投资企业，是指全部或者部分由外国投资者投资，依照中国法律在中国境内经登记注册设立的企业。

（二）外商投资法的立法目的、适用范围

1. 立法目的

《外商投资法》第一条规定："为了进一步扩大对外开放，积极促进外商投资，保护外商投资合法权益，规范外商投资管理，推动形成全面开放新格局，促进社会主义市场经济健康发展，根据宪法，制定本法"。

改革开放以来，外商投资是促进我国经济社会发展的重要力量之一。近年来，在新的国际形势下，中国需要通过实行高水平的贸易和投资自由化、便利化政策来推动形成全方位、多层次、宽领域的全面开放新格局，推动更高质量的提升和经济结构转型升级。40 多年前制定的"外资三法"已经难以适应新时期外商投资在中国发展的需要。《外商投资法》适应新时代进一步扩大对外开放的需要，坚持"促进和保护"的理念，积极促进外商投资，保护外商投资合法权益，营造稳定、透明、可预期的投资环境，对于积极、有效利用外资的意义非常重大。

2. 适用范围

《外商投资法》适用于中华人民共和国境内的外商投资。国家依法保护外国投资者在中国境内的投资、收益和其他合法权益。

二、对外商投资的促进、保护、管理的规定

《外商投资法》实施后，取代了"外资三法"，对外商投资的保护、促进和管理等制定了统一规定。其重点从"外资三法"对外资的"监管"变为对外资的"促进和保护"，鼓励外国投资者依法在中国境内投资。

（一）投资促进

《外商投资法》明确规定了一些促进外商投资的措施。例如，国家根据国民经济和社会发展需要，鼓励和引导外国投资者在特定行业、领域、地区投资；外国投资者、外商投资企业可以依照中国法律、行政法规或者国务院的规定享受优惠待遇；国家根据需要，设立特殊经济区域，或者在部分地区实行外商投资试验性政策措施，促进外商投资，扩大对外开放。《外商投资法》的投资促进作用具体表现在以下五个方面。

1. 以"平等"促进投资

《外商投资法》使外商投资企业可以享有与中国企业平等的待遇，保障其在中国的合法权益。

具体来说，法律规定外商投资企业依法平等适用国家支持企业发展的各项政策；国家保障外商投资企业依法平等参与标准制定工作，强化标准制定的信息公开和社会监督；国家制定的强制性标准平等适用于外商投资企业；国家保障外商投资企业依法通过公平竞争参与政府采购活动。政府采购依法对外商投资企业在中国境内生产的产品、提供的服务平等对待。

2. 以"服务"促进投资

国家建立健全外商投资服务体系，为外国投资者和外商投资企业提供法律法规、政策措施、投资项目信息等方面的咨询和服务；县级以上地方人民政府可以根据法律、行政法规、地方性法规的规定，在法定权限内制定外商投资促进和便利化政策措施；各级人民政府及其有关部门应当按照便利、高效、透明的原则，简化办事程序，提高办事效率，优化政务服务，进一步提高外商投资服务水平；有关主管部门应当编制和公布外商投资指引，为外国投资者和外商投资企业提供服务和便利。

3. 以"透明"促进投资

这一点体现在以下几个方面：制定与外商投资有关的法律、法规、规章，应当采取适当方式征求外商投资企业的意见和建议；与外商投资有关的规范性文件、裁判文书等，应当依法及时公布。

4. 以"交流合作"促进投资

国家与其他国家和地区、国际组织建立多边、双边投资促进合作机制，加强投资领域的国际交流与合作。

5. 以"资本市场"促进投资

外商投资企业可以依法通过公开发行股票、公司债券等证券和其他方式进行融资。

（二）投资保护

《外商投资法》改善外资企业在中国的营商环境，进一步加强对外资企业权益的保护。

1. 产权保护

国家对外国投资者的投资不实行征收。在特殊情况下，国家为了公共利益的需要，可以依照法

律规定对外国投资者的投资实行征收或者征用。征收、征用应当依照法定程序进行，并及时给予公平、合理的补偿。

外国投资者在中国境内的出资、利润、资本收益、资产处置所得、知识产权许可使用费、依法获得的补偿或者赔偿、清算所得等，可以依法以人民币或者外汇自由汇入、汇出。

中国鼓励和希望引进更多先进技术，但禁止强制技术转让。国家保护外国投资者和外商投资企业的知识产权，保护知识产权权利人和相关权利人的合法权益；对知识产权侵权行为，严格依法追究法律责任。国家鼓励在外商投资过程中基于自愿原则和商业规则开展技术合作。技术合作的条件由投资各方遵循公平原则，平等协商确定。行政机关及其工作人员不得利用行政手段强制转让技术。

行政机关及其工作人员对于履行职责过程中知悉的外国投资者、外商投资企业的商业秘密，应当依法予以保密，不得泄露或者非法向他人提供。

2. 对涉及外商投资规范性文件制定约束

各级人民政府及其有关部门制定涉及外商投资的规范性文件，应当符合法律法规的规定；没有法律、行政法规依据的，不得减损外商投资企业的合法权益或者增加其义务，不得设置市场准入和退出条件，不得干预外商投资企业的正常生产经营活动。

3. 促使地方政府守约践诺

地方各级人民政府及其有关部门应当履行向外国投资者、外商投资企业依法做出的政策承诺以及依法订立的各类合同。

因国家利益、社会公共利益需要改变政策承诺、合同约定的，应当依照法定权限和程序进行，并依法对外国投资者、外商投资企业因此受到的损失予以补偿。

4. 完善外商投资企业投诉维权机制

国家建立外商投资企业投诉工作机制，及时处理外商投资企业或者其投资者反映的问题，协调完善相关政策措施。

外商投资企业或者其投资者认为行政机关及其工作人员的行政行为侵犯其合法权益的，可以通过外商投资企业投诉工作机制申请协调解决。

外商投资企业或者其投资者认为行政机关及其工作人员的行政行为侵犯其合法权益的，除依照前款规定通过外商投资企业投诉工作机制申请协调解决外，还可以依法申请行政复议、提起行政诉讼。

外商投资企业可以依法成立和自愿参加商会、协会。商会、协会依照法律法规和章程的规定开展相关活动，维护会员的合法权益。

（三）投资管理

1. 准入前国民待遇和负面清单管理制度

国家对外商投资实行准入前国民待遇加负面清单管理制度。在投资准入阶段，除了负面清单规定的领域之外，给予外国投资者及其投资不低于本国投资者及其投资的待遇。把国民待遇从准入后调整到准入阶段，给外商更多的自由和便捷。

负面清单是指国家规定在特定领域对外商投资实施的准入特别管理措施。国家对负面清单之外的外商投资，给予国民待遇。负面清单由国务院发布或者批准

准入前国民待遇和负面清单管理制度

发布，具有公开性和稳定性。外商投资准入负面清单规定禁止投资的领域，外国投资者不得投资。外商投资准入负面清单规定限制投资的领域，外国投资者进行投资应当符合负面清单规定的条件。外商投资准入负面清单以外的领域，按照内外资一致的原则实施管理。

具体的做法就是取消了原来的逐案审批制管理模式。外资企业到中国来投资不再需要政府部门一个一个审批，对所有的外资准入项目分类，根据负面清单的规定进行审批。2019年，负面清单里只有48项是需要审批的。负面清单之外的就享受和国内企业同样的待遇，企业只要到国家市场监督管理总局备案，到地方的分支机构注册就可以了。

2. 外商投资企业的组织形式

外商投资企业的组织形式、组织机构及其活动准则，适用《中华人民共和国公司法》《中华人民共和国合伙企业法》等法律的规定。

三、法律责任

对于外国投资者违反《外商投资法》的法律责任，《外商投资法》做了以下规定。

（1）外国投资者投资外商投资准入负面清单规定禁止投资的领域的，由有关主管部门责令停止投资活动，限期处分股份、资产或者采取其他必要措施，恢复到实施投资前的状态；有违法所得的，没收违法所得。

（2）外国投资者的投资活动违反外商投资准入负面清单规定的限制性准入特别管理措施的，由有关主管部门责令限期改正，采取必要措施以满足准入特别管理措施的要求；逾期不改正的，依照前款规定处理。

（3）外国投资者的投资活动违反外商投资准入负面清单规定的，除依照前两款规定处理外，还应当依法承担相应的法律责任。

（4）外国投资者、外商投资企业违反本法规定，未按照外商投资信息报告制度的要求报送投资信息的，由商务主管部门责令限期改正；逾期不改正的，处10万元以上50万元以下的罚款。

（5）对外国投资者、外商投资企业违反法律、法规的行为，有关部门依法查处，并按照国家有关规定纳入信用信息系统。

（6）行政机关工作人员在外商投资促进、保护和管理工作中滥用职权、玩忽职守、徇私舞弊的，或者泄露、非法向他人提供履行职责过程中知悉的商业秘密的，依法给予处分；构成犯罪的，依法追究刑事责任。

第二节 个人独资企业法

个人独资企业法有广义和狭义之分。广义的个人独资企业法，是指国家关于个人独资企业的各种法律规范的总称；狭义的个人独资企业法，是指1999年8月30日第九届全国人民代表大会常务委员会第十一次会议通过，自2000年1月1日起施行的《中华人民共和国个人独资企业法》（以下简称《个人独资企业法》），该法共6章48条。

一、个人独资企业法概述

（一）个人独资企业的概念

个人独资企业有投资少、设立简便、企业的经营管理方式灵活等优势，可以与社会化程度较低、规模小的市场活动相适应，所以个人独资企业仍然为现代社会的经济生活采用。

个人独资企业的概念

《个人独资企业法》第二条对个人独资企业作了明确规定。根据该条规定，个人独资企业，是指依照《个人独资企业法》在中国境内设立，由一个自然人投资，财产为投资人个人所有，投资人以其个人财产或家庭财产对企业债务承担无限责任的经营实体。

由上述定义可见，一方面，个人独资企业的产权关系为投资人个人所有，即个人财产与企业财产合二为一，其责任形式为无限责任。另一方面，个人独资企业的地位为经营实体，即不具备法人资格但具有组织体的特征，亦即个人独资企业与投资人是相对分离的，以营利为目的，以个人独资企业的名义开展经营活动。按照《中华人民共和国民法典》（以下简称《民法典》），个人独资企业系非法人组织，不具有法人资格。

（二）个人独资企业的法律特征

个人独资企业具有以下法律特征。

个人独资企业的特征

1. 主体特征

个人独资企业由一个自然人投资。个人独资企业的出资人为一个自然人。尽管该自然人的出资可能来自其他自然人、法人、经济组织或者机构。上述的自然人仅指中国公民。

2. 企业产权归属特征

个人独资企业的财产为投资人个人所有，即投资人对个人独资企业的财产依法享有所有权。企业成立时的出资和经营过程中积累的财产都归个人独资企业的投资人所有。企业的财产与投资人的个人财产没有严格的区分，即使有区分，也仅仅在于经营性财产和消费性财产的区分。

所以，许多国家在法律上，一般不将个人独资企业作为独立的纳税主体，而由投资人个人缴纳各种税收。

3. 责任特征

个人独资企业自身不是一个独立的财产权主体，不具备法人资格。

投资人以其个人财产对企业债务承担无限责任。投资人承担企业债务的责任范围不限于出资，其责任财产包括独资企业中的全部财产和其他个人财产。即当企业的资产不足以清偿到期债务时，投资人应以自己个人的全部财产用于清偿。投资人对企业债务承担比较大的责任，这有利于保证独资企业债权人的利益。个人独资企业投资人在申请企业设立登记时明确以其家庭共有财产作为个人出资的，应当依法以家庭共有财产对企业债务承担无限责任。

【案例】刘某是某高校大四学生，已经经济独立。2018年8月，他在当地工商局注册成立了一家主营网络游戏开发的个人独资企业，取名为"游帆网络游戏有限公司"，注册资本为5元人民币。后来企业经营不善导致负债10万元。刘某决定于2018年10月自行解散企业，但是因为企业财产不足以清偿债务而被债权人诉诸人民法院。人民法院审理后认为刘某应以其个人财产对该企业的债务承担无限责任。

问题：刘某为什么要承担无限责任？

解析：刘某注册成立的是个人独资企业。个人独资企业，是指依照《个人独资企业法》在中国境内设立，由一个自然人投资，财产为投资人个人所有，投资人以其个人财产或家庭财产对企业债务承担无限责任的经营实体。

从责任特征方面看，个人独资企业自身不是一个独立的财产权主体，不具备法人资格。投资人以其个人财产对企业债务承担无限责任。投资人承担企业债务的责任范围不限于出资，其责任财产包括个人独资企业中的全部财产和其他个人财产。即当企业的资产不足以清偿到期债务时，投资人应以自己个人的全部财产用于清偿。投资人对企业债务承担比较大的责任，这有利于保证个人独资企业债权人的利益。

因此，刘某依法对所负债务承担无限责任。

4. 性质特征

个人独资企业是非法人企业。个人独资企业不具有法人资格，是以营利为目的的经营实体。但它是一个独立的市场主体，可以以自己的名义参与市场竞争，开展经营活动。

5. 组织管理特征

企业的内部机构设置简单，经营管理方式灵活。投资人既可以是企业的所有者，也可以是企业的经营者。因此，其内部机构的设置较为简单，决策程序也较为灵活。

二、个人独资企业的设立

（一）个人独资企业的设立条件

根据《个人独资企业法》第八条的规定，申请设立个人独资企业应当具备以下五个条件：（1）投资人为一个自然人，且只能是中国公民；（2）有合法的企业名称；（3）有投资人申报的出资；（4）有固定的生产经营场所和必要的生产经营条件；（5）有必要的从业人员。

（二）个人独资企业的设立程序

个人独资企业的设立程序如下。

1. 申请

申请设立个人独资企业，应当由投资人或者其委托的代理人向个人独资企业所在地的登记机关提出设立申请。

2. 审查登记

登记机关应当自收到设立申请文件之日起15日内，对符合《个人独资企业法》规定条件的予以登记，发给营业执照；对不符合《个人独资企业法》规定条件的，不予登记，发给企业登记驳回通知书，并书面说明理由。

3. 成立

企业是否具有开展经营活动的资格，关键就看它是否领取了营业执照。个人独资企业营业执照的签发日期，为个人独资企业成立日期。

另外，个人独资企业若设立分支机构，应当由投资人或委托代理人向分支机构所在地的登记机关申请登记，领取营业执照。登记机关应当在收到按规定提出的全部文件之日起 15 日内做出核准登记或不予登记的决定。核准登记的，发给营业执照；不予核准登记的，发给登记驳回通知书，并书面说明理由。

个人独资企业成立后，无正当理由，超过 6 个月未开业的，或开业后自行停业 6 个月以上的，吊销营业执照。个人独资企业存续期间登记事项发生变更的，应当在做出变更之日起 15 日内依法向登记机关申请办理变更登记。

三、个人独资企业的经营管理

投资人作为企业财产的唯一所有人，对企业的经营与事务管理享有绝对的控制与支配权，不受任何其他人的干预。

投资人对于个人独资企业的事务管理主要有自行管理、委托他人管理和聘用他人管理三种模式。投资人既可以自行管理企业事务，也可以委托或者聘用其他具有民事行为能力的人负责企业的事务管理。投资人委托或者聘用他人管理个人独资企业事务，应当与受托人或者被聘用的人签订书面合同。合同应表明委托的具体内容、授予的职权范围、受托人或者被聘用的人应履行的义务、报酬和责任等。受托人或者被聘用的人员应当履行诚信、勤勉的义务，以诚实信用的态度对待投资人，对待企业，应尽其所能依法保障企业利益，按照与投资人签订的合同负责个人独资企业的事务管理。

投资人对受托人或者被聘用的人员职权的限制，不得对抗善意第三人。所谓第三人，是指投资人对与受托人或者被聘用人员以外的与企业发生经济业务关系的人。所谓善意第三人，是指第三人在有关经济业务事项交往中，没有从事与受托人或者被聘用的人员串通、故意损害投资人利益的人。个人独资企业的投资人与受托人或者被聘用的人员之间有关权利义务的限制只对受托人或者被聘用的人员有效，对第三人并无约束力，受托人或者被聘用的人员超出投资人的限制与善意第三人的有关业务交往应当有效。

投资人委托或者聘用的管理个人独资企业事务的人员不得有下列行为。

（1）利用职务上的便利，索取或者收受贿赂；

（2）利用职务或者工作上的便利侵占企业财产；

（3）挪用企业的资金归个人使用或者借贷给他人；

（4）擅自将企业资金以个人名义或者以他人名义开立账户储存；

（5）擅自以企业财产提供担保；

（6）未经投资人同意，从事与本企业相竞争的业务；

（7）未经投资人同意，同本企业订立合同或者进行交易；

（8）未经投资人同意，擅自将企业商标或者其他知识产权转让给他人使用；

（9）泄露本企业的商业秘密；

（10）法律、行政法规禁止的其他行为。

【随堂演练】万某因出国留学将自己的个人独资企业委托陈某管理，并授权陈某在 5 万元以内的开支和 50 万元以内的交易可自行决定。设若第三人对此授权不知情，则陈某受托期间实施

的下列哪一行为是我国法律所禁止或无效的？（　　　）（单选）

  A．未经万某同意与某公司签订交易额为 10 万元的合同

  B．未经万某同意将自己的房屋以 100 万元出售给本企业

  C．未经万某同意向某电视台支付广告费 8 万元

  D．未经万某同意聘用其妻为企业销售主管

答案： B

解析： 《个人独资企业法》第二十条的规定，投资人委托或者聘用的管理个人独资企业事务的人员不得有下列行为：未经投资人同意，同本企业订立合同或者进行 50 万元以上的交易等。

四、个人独资企业的解散与清算

（一）个人独资企业的解散

个人独资企业的解散，是指个人独资企业终止活动使其民事主体资格消灭的行为。个人独资企业有下列情形之一的，应当解散。

（1）投资人决定解散。

（2）投资人死亡或者被宣告死亡，无继承人或者继承人决定放弃继承。

（3）被依法吊销营业执照而强制解散。

（4）法律、行政法规规定的其他情形。

个人独资企业决定解散企业的，应当清理企业财产，通知和公告债权人，收回企业债权，清偿企业债务。因此，如果企业债权人因故未能在规定的期限内申报其债权或其债务未能得到全部清偿，在企业解散后，仍可请求企业投资人清偿。为敦促债权人及时主张权利，我国《个人独资企业法》规定，债权人在 5 年内未向债务人提出偿债请求的，该责任消灭。

（二）个人独资企业的清算

个人独资企业解散时，应当进行清算。《个人独资企业法》对个人独资企业的清算做了如下规定。

1．确定清算人

清算人有两种产生方式：由投资人自行清算；由债权人申请人民法院指定清算人进行清算。

2．通知和公告债权人

投资人自行清算的，应当在清算前 15 日内书面通知债权人；无法通知的，应当予以公告。债权人应当在接到通知之日起 30 日内，未接到通知的应当在公告之日起 60 日内，向投资人申报其债权。

3．财产清偿顺序

个人独资企业解散的，财产应当按照下列顺序清偿：（1）清算费；（2）所欠职工工资和社会保险费用；（3）所欠税款；（4）其他债务。

4．清算期间对投资人的要求

清算期间，个人独资企业不得开展与清算目的无关的经营活动。在按前述财产清偿顺序清偿债务前，投资人不得转移、隐匿财产。

5．注销登记

个人独资企业清算结束后，投资人或者人民法院指定的清算人应当编制清算报告，并于清算结

束之日起 15 日内到原登记机关办理注销登记。经登记机关注销登记，个人独资企业终止。个人独资企业办理注销时，应当缴回营业执照。

复习与思考

一、填空题

1. （　　　），是指外国的自然人、企业或者其他组织（以下简称"外国投资者"）直接或间接在中国境内进行的投资活动。

2. 国家根据国民经济和社会发展需要，（　　　　）外国投资者在特定行业、领域、地区投资。

3. 外商投资企业可以依法通过公开发行（　　　　）等证券和其他方式进行融资。

4. （　　　）是指国家规定在特定领域对外商投资实施的准入特别管理措施。

5. 个人独资企业是指依照《个人独资企业法》在中国境内设立，由一个自然人投资，财产为投资人个人所有，投资人以其个人财产或家庭财产对企业债务承担（　　　）责任的经营实体。

二、选择题

1. 以下属于《外商投资法》规定的外商投资形式的有（　　　）。（多选）

A．外国投资者取得中国境内企业的股份、股权、财产份额或者其他类似权益

B．外国投资者单独或者与其他投资者共同在中国境内投资新建项目

C．法律、行政法规或者国务院规定的其他方式的投资

D．外国投资者单独或者与其他投资者共同在中国境内设立外商投资企业

2. 《外商投资法》侧重于对外商投资的（　　　）。（多选）

A．促进　　　　　　　　　　　B．保护

C．严格监管　　　　　　　　　D．外商法律责任的承担

3. 外资企业的法律特征包括（　　　）。（多选）

A．依据中国法律设立　　　　　B．依据外国法律设立

C．是中国企业　　　　　　　　D．实行准入前国民待遇加负面清单管理制度

4. 个人独资企业的投资人对本企业的财产（　　　）。（多选）

A．依法享有所有权　　　　　　B．其有关权利可以依法进行转让或继承

C．与个人财产存在一定的界限　D．与个人财产不能完全分离

5. 个人独资企业的投资人对企业债务承担（　　　）。（多选）

A．比较大的责任　B．无限责任　　C．无限连带责任　D．有限责任

三、名词解释

1. 外商投资企业

2. 个人独资企业

四、简答题

1. 个人独资企业与一人有限责任公司一样吗？法律为什么要规定两种企业类型呢？

2. 个人独资企业与个体工商户有何异同？

合伙企业法 | 第二章

导入案例

王某、于某、张某、赵某于2000年3月共同出资设立了一家合伙企业。2001年7月，该合伙企业因经营所需向某纸箱厂赊购一批纸箱，货款共计6 000元。由于经营不善，该合伙企业于2001年12月解散。王某、于某、张某、赵某对合伙期间的债权、债务进行清算。四个合伙人约定，上述对某纸箱厂的6 000元债务由王某承担，四人均在清算协议上签字予以认可。后某纸箱厂因索款未果，以四人为被告诉至人民法院。

庭审过程中，于某、张某和赵某三人均以清算协议为由，主张该笔欠款应由王某一人偿还。

问题：该债务应如何偿还？王某、于某、张某和赵某关于分担债务的协议，能否对抗外部债权人的主张？

第一节 合伙企业法概述

随着合伙企业在我国的发展，我国先是在《中华人民共和国民法通则》（以下简称《民法通则》）中对个人合伙与企业联营的有关内容做了规定。之后，国务院又在《私营企业暂行条例》中将其作为私营企业三种组织形式的一种加以规范。1997 年立法机关根据实行社会主义市场经济体制以来，我国市场主体的发展规范与合伙企业的发展需要，专门制定了《中华人民共和国合伙企业法》（以下简称《合伙企业法》），使其成为与公司、个人独资企业并列的市场经济体制下的企业组织形式。为适应经济与社会的发展要求，立法机关于 2006 年 8 月 27 日对《合伙企业法》进行了修订，并于 2007 年 6 月 1 日起施行。

狭义的合伙企业法即上述《合伙企业法》。广义的合伙企业法，是指国家立法机关或者其他权力机关依法制定的、调整合伙企业合伙关系的各种法律规范的总称。

一、合伙企业的概念和分类

（一）概念

合伙企业法所称的合伙企业，是指自然人、法人和其他组织依照《合伙企业法》在中国境内设立的，由两个或两个以上合伙人订立合伙协议，共同投资，合伙经营，共享收益，共担亏损，至少有一个以上的合伙人对合伙企业债务承担无限连带责任的营利性组织。按照《民法典》的规定，合伙企业系非法人组织，不具有法人资格。

合伙企业的概念和分类

（二）分类

合伙企业分为普通合伙企业和有限合伙企业。

1. 普通合伙企业

普通合伙企业由普通合伙人组成，普通合伙人对合伙企业债务承担无限连带责任。

所谓无限责任，是指合伙企业的财产不足以清偿合伙企业债务时，合伙人应以其个人财产清偿。

所谓连带责任，是指对债权人而言，不论合伙人就合伙企业的债务、各合伙人承担的份额是如何划分的，债权人有权要求承担连带责任的合伙人予以清偿。若该合伙人超出自己应承担的份额承担了债务，则有权向其他合伙人追偿。

【随堂演练】 下列企业中，出资人对企业债务承担无限连带责任的是（　　　）。（单选）

A. 普通合伙企业　　　B. 有限责任公司　　　C. 有限合伙企业　　　D. 国有独资企业

答案： A

解析： 普通合伙企业由普通合伙人组成。普通合伙人（即出资人）对合伙企业债务承担无限连带责任。

但是在某些特殊情况下，普通合伙企业的合伙人也可能承担有限责任。以专业知识和专门技能为客户提供有偿服务的专业服务机构，可以设立为特殊的普通合伙企业，也称有限责任合伙企业。目前，国际四大会计师事务所均采用了有限责任合伙企业形式。特殊的普通合伙企业由于合伙人执业活动发生合伙企业债务的主观因素不同，合伙人承担责任的方式也不同。具体而言，一个合伙人或者数个合伙人在执业活动中因故意或者重大过失造成合伙企业债务的，其应当承担无限责任或者无限连带责任，其他合伙人以其在合伙企业中的财产份额为限承担责任。合伙人非因故意或者重大过失造成的合伙企业债务以及合伙企业的其他债务，由全体合伙人承担无限连带责任。

【案例】 2010年2月1日，甲、乙、丙三位注册会计师各自出资100万元，设立A会计师事务所（特殊普通合伙企业）。2010年4月1日，甲非因故意或重大过失给合伙企业造成了300万元的债务；2010年8月1日，乙因故意出具了虚假的审计报告，给合伙企业造成了900万元的债务。

问题：

（1）对于2010年4月1日的300万元债务，甲、乙、丙分别承担何种责任？并说明理由。

（2）对于2010年8月1日的900万元债务，甲、乙、丙分别承担何种责任？并说明理由。

解析：

（1）对于2010年4月1日的300万元债务，甲、乙、丙均承担无限连带责任。根据规定，特殊普通合伙企业，合伙人在执业活动中非因故意或者重大过失而造成的合伙企业债务以及合伙企业的其他债务，由全体合伙人承担无限连带责任。在本题中，甲非因故意或者重大过失而给合伙企业造成了300万元的债务，甲、乙、丙对此承担无限连带责任。

（2）对于2010年8月1日的900万元债务，乙承担无限责任，甲、丙以其在合伙企业中的财产份额为限承担责任；以合伙企业的财产对外承担责任后，乙还应当按照合伙协议的约定对给合伙企业造成的损失承担赔偿责任。根据规定，特殊普通合伙企业，一个合伙人或者数个合伙人在执业活动中因故意或者重大过失而造成合伙企业债务，其应当承担无限责任或者无限连带责任，其他合伙人以其在合伙企业中的财产份额为限承担责任；合伙人执业活动中因故意或者重大过失造成的合伙企业债务，以合伙企业财产对外承担责任后，该合伙人应当按照合伙协议的约定，对给合伙企业造成的损失承担赔偿责任。在本题中，乙因故意出具了虚假的审计报告，给合伙企业造成了 900 万元的债务，对该债务乙应承担无限责任，甲、丙以其在合伙企业中的财产份额为限承担责任；合伙企业以其财产对外承担责任后，乙应对给合伙企业造成的损失承担赔偿责任。

2. 有限合伙企业

有限合伙企业由普通合伙人和有限合伙人组成，普通合伙人对合伙企业债务承担无限连带责任，有限合伙人以其认缴的出资额为限对合伙企业债务承担责任。

【案例】甲、乙、丙三人成立了一家合伙企业，协议规定：甲以其拥有的一间厂房出资，对合伙企业的债务仅以其出资额为限承担有限责任，并不参与合伙企业的经营管理；乙、丙以现金出资，对合伙企业债务承担无限连带责任。

问题：判断该合伙企业的类型。

解析：该合伙企业由普通合伙人和有限合伙人组成，属于有限合伙企业。

二、合伙企业的特征

（一）合伙企业必须有两个或两个以上合伙人共同投资

合伙人可以是自然人、法人或其他组织。成为合伙企业普通合伙人的自然人必须是完全民事行为能力人，无民事行为能力人和限制民事行为能力人不得成为合伙企业设立时的普通合伙人（只针对成立时）。

合伙企业的特征

法律、行政法规禁止从事营利性活动的人，不得成为合伙企业的合伙人，如公职人员。国有独资公司、国有企业、上市公司以及公益性的事业单位、社会团体不得成为普通合伙人。

（二）合伙协议为合伙企业成立的法律基础

合伙企业为典型的人合组织，所基于的是合伙人彼此之间的信任关系。合伙协议就是这种信任关系的体现，它是成立合伙企业的法律基础，也是调整合伙人之间权利义务关系纠纷处理的法律依据。合伙企业的人合性远高于公司企业，包括有限公司。合伙人之间的纷争或者某一合伙人的退出、死亡、丧失民事行为能力，都可以导致合伙企业的解散。作为一个内部法律文件，合伙协议仅具有对内的效力，即只约束合伙人。

（三）合伙企业所得税的缴纳

合伙企业的生产经营所得和其他所得，由合伙人分别缴纳所得税。合伙企业不缴纳企业所得税，是指我国不征收合伙企业的所得税，合伙人分别缴纳所得税。

三、合伙企业的设立与变更

合伙企业的设立，是合伙人按照法定条件和程序，申请取得合伙企业资格的行为。

（一）设立条件

根据《合伙企业法》设立合伙企业，必须具备以下条件。

1. 有两个以上合伙人

合伙人为自然人的，应当具备完全民事行为能力。合伙企业合伙人至少为两人。对于合伙企业合伙人数的最高限额，我国《合伙企业法》未作规定。除法律另有规定外，有限合伙企业应有 2 个以上 50 个以下合伙人，其中至少有一个普通合伙人。

2. 有书面合伙协议

合伙协议由各合伙人按照自愿、平等、公平、诚实信用的原则，以书面形式订立。

3. 有合伙人认缴或者实际缴付的出资

合伙人的出资方式可以是货币、实物、知识产权、土地使用权或者其他财产权利，也可以是劳务，但有限合伙人不得以劳务出资。合伙人以实物、知识产权、土地使用权或者其他财产权利出资，需要评估作价的，可以由全体合伙人协商确定，也可以由全体合伙人委托法定评估机构评估。合伙人以劳务出资的，其评估办法由全体合伙人协商确定，并在合伙协议中载明。合伙人应当按照合伙协议约定的出资方式、数额和缴付期限，履行出资义务。以非货币财产出资的，依照法律、行政法规的规定，需要办理财产权转移手续的，应当依法办理。

4. 有合伙企业的名称和生产经营场所

合伙企业的名称与合伙企业的经营场所是企业经营所不可缺少的条件。普通合伙企业应当在其名称中标明"普通合伙"字样，其中，特殊的普通合伙企业应当在其名称中标明"特殊普通合伙"字样，合伙企业名称中必须有"合伙"二字。

此外，还有法律、法规规定的其他条件。

（二）合伙企业的设立登记

1. 申请人向企业登记机关提交相关文件

申请人向企业登记机关提交的相关文件包括：（1）全体合伙人签署的设立登记申请书；（2）合伙协议书；（3）全体合伙人的身份证明；（4）全体合伙人指定的代表或者共同委托代理人的委托书；（5）全体合伙人对各合伙人认缴或者实际缴付出资的确认书；（6）经营场所证明；（7）其他法定的证明文件。

此外，法律、行政法规规定设立合伙企业须经批准的，还应当提交有关批准文件。合伙协议约定或者全体合伙人决定，委托一个或者数个合伙人执行合伙事务的，还应当提交全体合伙人的委托书。

2. 企业登记机关核发营业执照

合伙企业的营业执照签发日期，为合伙企业的成立日期。合伙企业领取营业执照前，合伙人不得以合伙企业名义从事合伙业务。

合伙企业设立分支机构，应当向分支机构所在地的企业登记机关申请登记，领取营业执业执照。

（三）合伙企业的变更

合伙企业登记事项发生变更的，执行合伙事务的合伙人应当自做出变更决定或者发生变更事由之日起 15 日内，向企业登记机关申请办理变更登记。

第二节 | 普通合伙企业

普通合伙企业是依照《合伙企业法》在我国境内设立的由各普通合伙人订立合伙协议，共同出资、合伙经营、共享收益、共担风险，并对普通合伙企业债务承担无限连带责任的营利性组织。普通合伙企业名称中应当标明"普通合伙"字样。其在名称中不得使用"有限"或者"有限责任"字样。

一、合伙协议与出资

（一）合伙协议

合伙企业应订立书面合伙协议。合伙协议应当载明下列事项。

（1）合伙企业的名称和主要经营场所的地点；

（2）合伙目的和合伙经营范围；

（3）合伙人的姓名或者名称、住所；

（4）合伙人的出资方式、数额和缴付期限；

（5）利润分配、亏损分担方式；

（6）合伙事务的执行；

（7）入伙与退伙；

（8）争议解决办法；

（9）合伙企业的解散与清算；

（10）违约责任。

合伙协议未约定或者约定不明确的事项，由合伙人协商决定；协商不成的，依照合伙企业法和其他有关法律、行政法规的规定处理。修改或者补充合伙协议，应当经全体合伙人一致同意；但是，合伙协议另有约定的除外。

合伙人违反合伙协议的，应当依法承担违约责任。

（二）出资

1. 出资义务的履行

合伙人应当按照合伙协议约定的出资方式、数额和缴付期限，履行出资义务。

出资方式：合伙人可以用货币、实物、知识产权、土地使用权或者其他财产权利出资，也可以用劳务出资。

出资可以认缴或者实际缴付，没有数额限制。劳务出资是指合伙人以自己的劳动技能等并通过自己的劳动体现的一种出资形式。

2. 出资的作价

（1）合伙人以实物、知识产权、土地使用权或者其他财产权利出资，需要评估作价的，可以由全体合伙人协商确定，也可以由全体合伙人委托法定评估机构评估。

（2）合伙人以劳务出资的，其评估办法由全体合伙人协商确定，并在合伙协议中载明。

（3）以非货币财产出资的，依照法律、行政法规的规定，需要办理财产权转移手续的，应当依法办理。

3. 出资的增减

合伙人按照合伙协议的约定或者经全体合伙人决定，可以增加或者减少对合伙企业的出资。

二、普通合伙企业财产

合伙人的出资、以合伙企业名义取得的收益和依法取得的其他财产，均为合伙企业的财产。合伙企业的财产由全体合伙人依照《合伙企业法》共同管理和使用。

（一）合伙企业财产的性质

合伙企业的财产，属于合伙企业，不属于合伙人共有。合伙企业的财产独立于合伙人。

（二）合伙企业财产的管理与使用

（1）合伙人在合伙企业清算前，不得请求分割合伙企业的财产；但是，《合伙企业法》另有规定的除外。合伙人退伙时，可以分割合伙企业的财产。

（2）合伙人在合伙企业清算前私自转移或者处分合伙企业财产的，合伙企业不得以此对抗善意第三人。

合伙企业法的规定是保护善意第三人，以合伙人无权处分其财产为由而经合伙人与善意第三人订立的合同是无效的。

（三）合伙人财产份额

对合伙人财产份额的处分包括转让财产份额和出质财产份额。

1. 转让财产份额

合伙人财产份额的转让包括对外（合伙人以外的人）转让和对内（合伙人之间）转让，这两种转让方式所要求的条件有所不同。

（1）对外转让：除合伙协议另有约定外，合伙人自行向合伙人以外的人转让其在合伙企业中的全部或者部分财产份额时，须经其他合伙人一致同意。在同等条件下，其他合伙人有优先购买权。但是，合伙协议另有约定的除外。

（2）对内转让：合伙人之间转让在合伙企业中的全部或者部分财产份额时，应当通知其他合伙人，不需要经其他合伙人一致同意，只需通知其他合伙人即可发生法律效力。

2. 出质财产份额

合伙人以其在合伙企业中的财产份额质押或者抵押的，须经其他合伙人一致同意。未经其他合伙人一致同意，其行为无效，由此给善意第三人造成损失的，由行为人依法承担赔偿责任。

三、普通合伙企业合伙事务的执行和合伙人的义务

（一）合伙事务的执行方式

普通合伙企业事务执行方式：由全体合伙人不加分工地执行；由 1 名合伙人执行；由数名合伙

人共同执行；由数名合伙人分别执行（有分工）。这方面有如下规定。

（1）合伙人对执行合伙事务享有同等的权利。

（2）按照合伙协议的约定或者经全体合伙人决定，可以委托一个或者数个合伙人对外代表合伙企业，执行合伙事务。委托一个或者数个合伙人执行合伙事务的，其他合伙人不再执行合伙事务。由一个或者数个合伙人执行合伙事务的，其执行合伙事务所产生的收益归合伙企业，所产生的费用和亏损由合伙企业承担，这体现了委托代理这一民事法律行为的基本特征。

（3）作为合伙人的法人、其他组织执行合伙事务的，由其委派的代表执行。

（4）报告义务。由一个或者数个合伙人执行合伙事务的，执行事务合伙人应当定期向其他合伙人报告事务执行情况以及合伙企业的经营和财务状况。

（5）知情权。合伙人为了解合伙企业的经营状况和财务状况，有权查阅合伙企业会计账簿等财务资料。

（6）异议权。合伙人分别执行合伙事务的，执行事务合伙人可以对其他合伙人执行的事务提出异议。提出异议时，应当暂停该项事务的执行。

（7）撤销权。不执行合伙事务的合伙人有权监督执行事务合伙人执行合伙事务的情况。受委托执行合伙事务的合伙人不按照合伙协议或者全体合伙人的决定执行事务的，其他合伙人可以决定撤销该委托。

（二）合伙人的代表权

（1）执行合伙企业事务的合伙人，对外代表合伙企业。

（2）合伙企业对合伙人执行合伙事务以及对外代表合伙企业权利的限制，不得对抗善意第三人。合伙企业对外代表权的限制针对的是代表合伙企业的合伙人，不能因该代表权受到限制，就对因执行合伙事务的合伙人给第三人造成的损失不赔偿。否则，对于第三人是不公平的。

（三）合伙事务的决定

合伙人对合伙企业有关事项做出决议，按照合伙协议约定的表决办法办理。合伙协议未约定或者约定不明确的，实行合伙人一人一票并经全体合伙人过半数通过的表决办法。

除合伙协议另有约定外，合伙企业的下列事项应当经全体合伙人一致同意。

（1）改变合伙企业的名称；

（2）改变合伙企业的经营范围、主要经营场所的地点；

（3）处分合伙企业的不动产；

（4）转让或者处分合伙企业的知识产权和其他财产权利；

（5）以合伙企业名义为他人提供担保；

（6）聘任合伙人以外的人担任合伙企业的经营管理人员。

（四）合伙人的义务——竞业禁止义务与自我交易禁止义务

1. 竞业禁止义务（绝对义务）

合伙人不得自营或者同他人合作经营与本合伙企业相竞争的业务。原因在于：合伙人执行合伙企业的事务，熟悉合伙企业的内部情况，且合伙人之间不存在经营秘密，很容易以自己的有利地位损害合伙企业的利益。如某一个合伙人利用其所掌握的知识、经验和信息自营或者同他人合作经营与本合伙企业相竞争的业务，就极有可能损害合伙企业中其他合伙人的利益。所谓"与本合伙企业相竞争的业务"，一般是指合伙人经营的业务与本合伙企业所经营业务相同或相关。

2. 自我交易禁止义务（相对义务）

除合伙协议另有约定或者经全体合伙人同意外，合伙人不得同本合伙企业进行交易。原因是：合伙人代表合伙企业同自己进行交易时，容易牺牲合伙企业的利益以满足自己的个人私利。当然，如果合伙协议另有约定或者经全体合伙人一致同意，合伙人是可以按照约定或者一致同意的意见与本合伙企业进行交易的。

另外，合伙人不得从事损害本合伙企业利益的活动。

（五）利润分配和亏损分担

合伙企业的利润分配和亏损分担，按照合伙协议的约定办理；合伙协议未约定或约定不明确的，由合伙人协商决定；协商不成，按照实缴出资比例分配、分担；无法确定出资比例的，由合伙人平均分配、分担。

合伙协议不得约定将全部利润分配给部分合伙人或者部分合伙人承担全部亏损。把某一个或部分合伙人排除在利润分配范围之外的合伙协议是无效的，没有正当理由而剥夺某一个或部分合伙人参加利润分配的权利是一种严重违法行为；反之，使某一个或部分合伙人承担全部亏损的合伙协议同样是无效的，没有正当理由排除某一个或部分合伙人承受亏损分担的义务也同样是一种违法行为。

【案例】2011年2月，甲、乙、丙、丁四人分别出资4万元、3万元、1万元、2万元成立一合伙企业A，从事贸易业务，合伙协议约定甲、乙对合伙企业债务承担无限连带责任，丙、丁对合伙债务承担有限责任。合伙协议未约定合伙期限。后甲、丙又与戊于2012年1月成立一普通合伙企业B，同样从事贸易业务。

问题：在本案中，A合伙企业的法律性质是什么？甲、丙的行为是否符合法律规定？

解析：

（1）A合伙企业即为合伙企业中的有限合伙企业。

（2）甲的行为违反了竞业禁止义务，丙的行为符合法律的规定。

四、合伙企业债务的清偿

（一）补充责任

合伙企业对其债务，应以其全部财产进行清偿。所谓"应以其全部财产进行清偿"，是指合伙企业的债务，应先由合伙企业的财产来承担，而不应当向合伙人个人直接请求清偿。

（二）无限责任

在合伙企业财产不足以偿还合伙企业债务的情况下，因合伙人承担合伙企业到期债务的方式是无限责任和连带责任方式的混合，合伙人应当以其在合伙财产份额以外的个人财产清偿合伙企业的债务。

（三）连带责任

合伙企业的债权人有权向合伙人全体或者任意一名合伙人提出偿还全部债务的请求，合伙人不得以合伙协议约定的合伙人之间的债务承担份额抗辩。但是偿债合伙人有权向其他合伙人追偿由于其承担无限连带责任所清偿的数额超过其应当承担的数额的部分。

【案例】张某、李某、王某三人分别出资 5 万元、3 万元、2 万元，于 2007 年 1 月共同成立一食品加工厂，三人约定按出资比例分享盈利、分担亏损。2007 年 11 月，李某个人经营的商铺亏损，向吴某借款 3 万元。2008 年 1 月，李某未与张某、王某商量，私自退伙，并取走了自己的 3 万元出资。2008 年 3 月，该食品加工厂因长期亏损而解散，张某、王某分别分得价值 2.5 万元、1 万元的货物。2008 年 6 月，与该食品加工厂有业务往来的甲公司向人民法院起诉，要求该食品加工厂偿还其 2007 年的货款 7 万元。同时，吴某也向人民法院起诉，要求李某偿还债务。

问题：债务该如何承担？

解析：该案涉及合伙企业债务与合伙人个人的债务发生冲突时，如何确定两种债务的清偿顺序。

在上述案例中，李某从合伙企业中私自拿回的 3 万元出资属于合伙企业的财产，应用于偿还合伙企业所欠甲企业的债务。

张某、王某分得的 2.5 万元、1 万元的货物应用于偿还合伙企业债务。

五、入伙与退伙

（一）入伙

1. 入伙的条件和程序

入伙是指合伙关系存续期间，现有合伙人以外的人加入而成为新的合伙人。

新合伙人入伙，除合伙协议另有约定外，应当经全体合伙人一致同意，并依法订立书面合伙协议。

合伙企业的存续是以各合伙人的能力、财力、信誉等以及各合伙人之间的相互信任关系为基础的，合伙企业在接纳新的合伙人入伙时，涉及合伙企业的合伙出资比例、盈余分配比例、债务分担比例的变动，需要对原有的合伙协议进行调整。所以，新合伙人入伙应征得全体合伙人的一致同意。

2. 原合伙人的告知义务

原合伙人应当向新合伙人如实告知原合伙企业的经营状况和财务状况。新合伙人一旦入伙就应当对入伙前合伙企业的债务承担连带责任。

3. 入伙的后果

入伙的新合伙人与原合伙人享有同等权利，承担同等责任。入伙协议另有约定的，从其约定。入伙的新合伙人对入伙前合伙企业的债务承担无限连带责任。新合伙人在原合伙人充分告知的前提下，选择加入该合伙企业，必须已经做好充分的准备，在享有与原合伙人同等权利的同时，必然也要承担平等的义务，包括对入伙前合伙企业的债务承担无限连带责任。

（二）退伙

1. 退伙的形式

（1）声明退伙即自愿退伙，包括协议退伙和通知退伙。

协议退伙是退伙人与其他合伙人协商一致或按照合伙协议的约定而退伙。合伙协议约定合伙期限的，在合伙企业存续期间，有下列情形之一的，合伙人可以退伙：合伙协议约定的退伙事由出现，经全体合伙人一致同意，发生合伙人难以继续参加合伙的事由，其他合伙人严重违反合伙协议约定的义务。

通知退伙是基于退伙人的单方意思表示而退伙。合伙协议未约定合伙期限的，合伙人在不给合伙企业事务的执行造成不利影响的情况下，可以退伙，但应当提前30日通知其他合伙人。

（2）法定退伙，包括当然退伙和除名退伙。

当然退伙，又称无过错退伙，是指发生了法律规定退伙的情形，合伙人当然退伙。例如，普通合伙企业中作为合伙人的自然人死亡或者被依法宣告死亡，个人丧失偿债能力等。

除名退伙，又称过错退伙。合伙人有下列情形之一的，经其他合伙人一致同意，可以决定将其除名：未履行出资义务（可以是部分未出资），因故意或者重大过失给合伙企业造成损失，执行合伙事务时有不正当行为，发生合伙协议约定的事由而必须退伙。

对合伙人的除名决议应当书面通知被除名人。被除名人自接到除名通知之日起，除名生效，被除名人退伙。被除名人对除名决议有异议的，可以在接到除名通知之日起30日内，向人民法院起诉。

开除合伙人必须有正当理由，必须经全体合伙人同意，并须通知被开除的合伙人。

2. 退伙结算

在合伙企业存续的情况下，部分合伙人退出合伙企业，解除其合伙人身份。不管何种退伙，合伙人退伙的，其他合伙人应当与退伙人按照退伙时的合伙企业财产状况进行结算，退还退伙人的财产份额。退伙人对给合伙企业造成的损失负有赔偿责任的，相应扣减其应当赔偿的数额。

退伙人有未了结的合伙企业事务的，等该事务了结后进行结算。

退伙人对基于其退伙前的原因发生的合伙企业债务，承担无限连带责任。法律规定合伙人所承担债务责任仅限于其退伙前已经发生的债务。原因主要是：（1）合伙人退伙前已经发生的债务体现着退伙人的意愿和利益，退伙人在退伙前已经对该债务为自己设定了义务。退伙人承担该债务责任符合退伙人的意愿。（2）合伙人对其退伙前的合伙企业财产享有权益的同时，也就必然对其退伙前已发生的合伙企业债务承担责任。此乃权利与义务相一致的原则在合伙关系中的体现。

【案例】甲、乙、丙、丁四人决定投资设立一普通合伙企业，并签订了书面合伙协议。合伙协议的部分内容如下。

（1）甲、乙、丙以货币出资。

（2）丁以劳务折价出资，但丁不得过问企业事务，也不承担企业亏损的民事责任。

（3）甲执行合伙企业事务，对外代表合伙企业，但签订标的1万元以上的合同应经其他合伙人同意。

合伙企业在存续期间，发生下列事实。

（1）甲以合伙企业的名义与善意第三人A公司签订标的2万元合同，乙合伙人获知后，认为该合同不符合合伙企业利益，经与丙、丁商议后，即向A公司表示对该合同不予承认。

（2）合伙人丁提出退伙，合伙企业又接纳戊入伙。后合伙企业的债权人 A 公司就合伙人丁退伙前发生的债务 24 万元要求合伙企业的现合伙人甲、乙、丙、戊及退伙人丁共同承担连带清偿责任。丁以自己已经退伙为由，拒绝承担清偿责任。戊以自己新入伙为由，拒绝对其入伙前的债务承担清偿责任。

问题：

（1）合伙协议中是否有不合法之处？请说明理由。

（2）甲以合伙企业名义与 A 公司所签的代销合同是否有效？请说明理由。

（3）丁和戊拒绝承担清偿责任的主张是否成立？请说明理由。

解析：

（1）合伙协议中丁不承担企业亏损的民事责任的约定违反了法律规定。根据《合伙企业法》的规定，合伙协议不得约定将全部利润分配给部分合伙人或者部分合伙人承担全部亏损。

（2）甲以合伙企业名义与 A 公司所签的代销合同有效。根据《合伙企业法》的规定，合伙企业对合伙人执行合伙企业事务以及对外代表合伙企业权利的限制，不得对抗不知情的善意第三人。在本题中，尽管合伙人甲超越了合伙企业的内部限制，但 A 公司为善意第三人，因此甲以合伙企业名义与 A 公司所签的代销合同有效。

（3）丁和戊的主张均不成立。根据《合伙企业法》的规定，退伙人对其退伙前已发生的合伙企业债务，与其他合伙人承担无限连带责任。入伙的新合伙人对入伙前合伙企业的债务承担无限连带责任。

第三节

有限合伙企业

有限合伙企业是依照《合伙企业法》在我国境内设立的由普通合伙人和有限合伙人组成的营利性组织。其中，普通合伙人对合伙企业承担无限连带责任，有限合伙人以其认缴的出资额为限对合伙企业债务承担责任。

一、有限合伙企业的设立

（一）合伙人

有限合伙企业由 2 个以上 50 个以下合伙人设立，但法律另有规定的除外。有限合伙企业至少应当有一个普通合伙人。

考虑到有限合伙企业既具有资合性，又具有人合性，又因有限合伙人只投资，不管理，故企业有可能被他人利用进行非法集资活动。为防止出现以上情况，修改后的《合伙企业法》对有限合伙企业的人数做出了限制，将最高人数确定为一般 50 人，但法律对有限合伙企业的人数做出特别规定的，应从其规定。

（二）名称

有限合伙企业名称中应当标明"有限合伙"字样。

（三）出资

（1）有限合伙人可以用货币、实物、知识产权、土地使用权或者其他财产权利作价出资。

（2）有限合伙人不得以劳务出资。与普通合伙人不同，有限合伙人并不参与有限合伙企业的日常经营管理活动，其出资可能成为有限合伙企业的最低财产。而劳务出资的实质是用未来劳动创造的收入来投资，有可能难以通过市场变现。如果普通合伙人用劳务出资，有限合伙人也用劳务出资，势必导致该有限合伙人将无法承担任各种债务责任，不利于债权人的利益。

（3）有限合伙人应当按照合伙协议的约定按期足额缴纳出资；未按期足额缴纳的，应当承担补缴义务，并对其他合伙人承担违约责任。

（4）有限合伙企业登记事项中应当载明有限合伙人的姓名或者名称以及认缴的出资额。

二、有限合伙企业的合伙事务的执行

有限合伙企业由普通合伙人执行合伙事务。有限合伙人不执行合伙事务，不得对外代表有限合伙企业。

由于有限合伙企业的普通合伙人对有限合伙企业的债务承担无限连带责任，而有限合伙人只以其认缴的出资额为限对合伙企业债务承担责任，故依权利义务相一致的原则，有限合伙企业的事务执行由普通合伙人负责，有限合伙人不执行合伙事务，不得对外代表有限合伙企业。

三、有限合伙企业的利润分配

有限合伙企业不得将全部利润分配给部分合伙人，合伙协议另有约定的除外。

四、关于有限合伙人的特殊规定

（1）有限合伙人可以同本有限合伙企业进行交易，但合伙协议另有约定的除外。

有限合伙人并不参与有限合伙企业事务的执行，故对有限合伙企业的对外交易行为，有限合伙人并无直接或者间接控制权。因此，当有限合伙人与本有限合伙企业进行交易时，通常不会损害本有限合伙企业的利益。

（2）有限合伙人可以自营或同他人合作经营与本有限合伙企业相竞争的业务，但合伙协议另有约定的除外。

根据以下一些原因，有限合伙人一般不承担竞业禁止的义务。

① 与普通合伙人不同，有限合伙人不参与有限合伙企业的业务执行，对有限合伙企业的重大决策没有实质的控制权。因此，有限合伙人如果自营或者与他人合作经营与有限合伙企业相同的业务，对有限合伙企业产生的影响可能是模糊的。

② 有限合伙人在有限合伙企业中存在着经济利益，一般并不会去损害有限合伙企业的利益，否则，也必将损害有限合伙人的利益。

③ 有限合伙人可以将其在有限合伙企业中的财产份额出质；但是，合伙协议另有约定的除外。

有限合伙人将其在有限合伙企业中的财产份额进行权利质押，只是有限合伙企业的有限合伙人有变更的可能，但对有限合伙企业的财产基础没有根本影响。因此，有限合伙人可以依有关规定将其在有限合伙企业中的财产份额出质。

④ 有限合伙人可以按照合伙协议的约定向合伙人以外的人转让其在有限合伙企业中的财产份额，但应当提前30日通知其他合伙人。

有限合伙企业中的有限合伙人与普通合伙人之间属资本的联合，而普通合伙人的联合属信用的联合。有限合伙人向合伙人以外的其他人转让其在有限合伙企业中的财产份额，并不影响有限合伙企业的财产基础和有限合伙企业债权人的利益，故有限合伙人的财产份额可以对外转让。

有限合伙人承担有限责任，又不执行合伙企业的事务，因此不像普通合伙人那样要承担竞业禁止义务、交易禁止义务，也不必对其财产份额的转让与出质进行过多的限制。

【随堂演练】有限合伙人与普通合伙人有何区别？

解析：有限合伙人与普通合伙人在法律规定上可以做如下的区分。

（1）对企业债务的责任承担方面。根据《合伙企业法》的规定，有限合伙企业由普通合伙人和有限合伙人组成，普通合伙人对合伙企业债务承担无限连带责任，有限合伙人以其认缴的出资额为限对合伙企业债务承担责任。可以看出，普通合伙人对企业债务的承担范围要大于有限合伙人。

（2）与本企业交易方面。根据《合伙企业法》，除合伙协议另有约定或者经全体合伙人一致同意外，普通合伙人不得同本合伙企业进行交易，而有限合伙人可以同本有限合伙企业进行交易。因此，在关联交易方面，法律允许有限合伙人与本有限合伙企业进行交易。

（3）在竞业禁止方面。普通合伙人不得自营或者同他人合作经营与本有限合伙企业相竞争的业务，而有限合伙人可以自营或者同他人合作经营与本有限合伙企业相竞争的业务；但是，合伙协议另有约定的除外。可以看出，法律允许有限合伙人从事与本有限合伙企业相竞争的业务。

（4）在财产份额出质方面。根据《合伙企业法》的规定，普通合伙人以其在合伙企业中的财产份额出质的，须经其他合伙人一致同意；未经其他合伙人一致同意，其行为无效，由此给善意第三人造成损失的，由行为人依法承担赔偿责任，而有限合伙人可以将其在有限合伙企业中的财产份额出质。

（5）在财产份额转让方面。根据规定，除合伙协议另有约定外，普通合伙人向合伙人以外的人转让其在合伙企业中的全部或者部分财产份额时，须经其他合伙人一致同意；而有限合伙人可以按照合伙协议的约定向合伙人以外的人转让其在有限合伙企业中的财产份额，但应当提前30日通知其他合伙人。可以看出，除合伙协议另有约定外，普通合伙人向合伙人以外的人转让财产份额时，须经其他合伙人"一致同意"；而有限合伙人转让其在有限合伙企业中的财产份额时，仅需按照规定进行"通知"。

（6）在出资方面。根据《合伙企业法》的规定，普通合伙人可以用货币、实物、知识产权、土地使用权或者其他财产权利出资，也可以用劳务出资；而有限合伙人不得以劳务出资。

（7）在是否具有完全民事行为能力方面。普通合伙人必须具有完全民事行为能力，而有限合伙人则不需要。

五、有限合伙人的入伙与退伙

（一）入伙

新入伙的有限合伙人对入伙前有限合伙企业的债务，以其认缴的出资额为限承担责任。

（二）退伙

有限合伙人有下列情形之一的，应当退伙。

（1）作为有限合伙人的自然人死亡、被依法宣告死亡，或者作为有限合伙人的法人及其他组织终止。这时，其继承人或者权利承受人可以依法取得该有限合伙人在有限合伙企业中的资格（新入伙）。

（2）作为合伙人的法人或者其他组织依法被吊销营业执照、责令关闭、撤销，或者被宣告破产。

（3）法律规定或者合伙协议约定合伙人必须具有相关资格而丧失了该资格。

（4）合伙人在合伙企业中的全部财产份额被人民法院强制执行。退伙事由发生之日为退伙生效日。

（5）有限合伙人退伙后，对基于其退伙前的原因发生的有限合伙企业债务，以其退伙时从有限合伙企业中取回的财产承担责任。

作为有限合伙人的自然人在有限合伙企业存续期间丧失民事行为能力的，其他合伙人不得因此要求其退伙。有限合伙人对有限合伙企业只进行投资，而不负责事务执行，故作为有限合伙人的自然人在有限合伙企业存续期间丧失民事行为能力，并不影响有限合伙企业的正常生产经营活动，其他合伙人不能因此而要求其退伙。

六、合伙人身份的变更

（1）除合伙协议另有约定外，普通合伙人转变为有限合伙人，或者有限合伙人转变为普通合伙人，应当经全体合伙人一致同意。

（2）有限合伙人转变为普通合伙人，对其作为有限合伙人期间合伙企业发生的债务承担无限连带责任。

（3）普通合伙人转变为有限合伙人，对其作为普通合伙人期间合伙企业发生的债务承担无限连带责任。

七、有限合伙企业及其合伙人的法律规定

有限合伙企业及其合伙人适用特殊规定。无特殊规定的，适用关于普通合伙企业及其合伙人的规定。

第四节 | 合伙企业的清算、解散

一、清算前的分割禁止

合伙企业进行清算前，合伙人不得请求分割合伙企业的财产，但《合伙企业法》另有规定的除外。若合伙人在合伙企业清算前私自转移或者处分合伙企业财产，合伙企业不得以此对抗不知情的善意第三人。

二、解散

解散是指基于某种法律事实的发生而使合伙企业消灭的制度。

（一）解散事由

合伙企业有下列情形之一的，应当解散。

1. 合伙企业解散的任意事由

合伙期限届满，合伙人决定不再经营；合伙协议约定的解散事由出现；合伙人全体决定解散。

2. 合伙企业解散的强制事由

合伙人数量已不具备最低法定人数（2人，满30天）；合伙协议约定的合伙目的已经实现或者无法实现；依法被吊销营业执照、责令关闭或者被撤销。

3. 特殊规定

有限合伙企业仅剩有限合伙人的，应当解散；有限合伙企业仅剩普通合伙人的，转为普通合伙企业。

如果有限合伙企业在生产经营过程中因主、客观原因只剩下有限合伙人时，该合伙企业中无人对债权人承担无限连带责任，该有限合伙企业只能选择解散。

另外，如有法律法规所规定的其他原因，也应当解散。

（二）注销登记

（1）合伙企业解散，应当由清算人进行清算。清算结束，清算人应当编制清算报告，经全体合伙人签名、盖章后，在15日内向企业登记机关报送清算报告，申请办理合伙企业注销登记。

（2）合伙企业注销后，原普通合伙人对合伙企业存续期间的债务仍应承担无限连带责任。

复习与思考

一、填空题

1. 当合伙人对合伙企业债务负无限连带责任时，合伙企业的债权人有权向（　　　　）或者

（　　　　　　　　）提出偿还全部债务的请求，合伙人不得以合伙协议约定的合伙人之间的债务承担份额抗辩，但是偿债合伙人有权向其他合伙人追偿由于其承担无限连带责任所清偿的数额超过其应当承担的数额的部分。

2. 新入伙人一旦入伙就应当对入伙前合伙企业的债务承担（　　　　）责任。

3. 特殊的普通合伙企业因合伙人执业活动发生合伙企业债务的（　　　　）不同，其合伙人承担责任的方式也不同。具体而言，一个合伙人或者数个合伙人在执业活动中因（　　　　　　　）而造成合伙企业债务，应当承担（　　　　　　　　），其他合伙人以其在合伙企业中的财产分额为限承担责任。合伙人（　　　　　　）造成的合伙企业债务以及合伙企业的其他债务，由全体合伙人承担无限连带责任。

4. 有限合伙企业这一形式主要是为了适应发展（　　　　　）的需要。

5. 在合伙人合意的基础上形成的（　　　）是合伙企业成立的基石。

二、选择题

1. 法律对有限合伙人做出的特殊规定有（　　）。（多选）

　　A. 不得以劳务出资　　　　　　　　B. 不执行合伙事务

　　C. 不得对外代表有限合伙企业　　　D. 竞业禁止

2. 根据《合伙企业法》的规定，合伙企业的特征有（　　）。（多选）

　　A. 由两个以上投资人共同投资兴办

　　B. 合伙人以书面合伙协议确定各方出资、利润分享和亏损分担等

　　C. 普通合伙人对合伙企业债务承担无限连带责任，有限合伙人对合伙企业债务承担有限责任

　　D. 合伙企业属于人合型企业

3. 合伙协议是合伙人之间确定权利义务关系的最重要的依据，以下属于合伙人应当以书面形式在合伙协议中明确约定的是（　　）。（单选）

　　A. 利润分配方式　　　　　　　　B. 是否承担无限责任

　　C. 是否竞业禁止　　　　　　　　D. 是否承担连带责任

4. 以下符合合伙企业经营管理的法律规定的有（　　）。（多选）

　　A. 可以委托一个或者数个合伙人对外代表合伙企业

　　B. 合伙企业只能由全体合伙人共同执行合伙企业事务

　　C. 按出资多少，合伙人对执行合伙企业各事务享有大小不等的权利

　　D. 合伙企业对合伙人执行合伙企业事务以及对外代表合伙企业权利的限制，不得对抗善意第三人

5. 合伙人向合伙人以外的人转让其在合伙企业中的全部或者部分财产份额时，（　　）。（多选）

　　A. 除合伙协议另有约定外，须经其他合伙人一致同意

　　B. 可以自由转让

　　C. 在同等条件下，其他合伙人有优先购买权

　　D. 不用通知其他合伙人

三、名词解释

1. 普通合伙企业

2. 无限责任

四、简答题

1. 合伙企业与个人独资企业有何异同？

2. 个人独资企业的投资人对企业的债务承担无限责任，合伙企业的普通合伙人对合伙企业的债务承担无限连带责任。那么这里的"无限责任"和"无限连带责任"意思是否一样？如何理解？

五、案例分析题

1998 年 1 月，甲、乙、丙共同设立一合伙企业。合伙协议约定：甲以现金人民币 5 万元出资，乙以房屋作价人民币 8 万元出资，丙以劳务作价人民币 4 万元出资；各合伙人按相同比例分配盈利，分担亏损。合伙企业成立后，为扩大经营范围，于 1998 年 6 月向银行贷款人民币 5 万元，期限为 1 年。1998 年 8 月，甲提出退伙，鉴于当时合伙企业盈利，乙、丙表示同意。同月，甲办理了退伙手续。1998 年 9 月，丁入伙。丁入伙后，因经营环境变化，企业严重亏损。1999 年 5 月，乙、丙、丁决定解散合伙企业，并将合伙企业现有财产（价值人民币 3 万元）予以分配，但对未到期的银行贷款未予以清偿。1999 年 6 月，银行贷款到期后，银行找合伙企业清偿债务，发现该合伙企业已经解散，遂向甲要求偿还全部贷款，甲称自己早已退伙，不负责清偿债务。银行向乙要求偿还全部贷款，乙表示只按照合伙协议约定的比例清偿相应数额。银行向丙要求偿还全部贷款，丙则表示自己是以劳务出资的，不承担偿还贷款义务。银行向丁要求偿还全部贷款，丁表示是入伙前发生的债务，不承担偿还义务。

问题：

（1）甲、乙、丙、丁各自的主张能否成立？并说明理由。

（2）合伙企业所欠银行贷款应如何清偿？

（3）在银行贷款清偿后，甲、乙、丙、丁内部之间应如何分担清偿责任？

第三章 公司法概述与公司法的基本制度

导入案例

北京市居民甲、乙、丙三人拟发起设立一家有限责任公司。三个发起人订立了发起协议，公司名称拟为：中国华光机械制造实业总公司。公司的注册资本为120万元人民币。其中，甲以实物出资60万元，估值为100万元；乙以货币出资20万元；丙以专利技术折价出资40万元，估值为110万元。同时，他们委托甲办理设立公司的登记手续。

甲到当地工商行政管理部门申请公司设立登记。工商行政管理部门向申请人指出了发起协议中的违法之处，随后，甲、乙、丙三人协商后予以纠正。2016年3月18日，当地工商行政管理部门颁发了《企业法人营业执照》，申请人甲提出工商行政管理部门应当对该公司的成立予以公告。

问题：

（1）甲、乙、丙的发起协议存在哪些违法之处？

（2）发起人甲、乙、丙委托甲办理公司设立登记申请手续是否符合法律规定？

（3）该有限责任公司的成立时间为何时？

（4）甲提出的新设立公司予以公告申请是否符合法律规定？

第一节 公司和公司法概述

并非所有的企业都是法人。企业分为法人型企业和非法人型企业，公司是最典型的法人型企业。法人是与自然人并列的一类民事主体，具有独立的主体性资格，具有法律主体所要求的权利能力和民事行为能力，能够以自己的名义从事民事活动，并以自己的财产独立承担民事责任。

一、公司的概念和特征

在当今世界的经济活动中，公司是最重要、最典型的经济活动主体。

（一）公司的概念

《中华人民共和国公司法》（以下简称《公司法》）调整的只是有限责任公司和股份有限公司。一般认为我国规范的公司是指"依法设立的，以营利为目的的，由股东投资形成的具有独立法人资格的企业法人"。

公司的概念和特征

（二）公司的特征

公司作为法人，主要有以下几个特征。

1. 法定性

法人是由法律赋予法律人格的社会组织，必须依法设立。公司主要依公司法设立，但如果特别法中有特别规定，还应当优先适用特别法的规定。

法律规定公司设立的条件、程序和类型。法律还规定公司的内容、治理结构、资本制度、股东的权利和义务。

2. 营利性

公司是以获取利润为目的的营利法人。股东出资设立公司是为了营利，即从公司经营中取得利润。公司在特定的经营范围内，进行持续的经营活动，获取利润，并将利润分配于成员（出资人或股东），让股东收回投资，进而获取利润。

同时，为了克服公司过度维护自身和股东利益目标的局限性，《公司法》第五条明确引进了公司"社会责任"的概念，规定："公司从事经营活动，必须遵守法律、行政法规，遵守社会公德、商业道德，诚实守信，接受政府和社会公众的监督，承担社会责任。"

3. 法人性

《民法典》关于法人的定义是，具有民事权利能力和民事行为能力，依法独立享有民事权利和承担民事义务的组织。《民法典》第六十条规定，法人以其全部财产独立承担民事责任。

公司由股东投资，具备必要的财产，独立享有财产权。公司以股东出资为其设立的基础。一定的财产是公司得以存在的物质基础。公司是企业法人，而"法人"的本质特点是依法独立享有民事权利和承担民事责任。股东出资形成的公司财产由公司所有，由公司依法占有、使用、收益和处分。

我国《公司法》明确规定公司属于企业法人，作为法人组织，公司拥有独立的财产，以自己的名义从事法律行为，并独立承担法律责任，与股东个人的财产相分离，与股东个人责任完全分离。

（三）公司与企业的关系

公司是依照《公司法》设立的以营利为目的的企业法人。企业是指依法设立的、以营利为目的的、从事生产经营活动的独立核算的经济组织。企业根据不同的标准可以有不同的分类。按照组织形式的不同，企业可以分为个人独资企业、合伙企业、公司制企业等。所以公司是企业的一种。依照《公司法》设立的公司，都具有法人资格，可以依法独立承担民事责任；企业中还包括不具有法人资格的企业，如个人独资企业。

公司与企业的关系

公司与企业的关系具体体现在以下几个方面。

（1）公司和企业均具有法定性，都是依照法律的相关规定而设立的，如公司依据《公司法》设立，合伙企业依据《合伙企业法》设立。

（2）公司和企业均具有营利性，营利是公司和企业的共同目标，投资者设立公司和企业就是为了营利，从事生产经营和服务活动均是为了追求利益的最大化。

（3）公司是企业的一种表现形态。企业的外延要比公司的外延宽泛，公司是企业最典型的表现形态，两者之间是一种包含和被包含的关系。除了公司这一典型类型外，企业还表现为合伙企业、个人独资企业等形态。

（4）公司具有法人性，而不是所有企业均具有法人性。有限责任公司和股份有限公司均具有法人资格，能够独立承担法律责任。在企业众多的表现形态中，有些企业就不具备法人资格，该类型企业承担的责任与投资者的个人责任混同，而无法严格区分开来。

二、公司的权利能力和行为能力

（一）权利能力和行为能力的起始与终止

公司的权利能力于公司成立之日产生，至公司终止之日消灭。公司营业执照签发之日为公司法人资格取得之时，也是公司权利能力享有之时。公司注销登记之日即为公司法人资格终止之时，也就是公司权利能力丧失之时。

（二）性质上的限制

自然人所享有的与身份密切相关的权利能力，公司不享有，原因在于公司的法人资格为拟制人格，其本身不是具有新陈代谢功能的生命体。例如，专属于自然人享有的生命权、身体权、健康权、人格权、肖像权、隐私权、离婚权、婚姻权、收养权、继承权等权利能力，公司都不享有。

（三）经营范围的限制

公司应当在登记的经营范围内从事经营活动。我国公司的权利能力仍受目的条款的限制。需要注意的是，若公司超越经营范围订立合同，则人民法院不能因此认定合同无效，但违反国家限制经营、特许经营以及法律、行政法规关于禁止经营规定的除外。

（四）公司权利能力和行为能力的实现

（1）公司通过股东会（或股东大会）、董事会和监事会，依照公司法规定的职权和程序，相互配合，又相互制衡，进行公司的意思表示。

（2）公司的行为能力由其法定代表人来实现，公司法定代表人由董事长、执行董事或者经理担任，并依法登记。公司法定代表人变更，应当办理变更登记。

依据《民法典》第六十一条，依照法律或者法人章程的规定，代表法人从事民事活动的负责人为法人的法定代表人。公司董事长或执行董事或经理作为公司的法定代表人，按照公司的意思，以公司的名义对外进行法律行为，为公司取得权利和承担义务。法定代表人也对公司内部实行管理。在公司权利能力范围内，法定代表人所实施的法律行为就是公司的法律行为，法定代表人所享有的权利和承担的义务就是公司的权利和义务。

三、公司的分类

公司种类繁多，根据不同的标准有不同的分类。

（一）根据股东所承担的责任形式分类

根据股东所承担的责任形式，公司可以分为无限责任公司、两合公司、有限责任公司、股份有限公司和股份两合公司。

1. 无限责任公司

无限责任公司（简称无限公司），是指全体股东对公司债务承担无限连带责任的公司。无限责任公司有以下主要特点。

（1）所有的股东都对公司债务承担无限责任。所谓无限责任，是指公司股东不仅要以其出资，而且还要以其出资以外的其他个人财产来清偿公司债务。

（2）所有的股东都对公司的债务承担连带责任。所谓连带责任，是指公司的各个股东必须对公司全部债务承担责任。公司的债权人既可以要求所有股东清偿债务，也可以只要求其中的个别股东清偿债务。如果个别股东清偿了全部债务，则有权向其他股东追偿。

2. 两合公司

两合公司，指由一部分股东对公司债务承担无限责任，一部分股东只以其对公司的出资额为限来对公司债务承担有限责任的公司。无限责任股东代表公司执行业务，而有限责任股东没有业务执行权和代表权，只有一定的监督权。

3. 有限责任公司

有限责任公司（简称有限公司），是指由法定数量的股东组成，股东以其出资额为限对公司承担责任，公司只以其全部资产对公司债务承担责任的公司。

4. 股份有限公司

股份有限公司（简称股份公司），是指将全部资本划分为等额股份，股东以其认购的股份为限对公司承担责任，公司以其全部资产为限对公司债务承担责任的公司。

5. 股份两合公司

股份两合公司，是指由负无限责任的股东和负有限责任的股东共同出资设立的公司。股份两合公司和两合公司的主要区别在于：股份两合公司中的有限责任股东的出资划分为均等的股份，股东以认购股份的形式出资；而两合公司中的有限责任股东的出资则无须采用股份形式。在股份两合公司中，无限责任股东对公司债务负无限连带责任，有限责任股东仅以其所认购的股份对公司债务负责。

（二）根据公司的信用标准分类

根据公司的信用标准，公司可分为人合公司、资合公司和人合兼资合公司。

1. 人合公司

人合公司，指公司的经营活动以股东个人信用为基础的公司。无限责任公司是最典型的人合公司。

2. 资合公司

资合公司，指以股东的出资额为基础的公司，如股份有限公司就是典型的资合公司。

3. 人合兼资合公司

人合兼资合公司，指同时具有个人信用和资本信用两种因素的公司，如两合公司和有限责任公司即属于这种公司。

（三）根据公司的控制和依附关系分类

根据公司的控制和依附关系，公司可分为母公司和子公司。

1. 母公司

母公司，是指通过持有其他公司的股份或根据协议能实际控制或支配其他公司的人事、财务、业务等经营活动的公司。

2. 子公司

子公司，是指其一定比例的股份（通常为半数以上，但有时无须达到半数）被其他公司持有或依照协议，经营活动受其他公司控制、支配的公司。子公司是相对于母公司而言的，是独立于母公司而存在的独立主体。子公司虽被母公司控制，但它仍是独立法人，有自己的独立人格，这是子公司与分公司的本质区别。

（四）根据公司的组织结构关系分类

根据公司的组织结构关系，公司可分为总公司和分公司。

1. 总公司

总公司，是指依法首先设立或同时设立，具有独立法人资格，并管辖全部企业组织系统的公司，对所属企业组织系统内的经营、资金调度等进行统一指挥。

2. 分公司

分公司，指由总公司管辖的分支机构。分公司不是独立的公司，不具有企业法人资格，不是独立的法律主体。分公司没有独立的公司名称及章程，其对外从事经营活动必须以总公司的名义，遵守总公司的章程。分公司在人事、经营上没有自主权，其主要业务活动及主要管理人员由总公司决定，并根据总公司的委托或授权进行业务活动。分公司没有独立的财产，其所有资产属于总公司。

分公司仍具有经营资格，须办理营业登记并领取营业执照。分公司可以以自己的名义独立订立合同，也可以以自己的名义参加诉讼。不过，合同与诉讼产生的义务和责任最终应该由总公司承担。

（五）根据公司的国籍分类

根据公司的国籍，公司可分为本国公司、外国公司和跨国公司。

1. 本国公司

本国公司，指具有本国国籍，依照我国公司法规定的条件和程序在我国境内登记设立的公司。

2. 外国公司

外国公司，指依外国法律在中国境外设立的，不具有本国国籍的公司。

外国公司可以在中国境内设立分支机构，从事生产经营活动。但对于外国公司的分支机构，法律规定了以下三个义务：（1）名称应该标明它的国籍和责任形式；（2）分支机构不具有中国法人资格，责任由所属外国公司承担；（3）撤销前须依法清偿债务，清偿债务前不能把财产全部转移。

3. 跨国公司

跨国公司，指具有两个以上国籍，由分布在不同国家的实体组成的公司。

（六）根据公司股票能否公开转让分类

根据公司股票能否公开转让，公司可分为封闭式公司和开放式公司。

1. 封闭式公司

封闭式公司，是指公司股本全部由设立公司的股东拥有，公司股票不能在股票交易所挂牌，不能在股票市场上自由转让的公司，如有限责任公司。

2．开放式公司

开放式公司，是指股票可以在股票交易所挂牌公开交易的公司，可以按法定程序公开招股，股东人数无法定限制的公司。我国公司法规定的股份有限公司属于此类开放式公司，但股份有限公司中的非上市公司仍然具有封闭性，股份有限公司中的上市公司才是真正意义上的开放式公司。

【随堂演练】 A 公司的分公司在核准的经营范围内以自己的名义对外签订一份货物买卖合同，此项合同法律效力是（　　）。（单选）

A．无效，A 公司和分公司均不承担民事责任

B．有效，其民事责任由分公司独立承担

C．有效，其民事责任由 A 公司承担

D．有效，其民事责任由分公司承担，A 公司负连带责任

答案： C

解析： 分公司不具有企业法人资格，但可以依法独立从事生产经营活动，其民事责任由总公司承担。

四、公司法的概念

公司法是调整公司的设立、组织活动、解散、清算及其他对内对外法律关系的法律规范的总称。

我国现行《公司法》是 1993 年制定的，历经四次修正，最近的修正于 2018 年 10 月 26 日通过。《公司法》对于确定公司这一市场主体的法律地位，规范公司的组织和行为，保护公司、股东和债权人的合法权益，维护社会经济秩序，促进社会主义市场经济的发展，有着重要的意义。

第二节 公司法的基本制度

公司法的基本制度涵盖公司的名称与住所、公司的设立与成立、公司章程、公司的合并与分立等内容。

一、公司的名称与住所

（一）公司的名称

公司名称，是指公司在生产经营等活动中用以相互区别的固定称谓，是公司章程必须记载的事项之一，是公司设立的必备条件，公司只能使用一个名称。

公司名称具有排他性，在一定范围内，只有一个公司能使用经过注册的特定名称。

公司名称通常包括以下四个方面的内容。

（1）公司种类。公司名称中必须标明"有限责任公司""有限公司"或者"股份有限公司""股份公司"字样。

（2）具体名称（商号）。它是公司名称的核心内容，也是公司名称中当事人唯一可以自由选择的

部分。

（3）营业种类。标明该公司所从事的行业或者主要业务范围。

（4）公司所在地的名称。在同一登记机关的辖区内，同行业的企业不允许有相同或类似的名称。冠以"中国""中华""全国""国际"等字样的公司，必须经国家工商行政管理部门的核准。

（二）公司的住所

在我国，公司住所是其主要办事机构所在地。经公司登记机关登记的公司的住所只能有一个。确定公司住所具有一定的法律作用。

（1）确定诉讼管辖地和诉讼文书送达地。

（2）履行地不明确时，住所是确认合同履行地的唯一标准。

（3）据以确认公司登记机关。

（4）在涉外法律关系中，作为确定准据法之连接点。

【随堂演练】 下列关于公司名称的说法，正确的是（　　）。（单选）

A. 公司名称权是一种人身权，但不是一种财产权

B. 公司名称权是一种财产权，但不是一种人身权

C. 在同一登记辖区内，不同行业的企业允许有相同或类似的名称

D. 冠以"中国"字样的公司，必须经国家工商行政管理部门的核准

答案： D

解析： 公司名称权既是一种人身权，又是一种财产权。而且，在同一登记辖区内，相同行业的企业不允许有相同或类似的名称。因此，选项A、选项B、选项C错误。

根据《企业名称登记管理规定》，只有经国家工商行政管理部门的核准，符合条件的企业名称才可以冠以企业所在地行政区划名称，因此D项正确。

二、公司的设立与成立

（一）公司设立的概念

公司的设立是指发起人为组建公司，使其取得法人资格，而进行的一系列法律行为的总称。

设立行为包括订立发起人协议，订立公司章程，选举董事、监事，申请设立登记，募集股份，出资，认股，缴纳认股款，召开公司创立大会，申请设立登记。

公司设立的程序包括：确定公司的股东或发起人，订立公司章程，股东或发起人认缴和履行出资，建立公司机关，办理设立登记。

（二）公司设立的条件

1. 有符合法定人数的发起人和股东

我国《公司法》承认一人有限公司，明确规定有限责任公司由50个以下股东出资设立。股份有限公司的发起人为2人以上200人以下，并且半数以上发起人在中国境内有住所。

2. 没有最低资本额的要求

我国《公司法》对设立公司没有最低资本额的要求，法律、行政法规对特定行业注册资本有最低限额要求的除外。

3．有股东共同制定的公司章程

公司章程是由股东或者发起人共同制定的，用于调整公司内部关系和经营行为，是对公司、股东和工作人员具有约束力的自治规则。

（1）有限责任公司章程应当载明的事项如下。

① 公司名称和住所；

② 公司经营范围；

③ 公司注册资本；

④ 股东的姓名或者名称；

⑤ 股东的出资方式、出资额和出资时间；

⑥ 公司的机构及其产生办法、职权、议事规则；

⑦ 公司法定代表人；

⑧ 股东会会议认为需要规定的其他事项。

（2）股份有限公司章程应当载明下列事项。

① 公司名称和住所；

② 公司经营范围；

③ 公司设立方式；

④ 公司股份总数、每股金额和注册资本；

⑤ 发起人的姓名或者名称、认购的股份数、出资方式和出资时间；

⑥ 董事会的组成、职权和议事规则；

⑦ 公司法定代表人；

⑧ 监事会的组成、职权和议事规则；

⑨ 公司利润分配办法；

⑩ 公司的解散事由与清算办法；

⑪ 公司的通知和公告办法；

⑫ 股东大会会议认为需要规定的其他事项。

4．有规范的公司名称

名称是公司设立的必备条件，公司应该依法选择自己的名称，并申请注册登记。公司只能使用一个名称。公司的名称由行政区划、字号、行业、类型等要素构成；公司名称不得包含国家禁止使用的文字和内容，如汉语拼音字母、阿拉伯数字、党政机关名称等。

5．有住所

公司住所是公司开展业务、进行经济活动的中心场所。设立公司必须具有住所，并在登记机关核准登记。我国规定公司的住所是公司主要办事机构所在地，登记注册的公司住所只能有一个，公司住所应当在登记机关辖区内。

6．有健全的组织机构

公司的组织机构包括股东会、董事会或者执行董事、监事会或者监事等。

（三）公司的成立

公司的成立是指公司依法设立后所产生的法律效果。公司成立日期是营业执照的签发日期。

（四）公司不能成立时的连带责任

公司经过设立程序，不符合法定条件，未被核准登记，则公司不能成立。

公司不能成立时，发起人对设立行为所产生的债务和费用负连带责任；对认股人已缴纳的股款，负返还股款并加算银行同期存款利息的连带责任。

对外承担责任后，发起人之间可以内部追偿：有过错的，承担过错责任；没有过错的，发起人按照约定的责任承担比例分担责任。没有约定责任承担比例的，按照约定的出资比例分担责任；没有约定出资比例的，按照均等份额分担责任。

三、公司的合并与分立

（一）公司的合并

公司合并是指两个以上的公司订立合并协议，依照法定程序结合为一个公司的法律行为。依据《民法典》第六十七条，法人合并的，其权利和义务由合并后的法人享有和承担。

公司合并

1. 公司合并的形式

公司合并的形式有新设合并与吸收合并。

新设合并是指两个或两个以上的公司合并成一个新的公司，参加合并的原公司均不复存在。

吸收合并是指两个或两个以上的公司合并，其中一个公司继续存在，其他的公司均解散而并入继续存在的公司中。

公司合并是公司在市场经济中经常发生的行为，有利于促进生产要素的合理流动，实现社会资源的优化配置，促进结构的调整等，但同时也有可能产生垄断行为。

2. 公司合并的程序

（1）合并各方协商，订立合并协议后，必须编制资产负债表及财产清单。

（2）股东会决议。合并各方订立合并协议后，要将合并协议交由股东会表决。公司合并属于特别决议，需要绝对多数通过。根据我国《公司法》第四十三条和第一百零三条，有限责任公司的合并必须经代表三分之二以上表决权的股东通过，股份有限公司的合并必须经出席会议的股东所持表决权的三分之二以上通过。

（3）通知。根据我国《公司法》第一百七十三条，公司应当自做出合并决议之日起十日内通知债权人，并于三十日内在报纸上公告。债权人自接到通知书之日起三十日内，未接到通知书的自公告之日起四十五日内，可以要求公司清偿债务或者提供相应的担保。

（4）注册登记。公司合并以后，需要像新设公司一样，重新注册登记。

【案例】甲公司欠乙公司货款 100 万元，尚未偿还。2011 年 10 月，甲公司与丙公司达成意句，拟由丙公司兼并甲公司。

问题：债务如何承担？

解析：在上述案例中，甲公司在做出合并决议后应当通知其债权人乙公司，并于三十日内在报纸上公告。乙公司自接到通知书之日起三十日内，若未接到通知书则自公告之日起四十五日内，

有权要求甲公司清偿债务或者提供相应的担保。在上述案例中，甲公司对乙公司的债务由合并后的丙公司承担。

3. 公司合并的法律效果

公司合并后，原公司的股东可以继续成为合并后的公司的股东；我国《公司法》第一百七十四条规定：公司合并时，合并各方的债权、债务，应当由合并后存续的公司或者新设的公司承继。

（二）公司的分立

公司的分立是指一个公司依法分为两个或两个以上的公司。

1. 公司分立的形式

公司分立的形式为派生分立和新设分立。派生分立是指公司将一部分财产分离出去，设立一个或多个新公司。新设分立是指公司将其财产全部分割，分别成立两个或两个以上新公司。

2. 公司分立的程序

公司分立的程序与公司合并的程序基本相同。根据我国《公司法》第九章的规定，公司分立，其财产应做相应的分割。分立时应编制资产负债表及财产清单。公司应当自做出分立决议之日起十日内通知债权人，并于三十日内在报纸上公告。公司分立前的债务按所达成的协议由分立后的公司承担连带责任。但是，公司在分立前与债权人就债务清偿达成的书面协议另有约定的除外。

3. 公司分立的法律效力

（1）分立公司发生变化。第一，新设分立的，原公司归于消灭；在新设分立和派生分立中，均有新公司产生。第二，在派生分立中，公司的资本、股东均发生变化。

（2）对分立前的债务承担连带责任。根据《民法典》第六十七条的规定，法人分立的，其权利和义务由分立后的法人享有连带债权，承担连带债务，但是债权人和债务人另有约定的除外。我国《公司法》规定，公司分立前的债务由分立后的公司承担连带责任。但是，公司在分立前与债权人就债务清偿达成的书面协议另有约定的除外。

【案例】某有限责任公司董事会全体一致做出决议，决定将该公司分立为两个完全独立的新公司，编制资产负债表及财产清单后，订立了分立协议，进行财产分割，然后直接宣布新设的两个公司开始以独立的法人资格进行经营活动。

问题：上述公司分立过程在程序上有何违法之处？

解析：

（1）有限责任公司分立的决议不应由董事会做出，而应由股东会经三分之二以上表决权的股东通过特别决议。

（2）未履行债权人保护程序。公司自做出分立决议之日起十日内通知债权人，并于三十日内在报纸上公告。债权人自接到通知书之日起三十日内，未接到通知书的自第一次公告之日起四十五日内，有权要求公司清偿债务或者提供相应的担保。不清偿债务或者不能提供相应的担保的，公司不得分立。

（3）未履行登记手续。原公司应办理注销登记，新成立的公司应办理设立登记。

四、公司资本

（一）与公司资本有关的概念

（1）公司资本，是指记载于公司章程的由股东出资构成的公司财产。

（2）公司资产是指公司可以支配的全部财产。公司资产不仅包括货币、实物等有形财产，还包括知识产权、债权等无形财产；既包括积极财产，也包括债务等消极财产。公司资本是公司资产的组成部分，公司资产的外延要比公司资本的外延宽泛很多，公司资本有可能小于公司资产，也有可能大于公司资产。

（3）公司净资产，即公司资产减去公司债务后的资产。

（4）认缴资本，又称发行资本，是指公司实际上已向股东发行的股本总额，即股东同意认购下来的股本总额。实行法定资本制的国家，资本应一次全部认足，认缴资本一般等于注册资本。实行授权资本制的国家，一般不要求注册资本都能得到发行，所以认缴资本小于注册资本。

（5）实缴资本，是指公司成立时公司实际收到的股东的出资总额。由于股东认购股份以后，可能一次全部缴清，也可能在一定期限内分期缴纳，故而实缴资本可能等于或小于注册资本。

（二）注册资本

注册资本是指在公司成立时由全体发起人认缴或募集的，由公司章程记载且经公司登记机关登记的资本。注册资本在公司存续期间是可变化的，既可以增加，也可以减少，但需经过法定程序。公司资本通常指的是注册资本。

（1）有限责任公司的注册资本为在公司登记机关依法登记的全体股东认缴的出资额。

（2）股份有限公司采取发起设立方式设立的，注册资本为在公司登记机关依法登记的全体发起人认购的股本总额。

（3）股份有限公司采取募集设立方式设立的，注册资本为在公司登记机关依法登记的实收股本总额。

（三）公司资本制度

1. 法定资本制

法定资本制，又称确定资本制，是指公司资本总额必须在章程中明确规定，而且在公司设立时必须一次性全部发行，否则公司就不能成立。

2. 授权资本制

授权资本制是指公司在设立时将公司资本总额记载于公司章程中，但并不要求股东全部认足，未认购部分，由董事会在公司成立后根据业务需要随时发行新股进行募集的一种公司资本制度。

（四）我国的公司资本制度

我国1993年通过的《公司法》实行的是严格的法定资本制，要求注册资本和实缴资本完全一致，股东必须一次性、全额缴纳出资，才能登记成立公司。

2005年经过修订的《公司法》依然实行法定资本制，但是放松了对出资的限制，允许分期缴纳。全体股东的首次出资不得低于注册资本的20%，其余部分由发起人自公司成立之日起两年内缴足；其中，投资公司可以在五年内缴足。

现行《公司法》即经过 2018 年修正后的《公司法》，对注册资本实行认缴制，取消了注册资本最低限额的规定，取消了首次出资比例的规定，并取消了限定期限内缴足出资的规定。这些规定使得我国的公司资本制度更接近于授权资本制，但是又和授权资本制有着本质的区别，即董事会无权自行决定增加资本。

（五）股东的出资

股东的出资是公司资本的来源，出资制度是公司资本制度的重要组成部分。

1. 出资限额

《公司法》修正后，法律不再对出资数额做出限制，而由公司章程做出规定。

2. 出资方式

股东可以用货币出资，也可以用实物、知识产权、土地使用权等可以用货币估价并可以依法转让的非货币财产作价出资；但是，法律、行政法规规定不得作为出资的财产除外。

（1）货币出资，既可以是人民币，也可以是能够自由兑换的其他国家的货币，如美元、英镑等。货币出资无数量和比例的要求。我国 2005 年《公司法》明确规定，货币出资金额不得低于公司注册资本的 30%，但是，现行《公司法》取消了这一强制性规定。

（2）非货币出资不仅是指实物、知识产权、土地使用权，还包括其他可以用货币估价并可以依法转让的非货币财产。以非货币财产出资的，必须评估作价，并依法办理转让手续。

（3）无形资产的出资比例没有特别限制。

（4）劳务、信用、自然人姓名、商业信誉、特许经营权、设置担保的财产不能作为股东的出资。我国《公司注册资本登记管理规定》规定，股东或者发起人不得以劳务、信用、自然人姓名、商誉、特许经营权或者设定担保的财产等作价出资。

股权可以作为股东的出资，但出资义务的履行需要符合以下四个条件：①出资的股权由出资人合法持有并依法可以转让；②出资的股权无权利瑕疵或者权利负担；③出资人已履行关于股权转让的法定手续；④出资的股权已依法进行了价值评估。

以划拨土地使用权出资，需要办理土地变更手续，否则应认定为未依法全面履行出资义务；以设定权利负担的土地使用权出资，需要解除权利负担，否则应认定为未依法全面履行出资义务。

3. 出资期限

现行《公司法》不再对有限责任公司的出资期限进行限制，股东只需按照公司章程完成认缴，即可进行公司注册登记。法律例外规定除外。

4. 出资责任

（1）未履行或未全面履行出资的责任：未履行或未全面履行出资义务的股东，对公司承担补足责任；对公司债务承担有限的、补充连带责任；应当向已按期足额缴纳出资的发起人承担违约责任。

在公司设立时，若股东未履行或者未全面履行出资义务，其他发起人对公司承担连带补足责任，对公司债务承担有限的、补充连带责任。在公司增资时，若股东未履行或者未全面履行出资义务，未履行忠实、勤勉义务的董事、高级管理人员对公司承担连带补足责任，对公司债务承担有限的、补充连带责任。

（2）股东抽逃出资的，对公司债务承担补充连带责任；协助抽逃出资的其他股东、董事、高级管理人员或者实际控制人承担连带责任。

（六）公司资本的原则

1. 资本确定原则

资本确定原则是指公司章程必须确定符合法定资本最低限额的注册资本总额，并且由全体发起人认足或者募足，否则公司不能成立。

2. 资本维持原则

资本维持原则是指公司在存续过程中，应维持与其资本额相当的实有财产。公司的注册资本仅仅是公司章程中记载的一个概念，而公司对外承担责任的是公司的实有财产，在公司生产经营的过程中，公司的资产始终处于变化之中，使得公司资产和公司资本相脱节，为了使公司资本具有实际意义，与公司资产基本保持一致，资本维持原则就非常有必要。

3. 资本不变原则

资本不变原则是指公司资本一经确定，非经法定程序，不得随意更改。

资本不变原则从注册资本数额本身来防止公司资本的减少，我国《公司法》同样确立了资本不变原则，对注册资本的减少做了很多规定，在减少注册资本的适用情况、程序等方面做了严格限制。

五、公司债券

公司债券是依照法定程序发行，约定在一定期限内还本付息的有价证券，与他人形成的是债权债务关系。

公司债券具有如下特征：（1）公司债券是有价证券；（2）可以在市场上流通；（3）公司债券的发行对象是不特定的社会公众。

（一）公司债券的种类

1. 根据债券是否记载持有人姓名分类

根据债券是否记载持有人姓名，公司债券可以分为无记名债券和记名债券。

两者的主要区别是转让方式不同：记名债券背书转让，无记名债券交付转让。我国目前已发行的债券大多数是无记名债券。

2. 以债权能否转换为股权为标准分类

以债权能否转换为股权为标准，公司债券可以分为可转换公司债券和不可转换公司债券。

可转换公司债券是发行人依照法定程序发行，在一定期限内依照约定条件可以转换成股票的公司债券。反之为不可转换公司债券。

只有上市公司（报国务院证券监督管理机构核准）能发行可转换公司债券。公司发行可转换债券，应当在债券票面上标明"可转换公司债券"字样，并在公司债券存根簿上载明可转换公司债券的数额。转换的权利由债券持有人享有，也就是说，可转换公司债券实际上是给债权人一种选择权，当债权清偿期满时，债权人可以要求收回本金、取得固定利息，也可以选择要求以其享有的债权抵缴认股款而取得公司股份，从而成为公司股东。不过，这种变更一旦选定，就不可以再变更了。

3. 以是否提供偿还本息的担保为标准分类

以是否提供偿还本息的担保为标准，公司债券可以划分为有担保公司债券和无担保公司债券。

有担保公司债券是指公司以自有或第三人拥有的全部或部分财产作为清偿债务保证的公司债

券；无担保公司债券是指公司仅以其信用作为公司清偿债务保证的公司债券。

另外，按照是否上市，债券可以分为上市公司债券与非上市公司债券。

（二）公司债券的发行主体

公司债券的发行主体为股份有限公司、有限责任公司。

（三）公司债券的发行条件

公司发行债券须由公司股东会做出决议（国有独资公司须由国有资产监督管理机构决定），报国务院授权部门核准。

（1）净资产额。股份有限公司的净资产额不低于人民币 3 000 万元，有限责任公司的净资产额不低于人民币 6 000 万元。

（2）累计债券总额。公司累计债券总额不超过公司净资产的 40%。

（3）收益水平。最近 3 年平均可分配利润足以支付公司债券 1 年的利息。可分配利润是指公司年底利润在弥补亏损、提取法定公积金和任意公积金以后的利润。

（4）资金用途。筹集的资金投向符合国家的产业政策，同时必须用于审批机关批准的用途，不得用于弥补亏损和非生产性支出。

（5）债券利率。债券的利率不得超过国务院限定的利率水平。

（6）国务院规定的其他条件。

（7）发行可转换债券，应当报请国务院证券监督管理部门批准，并且应当同时符合股票发行的条件。

（8）凡有下列情形之一的，不得再次发行公司债券。

① 前一次发行的公司债券尚未募足。

② 对已经发行的公司债券或者其他债券有违约或者延迟支付本息的事实，且仍处于继续状态的。

③ 违反证券法规定，改变公开发行公司债券所募资金的用途。

我国《公司法》同时规定：公开发行公司债券筹集资金，必须用于核准的用途，不得用于弥补亏损和非生产性支出。

【案例】甲、乙、丙三人设立的有限责任公司现有净资产 4 000 万元，为扩大生产经营，向省人民政府申请发行 3 000 万元的公司债券。经批准后，该公司印制了记载票面金额、利率、企业名称及债券发行日期和编号的债券，并雇佣人员到街头销售。

问题：该公司发行债券的行为是否合法？为什么？

解析：该公司发行债券的行为不合法。

（1）发行主体不适合。根据我国《公司法》的规定，股份有限公司、国有独资公司和两个以上的国有企业或者其他两个以上的国有投资主体投资设立的有限责任公司，为筹集生产经营资金，可以依照本法发行公司债券。本案例中的公司是由三个自然人设立的有限责任公司，因此，发行主体不符合法律规定。

（2）批准机关不适合。根据我国《公司法》的规定，发行公司债券应向国务院证券监督管理部门申请批准。本案中则由省人民政府批准，是错误的。

（3）公司净资产和发行债券金额不合法。根据我国《公司法》的规定，拟发行公司债券的有限责任公司的净资产额不低于人民币6 000万元，而且累计债券总额不超过公司净资产的40%。本案中该公司净资产仅为4 000万元，而发行的债券却高达3 000万元，故不合法。

（4）发行方式不合法。根据我国《公司法》的规定，公司发行债券应通过证券经营机构以间接发行的方式公开募集发行。

（5）票面记载事项不合法。我国《公司法》的规定，公司发行债券必须在债券上载明公司的名称、债券票面金额、利率、偿还期限等事项，并由董事长签名、公司盖章。

六、公司的解散

公司的解散，是指已成立的公司因法律原因而丧失营业能力，停止业务活动，开始处理未了结的业务。

公司发生解散的事由，并不意味着其法人资格的立即消灭。除因合并或分立而解散以外，公司解散都要进行清算。在清算期间，公司仍具有法人资格，只是其权利能力和行为能力受到限制。

七、公司的清算

（一）公司清算的概念

公司清算，是指公司解散后，处理公司未了结的事务，使公司法人资格归于消灭的法律行为。

在我国，公司破产适用《破产法》的规定，采用破产清算程序。公司通过清算，结束解散后公司存在的法律关系，处理公司的债权债务，最终消灭公司的法人资格，结束公司的生命周期。

（二）公司清算的程序

1．成立清算组

公司应当在解散事由出现之日起十五日内成立清算组，开始清算。有限责任公司的清算组由股东组成，股份有限公司的清算组由股东大会确定人选。逾期不成立清算组的，经债权人申请，人民法院应当指定有关人员组成清算组，进行清算。

清算组成立后，公司清算正式开始，公司成为清算中的公司，权利能力受到限制，只能从事与清算有关的活动，清算组统一行使公司权利。

清算组在清算期间行使下列职权。

（1）清理公司财产，分别编制资产负债表和财产清单；

（2）通知、公告债权人；

（3）处理与清算有关的公司未了结的业务；

（4）清缴所欠税款以及清算过程中产生的税款；

（5）清理债权、债务；

（6）处理公司清偿债务后的剩余财产；

（7）代表公司参与民事诉讼活动。

2．通知、公告债权人

清算组应当自成立之日起十日内通知债权人，并于六十日内在报纸上公告。债权人应当自接到通知书之日起三十日内，未接到通知书的自公告之日起四十五日内，向清算组申报其债权。

债权人申报债权，应当说明债权的有关事项，并提供证明材料。清算组应当对债权进行登记。在申报债权期间，清算组不得对债权人进行清偿。

3. 破产宣告

清算组在清理公司财产、编制资产负债表和财产清单后，发现公司财产不足以清偿公司债务时，应当向人民法院申请宣告破产，进入破产清算程序。

4. 制订清算方案

清算组制订清算方案，报股东会或者人民法院确认。未经确认的清算方案，清算组不能执行。

5. 分配公司清算财产

对于公司财产在分别支付清算费用、职工的工资、社会保险费用和法定补偿金，缴纳所欠税款，清偿公司债务后的剩余财产，有限责任公司按照股东的出资比例分配，股份有限公司按照股东持有的股份比例分配。

6. 清算报告

公司清算结束后，清算组应当制作清算报告，报股东会、股东大会或者人民法院确认，并报送公司登记机关，申请注销公司登记，公告公司终止。

复习与思考

一、填空题

1. 人合公司，指以（   ）为基础的公司。无限责任公司是最典型的人合公司。

2.（   ）是指公司股东或发起人依法制定的，规定公司的组织及活动（名称、宗旨、资本、组织机构等对内对外事务）的基本法律文件。

3.（   ）是指在公司登记成立时填报的财产总额，即通常所称的公司资本。

4.（   ）是公司可以支配的全部财产，包括公司拥有的有形财产、无形财产和债权。

5. 以债权能否转换为股权为标准，公司债券可分为（   ）与（   ）。

二、选择题

1. 法人需要具备的要素，包括（   ）。（多选）

    A．依法成立   B．有必要的财产或者经费

    C．有自己的名称、组织机构、住所   D．能够独立承担民事责任

2. 以下属于公司特征的有（   ）。（多选）

    A．依法设立   B．以营利为目的

    C．股东投资   D．公司是企业法人

3. 以下关于公司章程的说法正确的有（   ）。（多选）

    A．根据公司发展状况而变化

    B．内容相对稳定

    C．对公司内部的一切机构和个人均具有普遍约束力

    D．修改及变更公司章程要进行变更登记

4．根据《公司法》的规定，股份有限公司的合并应由出席会议的股东所持表决权的（　　）以上通过。（单选）

    A．三分之二　　　　B．二分之一　　　　C．四分之三　　　　D．十分之一

5．有担保公司债券是指公司（　　）作为清偿债务保证的公司债券。（单选）

    A．以自有或第三人拥有的全部或部分财产

    B．仅以公司自身的信用

    C．以公司自身的信用或第三人信用

    D．仅以公司自有财产

三、名词解释

1．公司

2．公司法

四、简答题

1．公司高级管理人员有哪些？

2．在《公司法》的用语中，控股股东与实际控制人分别指什么？

五、案例分析题

2009 年 1 月，甲、乙、丙、丁 4 人计划设立 P 有限责任公司（以下简称"P 公司"），生产并销售电子产品。4 人约定：公司注册资本 100 万元，其中甲、乙以货币出资 20 万元，丙以机器设备出资，丁以其专利权出资。2009 年 2 月，4 人委托甲公司向登记机关提出设立申请。2009 年 3 月，公司登记机关向 P 公司签发了营业执照。

P 公司章程规定：甲为公司总经理，并为公司法定代表人；乙、丙为公司董事；公司董事、高级管理人员以公司财产为他人提供担保时，须经股东会同意。公司董事会规定，甲与第三人签订标的额为 15 万元以上的合同时，应经董事会同意。

2010 年 3 月，甲以 P 公司名义与 M 公司签订了一份标的额为 17 万元的买卖合同。乙认为该买卖合同损害了 P 公司的利益，且甲的行为超越了权限，要求召开股东会做出决议，撤销甲的公司总经理职务。经查，M 公司对甲越权签约的事实并不知情。

2010 年 9 月，乙征得丙、丁的同意后，将 P 公司的部分设备出质，为 N 公司向银行借款提供质押担保。甲对该事项不知情。

2010 年 12 月，P 公司的债权人 O 公司要求 P 公司偿还 6 月份所欠的合同款。

问题：

（1）P 公司何时成立？

（2）4 人约定的出资方式是否符合《公司法》的规定？说明理由。

（3）甲以 P 公司名义与 M 公司签订的买卖合同是否有效？说明理由。

（4）P 公司如果撤销甲的公司总经理职务，是否需要召开股东会？说明理由。

（5）乙的质押担保行为是否有效？说明理由。

（6）如果 P 公司的全部财产不足以清偿公司的债务，对不足清偿的部分，甲、乙、丙、丁是否应当承担清偿责任？说明理由。

导入案例

刘某、韩某、张某三人拟设立有限责任公司，名为利民有限责任公司。公司的注册资本为30万元。其中，刘某以货币出资30%，韩某以实物出资30%，张某以其设定了质押权的发明专利权出资40%。刘某、韩某二人协商制定了公司章程，并通知了张某。由于韩某和张某未办理完相关手续，股东首次出资仅由刘某缴纳了6万元。

问题：根据《公司法》的规定，如何对该实例进行分析？

第一节 | 有限责任公司

下面全面介绍有限责任公司的概念、设立程序、资本和股东、利润分配制度、治理机构等内容。

一、有限责任公司概述

（一）概念

有限责任公司是指由一定人数的股东组成的，股东以其出资额为限对公司承担责任，公司以其全部资产对公司债务承担责任的企业法人。

（二）特征

有限责任公司证明股东出资份额的权利凭证是出资证明书（或股单），而不是股票。有限责任公司的设立程序比较简单。另外，有限责任公司具有人合公司和资合公司的双重性质，还具有如下特征。

有限责任公司的
概念和特征

（1）股东人数有法律限制。有限责任公司由 50 个以下股东出资设立。有限责任公司的股东可以是一个人。

（2）股东对公司债务只负有限责任。股东仅以其出资额为限对公司承担责任。有限责任公司最重要的特征是其股东均负有限责任。所谓有限责任，是指公司的股东以其出资额为限对公司负责。也就是说，股东除了自己认缴的股本外，对公司债务不负任何责任。公司的债务完全以公司的财产清偿。

（3）公司不得公开向社会发行股票等筹集资本。对股东所认缴的出资额，公司发给出资证明、股权证或股单。股单是一种权利证书，不能在证券市场上买卖。

（4）股东向外转让股权。有限责任公司具有封闭性特点，为了最大限度地保护股东的稳定和股东之间的相互信任，我国《公司法》对于股东向外转让股权做了严格限制。

股东向股东以外的人转让股权，应当经其他股东过半数同意。股东应就其股权转让事项书面通知其他股东征求同意，其他股东自接到书面通知之日起满三十日未答复的，视为同意转让。若其他股东半数以上不同意转让，不同意的股东应当购买该转让的股权；不购买的，视为同意转让。

对于经股东同意转让的股权，在同等条件下，其他股东享有优先购买权。两个以上股东主张行使优先购买权的，协商确定各自的购买比例；协商不成的，按照转让时各自的出资比例行使优先购买权。

（5）股东之间转让股权。

有限责任公司的股东之间可以互相转让全部或者部分股权，股东之间的转让不受限制，也无须经过股东会表决通过。

我国《公司法》原则上不对股东之间的内部股权转让进行限制，但是基于公司章程自治原则，如果公司章程对内部股权转让另有规定，则从其规定。

（6）公司一般不向社会公开财务状况、经营状况，只向股东公开财务状况。

（7）组织机构设置灵活。股东会、董事会、监事会都不是必设机构。

【随堂演练】根据《公司法》的规定，下列选项中，属于有限责任公司特征的是（ ）。（单选）

A. 财务不必公开　　　　　　　　B. 可以通过发行股票筹集资本

C. 必须设置董事会　　　　　　　D. 既可以发起设立，也可以募集设立

答案：A

解析：选项 B、选项 C、选项 D 属于股份有限公司的特征。

二、有限责任公司的设立程序

（一）订立公司章程

有限责任公司章程应当载明下列事项：公司名称和住所；公司经营范围；公司注册资本；股东的姓名或者名称；股东的出资方式、出资额与出资时间；公司的机构及其产生办法、职权、议事规则；公司法定代表人；股东会会议认为需要规定的其他事项。

（二）缴纳出资

股东可以用货币出资，也可以用实物、知识产权、土地使用权等可以用货币估价并可以依法转让的非货币财产作价出资；但是，法律、行政法规规定不得作为出资的财产除外。

对作为出资的非货币财产应当评估作价，核实财产，不得高估或者低估作价。法律、行政法规对评估作价有规定的，从其规定。

股东应当按期足额缴纳公司章程中规定的各自所认缴的出资额。股东以货币出资的，应当将货币出资足额存入有限责任公司在银行开设的账户；以非货币财产出资的，应当依法办理其财产权的转移手续。

股东不按前款规定缴纳出资的，除应当向公司足额缴纳外，还应当向已按期足额缴纳出资的股东承担违约责任。

有限责任公司成立后，发现作为设立公司出资的非货币财产的实际价额显著低于公司章程所定

价额的，应当由交付该出资的股东补足其差额；公司设立时的其他股东承担连带责任。

（三）申请设立登记

股东认足公司章程规定的出资后，由全体股东指定的代表或者共同委托的代理人向公司登记机关报送公司登记申请书、公司章程等文件，申请设立登记。

符合《公司法》规定的设立条件的，由公司登记机关登记为有限责任公司，发给公司营业执照，公司营业执照的签发日期为公司的成立日期。

有限责任公司成立后，应当向股东签发出资证明书。

法律、行政法规规定，设立公司必须报经有关部门批准的，还应当在公司登记前依法办理批准手续。

【案例】甲、乙、丙三人共同出资组建甲有限责任公司。该公司的注册资本为90万元人民币，其中，甲出资10万元人民币，乙以厂房和设备作价30万元出资，估值为50万元，丙以专利权作价10万元出资，估值为30万元。公司章程由甲起草，无须公司全体股东审议通过。公司不设立董事会，只设执行董事，甲为执行董事。按《公司法》的规定，公司向工商部门办理登记手续。该有限责任公司成立后，被发现出资财产违法高估作价。

问题：依据《公司法》的规定，甲有限责任公司设立运营中有哪些不合法之处？

解析：甲有限责任公司的设立有以下三处不符合《公司法》的规定。

（1）《公司法》规定，股东可以用货币出资，也可以用实物、知识产权、土地使用权等可以用货币估价并可以依法转让的非货币财产作价出资；但是，法律、行政法规规定不得作为出资的财产除外。对作为出资的非货币财产应当评估作价，核实财产，不得高估或者低估作价。乙、丙出资不符合《公司法》的规定，还应当向已按期足额缴纳出资的甲股东承担违约责任。

（2）公司章程应当由全体股东共同制定，甲、乙、丙三人约定由甲起草公司章程，但无须公司全体股东审议通过，于法无据。

（3）该有限责任公司成立后，被发现乙、丙作为设立公司出资的非货币财产的实际价额显著低于公司章程所定价额，应当由交付该出资的股东补足其差额，乙应补足20万元，丙应补足20万元；公司设立时的其他股东承担连带责任。

此外，规模较小、股东人数较少的公司，可以设一名执行董事，不设立董事会，这符合《公司法》的规定。

三、有限责任公司股东及股东权利

（一）有限责任公司的股东

股东是指出资或持有公司股份的人，可以是自然人、法人或国家。有些自然人法律禁止其为股东，如国家公务员。

股东可以由公司的出资者、继承取得股权的人、公司增资时的新股东这三类主体构成。

（二）股东权

股东权是基于股东资格而享有的权利。根据《公司法》的规定，公司股东依法享有资产受益、参与重大决策和选择管理者等权利。

以股东权行使权利是为股东个人利益还是涉及全体股东共同利益为标准，股东权可以分为共益权和自益权。共益权是参与公司事务的经营管理权利，包括表决权、监督权、请求股东会召开的权利、查阅公司账簿权、请求诉讼权等。

自益权是指股东仅以个人利益为目的而行使的权利，即依法从公司取得收益、财产或处分自己股权的权利，获得股息和红利的权利，剩余财产的分配权，股东转让出资时的优先受让权，股份质押权和股份转让权等。

【随堂演练】根据《公司法》的规定，有限责任公司和股份有限公司的法定代表人是否均可以由公司的经理担任。（　　　）

答案：是

解析：《公司法》规定，公司的法定代表人均可由董事长、执行董事或者经理担任。

四、有限责任公司的利润分配制度

（一）利润分配的概念

利润分配，是公司当年的利润在扣除纳税额之后的余额，按照法定的分配原则和分配顺序，分配给股东的制度。

公司的利润分配制度关系到国家、公司、股东、债权人和职工的切身利益，是财务会计制度的重要内容，我国《公司法》对利润分配制度各方面，均做了明确的规定。

（二）公司利润分配顺序

（1）弥补以前年度亏损。公司的法定公积金不足以弥补以前年度亏损，公司在依照规定提取法定公积金前，应当先用当年税前利润弥补以前年度亏损。

（2）提取法定公积金。公积金是公司为了增强公司自身财力，扩大业务范围，预防意外亏损，依照法律和公司章程的规定以及股东会决议从公司税后利润中提取的累计资金。公积金主要有两种：法定公积金和任意公积金。

法定公积金是《公司法》规定必须从税后利润中提取的公积金。我国《公司法》规定：公司分配当年税后利润时，应当提取利润的10%列入公司法定公积金，公司法定公积金累计额为公司注册资本的50%以上的，可以不再提取。

（3）提取任意公积金。任意公积金是在法定公积金之外，依照公司章程或者股东会决议从税后利润中提取的公积金。任意公积金的提取不具有法律强制性，由公司通过章程或者股东会决议自行决定。

（4）支付股利。按照"无盈不分"和"同股同利"的原则，在弥补亏损和提取公积金之后，公司仍有剩余利润时，才可以向股东分配股利。

五、有限责任公司的治理机构

公司的治理结构是指关于规范公司各个组织机构，划分、分配公司权利，并在权利之间形成制衡的一系列制度体系。

公司的治理结构主要涉及公司的决策权、经营管理权和监督权的分立与制衡，涉及股东会、董事会、监事会等机构的相互关系，涉及股东和债权人利益的保护，涉及公司的正常运作，是整个公司制度的核心。有限责任公司的组织机构包括股东会、董事会和监事会。

（一）有限责任公司的股东会

1. 股东会的性质和职权

股东会是指由全体股东组成，行使决策权的公司权力机构。

股东会是公司治理结构中不可或缺的重要组成部分，是法律规定必须设立的机构。虽然股东会是必设机构，但是由于股东行使权利的方式是召开股东会会议，因此股东会是非常设机构。

依照《公司法》的规定，无论是有限责任公司还是股份有限公司，其股东会行使下列职权。

（1）决定公司的经营方针和投资计划；

（2）选举和更换非由职工代表担任的董事、监事，决定有关董事、监事的报酬事项；

（3）审议批准董事会的报告；

（4）审议批准监事会或者监事的报告；

（5）审议批准公司的年度财务预算方案、决算方案；

（6）审议批准公司的利润分配方案和弥补亏损方案；

（7）对公司增加或者减少注册资本做出决议；

（8）对发行公司债券做出决议；

（9）对公司合并、分立、解散、清算或者变更公司形式做出决议；

（10）对股东向股东以外的人转让出资做出决议；

（11）修改公司章程；

（12）公司章程规定的其他职权。

2. 股东会会议的召开

股东会以召开会议的方式行使职权。以股东会会议召开的时间为标准，股东会会议分为定期会议和临时会议。

（1）定期会议

定期会议是按照法律或者公司章程的规定按时召开的、由全体股东出席的会议，通常每年举行一次或两次。

（2）临时会议

临时会议是根据需要，为解决临时性重要事项而召开的会议。临时会议通常是在公司遇到突发性事件的情况下召开的，召开时间具有不确定性。

有限责任公司召开临时会议的法定事由有：代表十分之一以上表决权的股东、三分之一以上的董事、监事会或者不设监事会的公司的监事提议召开临时会议的，应当召开临时会议。

【随堂演练】有限责任公司的股东会会议分为定期会议和临时会议，临时会议的召集方式有：代表（   ）以上表决权的股东，三分之一以上董事、监事会或者不设监事会的公司的监事可以提议召开临时会议。（单选）

A. 十分之一   B. 二分之一   C. 五分之一   D. 四分之一

答案： A

解析： 根据《公司法》关于有限责任公司召开临时会议的法定事由，代表十分之一以上表决权的股东提议召开临时会议的，应当召开临时会议。

3. 会议的召集和主持

（1）首次股东会会议

首次股东会会议由出资最多的股东召集和主持，并依照《公司法》的规定行使职权。

（2）有限责任公司设立董事会的，股东会会议由董事会召集，董事长主持，董事长不能履行职务或者不履行职务的，由副董事长主持；副董事长不能履行职务或者不履行职务的，由半数以上董事共同推举一名董事主持。董事会或执行董事不能履行或者不履行召集股东会会议职责的，由监事会召集和主持；监事会不召集和主持的，有限责任公司的代表十分之一以上表决权的股东可以自行召集和主持。

4. 股东会的议事规则

（1）股东表决权的行使原则。股东行使表决权的一般原则为：资本多数决议和一股一票原则。股东会会议由股东按出资比例行使表决权，但是，公司章程另有规定的除外。

（2）股东表决权的行使方式。股东本人可以亲自参加股东会会议进行投票，也可以委托代理人参加股东会会议代替本人投票。

（3）股东会决议的种类。股东会的决议可分为普通决议和特别决议。股东行使表决权，并达到法定多数形成股东会的决议。

普通决议也称为简单多数，是对公司的一般事项所做的决议，一般采取资本多数决议，即拥有公司资本额一半以上的股东（通常也代表一半以上表决权的股东）通过就形成了决议。

特别决议也称为绝对多数，是公司对相对重要的事项做出的决议，获得绝对多数才可以通过。需经代表三分之二以上表决权的股东通过。特别决议的事项包括修改公司章程，增加或减少注册资本，公司分立、合并、解散或者变更公司形式。除法律明文规定的特别事项外，其他事项均属于普通事项。

（4）股东会决议的效力。依法形成的股东会决议合法有效，具有约束力。如果股东会决议的内容、程序违法，将导致股东会决议的无效或者被撤销。我国《公司法》规定，股东会决议内容违反法律、行政法规的无效；股东会会议的召集程序、表决方式违反法律、行政法规或者公司章程，或者决议内容违反公司章程的，股东可以自决议做出之日起六十日内，请求人民法院撤销。

【随堂演练】 下列事项中，必须经有限责任公司股东会决议并经代表三分之二以上表决权的股东通过的是（　　）。（单选）

A. 修改公司财务管理制度　　　　　　B. 选举董事

C. 增加公司注册资本　　　　　　　　D. 公司利润分配方案

答案： C

解析： 股东会会议做出修改公司章程、增加或者减少注册资本的决议，以及公司合并、分立、解散或者变更公司形式的决议，必须经代表三分之二以上表决权的股东通过。

（二）有限责任公司的董事会

董事会是股东会选举产生的公司的经营决策和业务执行机构，是公司的必设和常设机构。董事会对外代表公司，对内执行业务。董事会是公司的执行机关，执行股东会决议。

股东人数较少或者规模较小的有限责任公司，可以设一名执行董事，不设董事会。执行董事可以兼任公司经理。执行董事的职权由公司章程规定。

1. 董事会的组成和任期

（1）董事会由董事组成。董事会成员为3～13名。

（2）职工代表董事：两个以上的国有企业或者两个以上的其他国有投资主体投资设立的有限责任公司，其董事会成员中应当有公司职工代表；其他有限责任公司董事会成员中可以有公司职工代表。董事会中的职工代表由公司职工通过职工代表大会、职工大会或者其他民主形式选举产生。国有独资公司设董事会的，董事会成员中应该有职工代表，职工代表由公司职工代表大会选举产生。

（3）董事会设董事长一名，可以设副董事长若干名，董事长是公司的法定代表人。董事长、副董事长的产生办法由公司章程规定。

（4）董事任期：董事任期由公司章程规定，但每届任期不得超过3年。董事会由股东会选举和更换，董事任期届满，可以连选连任。

2. 董事会的职权

有限责任公司和股份有限公司的董事会职权相同。董事会对股东会负责，行使下列职权。

（1）负责召集股东会会议，并向股东会报告工作；

（2）执行股东会的决议；

（3）决定公司的经营计划和投资方案；

（4）制订公司的年度财务预算方案、决算方案；

（5）制订公司的利润分配方案和弥补亏损方案；

（6）制订公司增加或者减少注册资本以及发行公司债券的方案；

（7）制订公司合并、分立、解散或者变更公司形式的方案；

（8）决定公司内部管理机构的设置；

（9）决定聘任或者解聘公司经理及其报酬事项，并根据经理的提名决定聘任或者解聘副经理、财务负责人及其报酬事项；

（10）制定公司的基本管理制度；

（11）公司章程规定的其他职权。

执行董事的职权由公司章程规定。

3. 董事会会议

（1）董事会会议的种类

董事会以召开会议的形式进行表决，做出决议。董事会会议有定期会议和临时会议两种。

定期会议也称为例会，是公司章程规定在一定时间内召开的会议。有限责任公司召开定期会议完全由公司章程自行规定；临时会议也称为特别会议，是遇到特殊情况，董事会临时性召开的会议。在特殊情况下，董事会临时会议可以随时召开。

（2）董事会的召集和主持

董事会会议由董事长召集和主持；董事长不能履行职务或者不履行职务的，由副董事长召集和主持；副董事长不能履行职务或者不履行职务的，由半数以上董事共同推举一名董事召集和主持董事会会议。

（3）董事会决议

董事会决议的表决，实行一人一票，每一位董事对于审议事项均享有一票表决权。董事会的表决制度是：人头多数决，或称人头主义，这和股东会的资本多数决不同。

有限责任公司董事会的议事方式和表决程序由公司章程规定。

【随堂演练】蓝天有限责任公司董事长谢某发生交通意外，无法主持董事会，则（   ）。（单选）

A. 由谢某指定的副董事长主持

B. 由副董事长主持

C. 由谢某指定的副董事长或者其他董事主持

D. 由半数以上董事共同推举一名董事主持

答案：B

解析：《公司法》第一百零九条规定："董事长召集和主持董事会会议，检查董事会决议的实施情况。副董事长协助董事长工作，董事长不能履行职务或者不履行职务的，由副董事长履行职务；副董事长不能履行职务或者不履行职务的，由半数以上董事共同推举一名董事履行职务。"

4. 有限责任公司的经理

有限责任公司可以设经理，经理由董事会决定聘任或者解聘。经理对董事会负责，经理列席董事会会议。行使下列职权。

（1）主持公司的生产经营管理工作，组织实施董事会决议；

（2）组织实施公司年度经营计划和投资方案；

（3）拟订公司内部管理机构设置方案；

（4）拟订公司的基本管理制度；

（5）制定公司的具体规章；

（6）提请聘任或者解聘公司副经理、财务负责人；

（7）决定聘任或者解聘除应由董事会决定聘任或者解聘以外的管理人员；

（8）董事会授予的其他职权。

（三）监事会（监事）

1. 监事会的定义

监事会是由股东选举的监事和公司职工民主选举的监事组成的，对公司的经营管理行为行使监督权的机构。

各国一般规定董事、经理及高级管理人员不得兼任监事。

2. 监事会的职权

监事会向股东会负责，行使下列职权。

（1）检查公司的财务；

（2）对董事、高级管理人员执行公司职务的行为进行监督，对违反法律、行政法规、公司章程或者股东会决议的董事、高级管理人员提出罢免的建议；

（3）当董事、高级管理人员的行为损害公司的利益时，要求董事、高级管理人员予以纠正；

（4）提议召开临时股东会会议，在董事会不履行《公司法》规定的召集和主持股东会会议职责时召集和主持股东会会议；

（5）向股东会会议提出提案；

（6）依照《公司法》第一百五十二条的规定，对董事、高级管理人员提起诉讼；

（7）公司章程规定的其他职权。

3. 监事会的构成

除了股东人数较少或者规模较小的有限责任公司，可以仅设立 1～2 名监事，不设监事会外，监事会由不少于 3 名成员组成，包括股东代表和职工代表，职工代表在监事会所占比例不得低于三分之一。

监事会设主席 1 名，可以设副主席，由全体监事过半数选举产生。

监事的任期每届为 3 年。监事任期届满，可以连选连任。监事任期届满未及时改选，或者监事在任期内辞职导致监事会成员低于法定人数的，在改选出的监事就任前，原监事仍应当依照法律、行政法规和公司章程的规定，履行监事义务。

4. 监事会会议

监事会会议由监事会主席召集和主持；监事会主席不能或者不履行职责的，由监事会副主席履行职责；监事会副主席不能或者不履行职责的，由半数以上监事共同推举一名监事负责召集和主持监事会会议。

有限责任公司监事会每年至少召开一次会议，监事会应当将所议事项的决定做成会议记录，由出席会议的监事在会议记录上签名。

（四）董事、监事、高级管理人员的任职资格和义务

1. 董事、监事、高级管理人员的任职资格

我国《公司法》规定，有下列情形之一的，不得担任公司的董事、监事、高级管理人员。

（1）无民事行为能力或者限制民事行为能力；

（2）因贪污、贿赂、侵占财产、挪用财产或者破坏社会主义市场经济秩序，被判处刑罚，执行期满未逾五年，或者因犯罪被剥夺政治权利，执行期满未逾五年；

（3）担任破产清算的公司、企业的董事或者厂长、经理，对该公司、企业的破产负有个人责任的，自该公司、企业破产清算完结之日起未逾三年；

（4）担任因违法被吊销营业执照、责令关闭的公司、企业的法定代表人，并负有个人责任的，自该公司、企业被吊销营业执照之日起未逾三年；

（5）个人所负数额较大的债务到期未清偿。

公司违反前款规定选举、委派董事、监事或者聘任高级管理人员的，该选举、委派或者聘任无效。

【随堂演练】甲公司于 2020 年 7 月依法成立，现有数名推荐的董事人选甲、乙、丙。甲某，2015 年向他人借款 120 万元，两年后到期，但因做生意失败，至今未能清偿。乙某，曾任某机械制造公司董事长，该公司于 2015 年被工商部门吊销营业执照，乙某负有个人责任。丙某，因担任企业负责人犯重大责任事故罪于 2013 年 6 月判处三年有期徒刑，2016 年刑满释放。

问题： 根据《公司法》的规定，判断以上人员是否具备董事资格？

解析：

（1）甲某因"个人所负数额较大的债务到期未清偿"，因而不具备董事资格。

（2）乙某符合"担任因违法被吊销营业执照、责令关闭的公司、企业的法定代表人，并负有个人责任"，但营业执照被吊销已满三年，因而乙某具备董事资格。

（3）丙某所犯重大责任事故罪不在前述（2）所规定的罪名之列，故丙某也具备董事资格。

2. 董事、监事、高级管理人员的义务

董事、监事、高级管理人员应当遵守法律、行政法规和公司章程，对公司负有忠实义务和勤勉义务。股东会要求董事、监事、高级管理人员列席会议的，董事、监事、高级管理人员应当列席并接受股东的质询。董事、监事、高级管理人员应当如实向监事会提供相关情况和材料，不得妨碍监事会行使职权。

董事、监事、高级管理人员不得利用职权收受贿赂或者其他非法收入，不得侵占公司的财产，不得实施下列行为。

（1）挪用公司资金；

（2）将公司资金以其个人名义或者以其他个人名义开立账户存储；

（3）违反公司章程的规定，未经股东会、股东大会或者董事会同意，将公司资金借贷给他人或者以公司财产为他人提供担保；

（4）违反公司章程的规定或者未经股东会、股东大会同意，与本公司订立合同或者进行交易；

（5）未经股东会或者股东大会同意，利用职务便利为自己或者他人谋取属于公司的商业机会，自营或者为他人经营与所任职公司同类的业务；

（6）接受他人与公司交易的佣金，归为己有；

（7）擅自披露公司秘密；

（8）违反对公司忠实义务的其他行为。

六、一人有限责任公司

（一）概念

一人有限责任公司是指只有一个自然人股东或者一个法人股东的有限责任公司。一人有限责任公司是独立的企业法人，具有完全的民事权利能力、民事行为能力和民事责任能力，是有限责任公司中的特殊类型。

（二）特征

1. 设立公司的限制

一个自然人只能投资设立一个一人有限责任公司，且该一人有限责任公司不能投资设立新的一人有限责任公司。法人可以设立多家一人有限责任公司，并且法人设立的一人有限责任公司可以再对外投资设立一人有限责任公司。因此《公司法》规定在公司登记中必须注明自然人独资或者法人独资，并在营业执照中载明。

2. 股东连带责任

一人有限责任公司的股东不能证明公司财产独立于其自己的财产的，应当对公司债务承担连带责任。《公司法》对举证责任的规定，既坚持一人有限责任公司作为有限责任公司，股东享受的有限责任待遇，也在特定情况下对有限责任给予否认。

所谓连带责任，是指依照法律规定或者当事人的约定，两个或者两个以上当事人对其共同债务全部承担或部分承担，并能因此引起其内部债务关系的一种民事责任。当责任人为多人时，每个人都负有清偿全部债务的责任，各责任人相互间有连带关系。

3. 财务会计报告

一人有限责任公司应当在每一个会计年度终了时编制财务会计报告，并经会计师事务所审计。

第二节 股份有限公司

本节全面介绍股份有限公司的概念、设立、发起人的责任、资本和股东、股份和股票、组织机构等内容。

一、股份有限公司概述

（一）股份有限公司的概念

股份有限公司，是指全部资本分为等额股份，股东以其认购的股份为限对公司承担责任，公司以其全部资产对公司债务承担责任的法人。

（二）特征

股份有限公司除具有公司的一般特征之外，还具有区别于其他公司的特征。股份有限公司的特征如下。

股份有限公司的
概念和特征

（1）资本的股份化和股份的均等化。股份是公司资本的最小计算单位。公司资本划分为股份，且每股金额相等。股东权的计算、行使、转让均以股份为单位。一股一权，权数与持股数成正比。资本的股份化和股份的均等化不仅能适应股份有限公司公开发行股份、募集社会资金的需要，而且也便于股东权的行使和利润的分配。

（2）股东责任的有限性。股东责任的有限性（内部责任），即股东以其股份为限对公司承担有限责任，这种责任属于法定的量的有限责任，并通过公司这个中间物对外承担责任；公司法人人格独立于股东而存在，公司独立承担责任，股东责任与公司责任相互分离。公司以其全部资产为限对公司债务承担责任。股东对公司负责，不对公司债权人负责。公司的责任属于公司责任，原则上不能向股东进行追索。

（3）可以向社会公开募集资本。股份有限公司股份发行公开，股份转让自由。公司资本的公开

募集有利于广泛吸收社会资金，积少成多，形成规模企业所需要的资本。股份转让的自由性决定了股东的变更性。公众只要支付股金、购买股票就可以成为公司的股东。

（4）信用基础的资合性。公司的资本和资产不仅是公司进行经营的基本条件，也是公司对外承担债务的总担保。因此，股份有限公司实行严格的资本确定原则、资本维持原则和资本不变原则。股份有限公司对外的信用在于公司的资本，与公司成员的信用无关，这明显区别于人合公司；股份有限公司的股份可以自由转让，股东的频繁变动不会影响公司的存续及经营状况；股份有限公司的资合性决定了公司股东只能以现金或实物出资，而不能以信用或劳务出资。

（5）经营的公开性。股份有限公司具有开放性，股份发行的公开性及股份转让的自由性，使得股份有限公司的经营状况不仅要向股东公开，而且要向社会公开。为了便于公众了解公司经营情况，做出决策，进行监督，股份有限公司应公开其章程、利润表和资产负债表等财务会计报表，以最大限度保护公司股东、债权人及社会公众的利益。

股份有限公司必须将其一切重要的经营事项全面、及时、准确地向社会公开，对法定或重大事项，也须公开。

（6）设立程序较复杂。股份有限公司涉及股东多，所以为了保护公众利益，法律对这类公司设立的条件和程序做了较严格的规定。

二、股份有限公司的设立

股份有限公司的设立，是设立人为了使公司成立并取得法人资格而依照法定程序依次所进行的一系列法律行为的总称。设立股份有限公司，可以采取发起设立或募集设立的方式。

（一）设立条件

（1）发起人符合法定人数。发起人是指依法筹办创立股份有限公司事务的人。为设立公司而签署公司章程、向公司认购出资或者股份并履行公司设立职责的人。既可以是自然人，也可以是法人。股份有限公司的发起人应当在 2 人以上 200 人以下，其中须有半数以上的发起人在中国境内有住所。

（2）发起人制定公司章程，对于采取募集方式设立的公司，公司章程需经创立大会通过。股份有限公司章程应当载明下列事项：公司名称和住所；公司经营范围；公司设立方式；公司股份总数、每股金额和注册资本；发起人的姓名或者名称、认购的股份数、出资方式和出资时间；董事会的组成、职权、任期和议事规则；公司法定代表人；监事会的组成、职权、任期和议事规则；公司利润分配办法；公司的解散事由和清算办法；公司的通知和公告办法；股东大会会议认为需要规定的其他事项。此外，上市公司应在其公司章程中规定股东大会的召开和表决程序，包括通知、登记、提案的审议、投票、计票、表决结果的宣布、会议决议的形成、会议记录及其签署、公告等，还应在公司章程中规定股东大会对董事会的授权原则，授权内容应明确具体。

公司章程是指经发起人全体同意并依法定程序制定的规定公司的宗旨、组织原则以及经营管理方式等事项的必备法律文件，是公司组织和行为的根本行为准则，是公司登记机关必须审查的文件。

另外，股份有限公司的设立条件还包括，有公司名称，建立符合股份有限公司要求的组织机构，以及有公司的住所等。

（二）发起设立

发起设立是指发起人认购公司应发行的全部股份而设立公司。发起设立的程序如下。

（1）发起人签订发起人协议。发起人协议是一种典型的合伙契约，明确各自在公司设立过程中的权利和义务。

（2）全体发起人共同制定公司章程，章程须经创立大会通过才有约束力。

（3）申请公司名称预先核准。

（4）发起人书面认足公司章程规定其认购的股份。采取发起设立方式设立的股份有限公司，注册资本是在公司登记机关登记的全体发起人认购的股本总额。"认购"是指以书面形式承诺购买的意思，不同于实缴，实缴即实际缴纳的意思。以发起设立方式设立股份有限公司的，发起人并不需要一次性实际缴足在公司登记机关登记的股本总额，但应当以书面形式认足公司章程规定其认购的股份数；一次性缴纳的，应当缴纳全部出资；分期缴纳的，应当缴纳首期出资。以非货币财产出资的，应当依法办理其财产权的转移手续。由于股份有限公司的资合性，非货币出资只能是实物、知识产权、土地使用权等可以用货币估价并要依法转让的非货币财产，不能是劳务和信用。发起人不依照前款规定缴纳出资的，应当按照发起人协议承担违约责任。

（5）选举董事会和监事会，组建公司机构。

（6）依照公司章程规定，选举由董事长或经理担任的公司法定代表人。

（7）申请设立登记。董事会应于创立大会结束后三十日内，向公司登记机关报送下列文件，申请设立登记：有关主管部门的批准文件；创立大会的会议记录；公司章程；筹办公司的财务审计报告；验资证明；董事会、监事会成员姓名及住所；法定代表人的姓名、住所。

（8）领取营业执照。公司登记机关自接到股份有限公司设立登记申请之日起三十日内做出是否予以登记的决定。对符合条件的，予以登记，发给公司营业执照；对不符合条件的，不予登记。公司营业执照签发日期为公司成立日期。公司成立后，应当进行公告。

（三）募集设立

募集设立是由发起人认购公司应发行股份的一部分，其余股份向社会公开募集或者向特定对象募集而设立公司。募集设立的程序如下。

（1）发起人签订发起协议、认购股份。股份有限公司采取募集方式设立的，注册资本为在公司登记机关登记的实收股本总额。采用募集设立的股份有限公司，发起人必须一次缴清股款或交付其他非货币出资，不允许分期缴纳。发起人认购的股份不得少于公司股份总数的35%，其余股份应当向社会公开募集。法律、行政法规另有规定的，从其规定。

（2）发起人制定公司章程，章程须经创立大会通过才有约束力。

（3）申请公司名称预先核准。

（4）向社会公开募集股份。发起人向社会公开募集股份，必须公告招股说明书，并制作认股书。认股人按照所认购股数缴纳股款。公开募股应当由依法设立的证券公司承销，签订承销协议，同时与银行签订代收股款协议。社会公众的认股只能是货币，而不能是其他。

（5）制作招股说明书。发起人向社会公开募集股份，必须公告招股说明书，并制作认股书。认股人按照所认股数缴纳股款。招股说明书应当附有发起人制定的公司章程，并载明下列事项：发起人认购的股份数；每股的票面金额和发行价格；无记名股票的发行总数；认股人的权利、义务；募集资金的用途；本次募股的起止期限及逾期未募足时认股人可撤回所认股份的说明。

（6）签订承销协议与代收股款协议；发起人向社会公开募集股份，应当同银行签订代销、代收股款协议。代收股款的银行应当按照协议代收和保存股款，向缴纳股款的认股人出具收款单据，并负有向有关部门出具收款证明的义务。

（7）申请、核准公开募股。发起人向社会公开募集股份，必须公告招股说明书，并制作认股书。认股书应当载明《公司法》所列事项，由认股人填写认购股数、金额、住所，并签名、盖章。认股人按照所认购股数缴纳股款。

（8）进行验资。

（9）召开创立大会。发起人应当自股款缴足之日起三十日内主持召开公司创立大会。创立大会由发起人、认股人组成。发行的股份超过招股说明书规定的截止期限尚未募足的，或者发行股份的股款缴足后，发起人在三十日内未召开创立大会的，认股人可以按照所缴股款并加算银行同期存款利息，要求发起人返还。

发起人应该在创立大会召开十五日前将会议日期通知各认股人或者予以公告。创立大会应有代表股份总数过半数的发起人、认股人出席，方可举行。

创立大会行使下列职权：审议发起人关于公司筹办情况的报告；通过公司章程；选举董事会成员；选举监事会成员；对公司的设立费用进行审核；对发起人用于抵作股款的财产的作价进行审核；发生不可抗力或者经营条件发生重大变化直接影响公司设立的，可以做出不设立公司的决议。创立大会对前款所列事项做出决议，必须经出席会议的认股人所持表决权的半数以上通过。

（10）申请设立登记。公司在创立大会结束后三十日内，由董事会向公司登记机关申请设立登记，并按照《公司登记管理条例》的规定，提交有关文件。登记管理机关对于符合条件的，发给营业执照。

【案例】甲、乙、丙、丁四人作为发起人拟用募集设立的方式设立股份有限公司，公司注册资本初步拟定为 2 000 万元人民币，各发起人分别以专利技术、货币、实物等出资，共计 600 万元人民币，其余的部分准备向社会公众公开募集。发起人在认股人缴清股款并经依法设立的验资机构验资完毕并出具证明的两个月后召开了创立大会。

问题：该公司在设立过程中有什么做法不符合法律规定？《公司法》对此是怎样规定的？

解析：

（1）《公司法》规定，以募集方式设立股份有限公司的，发起人认购的股份不得少于公司股份总数的 35%，而本案的全体股东认购的股款不足总数的 35%。

（2）公司发行股份的股款缴足后，必须经依法设立的验资机构验资并出具证明，应当在三十日内主持召开创立大会。本案中股份有限公司在两个月后才召开创立大会，不合法。

三、股份有限公司发起人的责任

对股份有限公司的设立者、发起人课以法律责任主要基于两点考虑：一是增强其责任感，督促其尽心设立公司。二是为了保护认股人、债权人以及即将成立的公司的利益，进而促进交易安全和社会经济秩序的稳定。

（一）公司成立后的资本补足责任

股份有限公司成立后，发起人未按照公司章程的规定缴足出资的，应当补缴；其他发起人承担连带责任。股份有限公司成立后，发现作为设立公司出资的非货币财产的实际价额显著低于公司章程所定价额的，应当由交付该出资的发起人补足其差额；其他发起人承担连带责任。

发起人不依照规定缴纳出资的，应当按照发起人协议承担违约责任。

（二）公司成立后的损害赔偿责任

在公司设立过程中，由于发起人的过失致使公司利益受到损害的，应当对公司承担赔偿责任。

（三）公司不能成立的责任

公司不能成立时，发起人对设立行为所产生的债务和费用负连带责任，对认股人已缴纳的股款，负返还股款并加算银行同期存款利息的连带责任。

【案例】2020 年 8 月，甲房地产公司（以下简称"甲公司"）等 6 家企业筹划建立乙开发股份有限公司（以下简称"乙股份公司"），确定其资本总额为人民币 13 000 万元，6 家发起企业认购 5 500 万元的股份，其余部分向社会公开募集。2020 年 10 月，发起人认购足了 5 500 万元的股份，其出资方式有现金、厂房、土地使用权等，但考虑到发起人作为投资的厂房需要装修，因此，由发起人共同协商成立的乙股份公司筹建处向丙公司专门定制了一批装饰材料，包括壁纸、地毯、吊灯等共计人民币 180 万元。

在做好准备工作后，经国务院证券监督管理部门批准，甲公司等 6 家发起企业在当地报纸上发布招股说明书，进行公开募股，但在 4 个月的募股期限过后，只募集到 680 万元，公司无法成立。这时，丙公司要求偿还债务，认股人也要求退还股款并赔偿损失。

问题： 发起人承担什么法律责任？

解析： 发起人应承担的责任为：当公司成立失败时，对设立行为产生的债务和费用负连带责任，对认股人已缴纳的股款，负返还并加算银行同期存款利息的连带责任；由于发起人的过失给公司造成损失的，对公司承担赔偿责任。

四、股份有限公司的资本和股东

股份有限公司采取发起设立方式设立的，注册资本为在公司登记机关登记的全体发起人认购的股本总额。在发起人认购的股份缴足前，公司不得向他人募集股份。

股份有限公司采取募集方式设立的，注册资本为在公司登记机关登记的实收股本总额，已由股东认购但实际并未缴纳的部分，不得计入公司的注册资本额。全部发起人认购的股份不得少于公司股份总数的 35%。

【案例】某公司增资扩股，甲股东以三辆重型自卸车作价 90 万元增资，车辆按时交付公司，公司遂使用该车辆运营，但是因种种原因，始终未办理产权过户手续。公司因不能清偿到期债务，被债权人申请诉前财产保全，人民法院依法扣押了该公司的三辆重型自卸车，但是甲股东出面称三辆重型自卸车并没有过户，是自己的财产，不属于公司，不能被扣押。人民法院见甲股东有产权证书，只得解除保全。债权人继续追索，但是该公司没有足够的财产可以用于清偿，公司股东称股份有限公司只承担有限责任，现在公司的资产不足清偿债务，债权人无权主张更多的清偿金额，债权人对此辩解不服。

问题：

（1）甲股东以三辆重型自卸车出资是否符合《公司法》的规定？

（2）债权人能否申请对该公司运营的三辆重型自卸车进行诉前保全？

（3）公司股东的辩解有无法律依据？

（4）债权人若不服，有何解决办法？

解析：

（1）符合。《公司法》规定，股东可以用货币出资，也可以用实物、知识产权、土地使用权等可以用货币估价并可以依法转让的非货币财产作价出资。

（2）不能。因为没有办理产权过户手续，所有权尚未转移，该车仍属于股东个人财产而非公司财产。

（3）有。公司以其全部财产对公司债务承担责任。

（4）债权人可以要求甲股东补足出资，其他股东承担连带责任。

五、股份和股票

（一）股份的含义和特征

股份是指由股份有限公司发行的、以股票的形式表现出来的、证明持有者是公司股东的公司资本的最基本构成单位。

股份有限公司的资本划分为股份，每一股的金额相等。股份是公司资本的最小计算单位，是股东权存在的基础。股份的特征如下。

（1）股份特指股份有限公司资本的计量单位。其他类型的公司，都不能用股份的名称，也不能以股份作为计量单位；

（2）股份的平等性，即每一股份的基本金额相等，所体现的权利、义务也完全相同；

（3）股份的可转让性，即股份是可以自由转让和买卖的；

（4）股份的权利性，即股份体现了股东的权利；

（5）股份的证券性，该特征主要表现为股票是股份的表现形式，股票是公司签发的证明股东所持股份的凭证。它可以像其他有价证券一样自由转让、流通，合法取得股票者即取得公司的股份权。

（二）股票的种类

1. 普通股和特别股

以股东享有的权益和承担的风险大小为划分标准，股票可分为普通股和特别股。目前，中国市场上发行的股票一般为普通股股票。

普通股，是指股东权一律平等，无任何差别待遇的股份，它是公司资本构成中最基本的股份，即公司发行的没有特别权利和特别限制的股份。普通股股东享有全面的股东权，既包括股利分配请求权等自益权，又包括在股东大会上行使表决权、参与公司管理等共益权。普通股只有在公司支付了公司债券利息和优先股的股息后才可获得股息，但其股息是不固定的，根据公司净利润的变化而变化。当公司破产进行清算时，普通股在公司债权人、优先股股东之后分得公司的剩余财产。当股东大会讨论公司重大问题时，普通股拥有表决权。

特别股，是指股东权不同于普通股，具有特别内容的股份。特别股股东权利的内容一般在公司章程中予以确定，通常指其股东在公司盈余分配、公司剩余财产分配以及表决权行使等方面不同于普通股的股东，是对公司的资产、利润享有更优越权利的股份。

特别股包括优先股和后配股。优先股在分配利润时可优先获得股息，优先股的股息一般是固定的，不受公司经营状况的影响，具有债权的性质。在公司清算时可优先获得分配公司资产。但优先股往往无表决权。

后配股是指在普通股之后参与公司盈余分配和剩余财产分配的股份。

2. 记名股和无记名股

以股东名册和股票对股东的姓名或者名称的记载状况为划分标准，股票可分为记名股和无记名股。

记名股是将股东的名称或者姓名记载于股东名册和股票的股份。转让记名股，一定要把受让人的姓名或法人的名称记载于股票、股东名册上，即要办理过户手续。股票须交付受让人，才能生效。记名股不得私自转让，转让后由公司将受让人的姓名或者名称及住所记载于股东名册。

无记名股是无须将股东姓名或者名称记载于股东名册和股票的股份。无记名股的优点是便于股份的流通。无记名股的发行、转让都比较简便，但公司对其不容易控制。无记名股与股票不可分离，依法持有股票的人就是股东，可以行使股东权；转让无记名股，由股东在依法设立的证券交易场所将该股票交付给受让人后即发生转让的效力。

股份有限公司向社会发行的股份多数为无记名股。向发起人、法人发行的股票为记名股，并应当记载该发起人、法人的名称。只有记名股的股东本人才有资格行使其股权。

3. 表决权股和无表决权股

以持有股份的股东是否享有表决权作为划分标准，股票可分为表决权股和无表决权股。表决权股是股东所持有的在股东大会上享有表决权的股份；无表决权股是不享有表决权的股份。表决权股的股东持有可以在股东大会上行使表决权的股份，参与公司的重大问题的决策，普通股为表决权股。无表决权股被依法剥夺了表决权，在股东大会上不享有表决权，主要是公司的自有股份。

4. 额面股和无额面股

以股份是否以金额表示作为划分标准，股票可分为额面股和无额面股。额面股是在股票上记载金额的股份；无额面股是不在股票上记载金额，只是注明占公司资本总额多少比例的股份，其价值随公司资产的增减而升降，股东享有的股份利润，按票面规定的比例来确定。额面股可以平价发行，也可以溢价发行，但不得以低于票面值的价格发行。我国不允许发行无额面股。

5. A 股和 B 股

以认购股份的货币作为划分标准，股票可分为 A 股和 B 股。A 股是社会公众股和法人股等作为人民币普通股，限于境内自然人、法人以及合法境外机构投资者买卖的股份。B 股是以人民币标明股票面值，在境内发行和上市，以外汇认购或者进行交易的股份。

（三）股份的发行

股份的发行是指股份有限公司以募集资本为目的，分配或出售自己的股份。

设立发行和新股发行。设立发行是指为了设立新的股份有限公司，公司在设立过程中为筹集资本而发行股份的行为。在发起设立的情况下，第一次发行的股份完全由发起人认足，不再向社会募集；在募集设立的情况下，第一次发行的股份由发起人认购一部分，其余股份向社会募集。新股发行是指已设立的股份有限公司为增加资本而发行股票。公司为拓展业务、扩大经营规模，需要不断扩充自有资本，而发行股票是一种极为有效的方法。

平价发行、溢价发行和折价发行。平价发行是股票发行价格与票面金额相同的发行方式，溢价发行是股票发行价格高于票面金额的发行方式，折价发行是股票发行价格低于票面金额的发行方式。股票发行价格可以为票面金额，也可以超过票面金额，但不得低于票面金额（资本充实原则）。 从资本充实的角度出发，股票只有平价发行或者溢价发行，股份发行所筹集的资金才能够等于或者高于公司所需要的资本。而股票的折价发行，即按照低于股票的票面价值发行股票，即使股份全部得以发行，所筹集的资金也必然低于公司所需资本总额。这实际上会造成公司资本的虚增，有可能损害公司及股东的利益，对于公司债权人来说也是不利的。

股份的发行实行公开、公平、公正的原则，同股同权、同股同利。同股同权，同种类的每一股份应当具有同等权利。同股同价，同次发行的同种类股票，每股的发行条件和价格应当相同；任何单位或者个人所认购的股份，每股应当支付相同价额。

（四）股份的转让

股份的转让是指股东依法将其股份转让给他人的行为。转让无记名股，股东在依法设立的证券交易所将该股票交付给受让人即发生转让的效力。在现代证券市场上，这种转让一般是通过证券商（经纪人）在证券交易所发出指令，由计算机系统撮合成交的，无须持股人与受让人见面，转让效率比记名股显然要高。

股份转让原则上是自由的，但法律为防止自由转让可能产生的弊端，对股份转让做了一些限制性规定。

（1）对发起人所持股份转让的限制。发起人持有的本公司股份，自公司成立之日起 1 年内不得转让。在公司设立后的一定时间内，发起人应作为股东留在公司，以保证公司稳定和运营的连续性。同时，如果允许发起人在公司成立后很短的时间内就进行本公司的股份的转让，发起人可能会不适当地转移投资风险，甚至会出现发起人以设立公司为名义非法集资或者炒作股票盈利的现象。

公司公开发行股份前已经发行的股份，自公司股票在证券交易所上市交易之日起一年内不得转让。

（2）对公司董事、监事、高级管理人员持有本公司股份的转让限制。公司董事、监事、高级管理人员应当向公司申报所持有的本公司的股份及其变动情况，在任职期间每年转让的股份不得超过其所持有本公司股份总数的 25%；所持本公司股份自公司股票上市交易之日起 1 年内不得转让。上述人员离职后半年内，不得转让其所持有的本公司股份。公司章程可以对公司董事、监事、高级管理人员转让其所持有的本公司股份做出其他限制性规定（只能更严，不能更宽）。

主要原因有：董事、监事、高级管理人员是公司从事生产经营活动的主要力量，应加强其与公司之间的联系，将公司的利益与其个人利益联系在一起，以促使其尽职尽责地履行职务；董事、监事、高级管理人员负责公司的日常运营，掌握着大量的公司信息，如果允许其随意转让本公司股份，可能会出现董事、监事、高级管理人员利用其所掌握的信息进行内幕交易、损害公司利益以及股东利益的情况。

（3）无记名股只是在参加股东大会前 5 日至会议结束时不能转让。

（4）公司不得接受本公司的股票作为质押权的标的。

六、股份有限公司的组织机构

股份有限公司的组织机构由股东大会、董事会、监事会等组成。

（一）股东大会

1. 股东大会的性质和组成

股份有限公司的股东大会由全体股东组成，是公司的最高权力机构。公司的一切重大事项都须由股东大会做出决议。

2. 股东大会的职权

股份有限公司股东大会的职权与有限责任公司股东会的职权基本相同。

3. 股东大会的召开和主持

股东大会分为股东常会（年会）与股东临时会。

股东常会是依照法律和公司章程的规定，每年必须召开的，由全体股东出席的会议。我国《公司法》要求每年召开一次股东大会。

股东临时会是根据实际情况需要临时召开的股东会议。股东临时会在出现下列情形之后的 2 个月内召开。

（1）董事人数不足《公司法》规定的人数（最低人数五人）或公司章程所定人数的三分之二时。

（2）公司未弥补的亏损达实收股本总额三分之一时。

（3）单独或合计持有公司 10%以上股份的股东请求时。

（4）董事会认为必要时。

（5）监事会提议召开时。

（6）公司章程规定的其他情形。

【判断题】某股份有限公司是一家上市公司，业绩一直良好，其股本总额达到人民币 10 亿元。但是在 2019 年 10 月，由于决策失误导致亏损额达到 3 亿元，这是否符合《公司法》规定的应当在两个月内召开临时股东大会的情形？（　　）

解析：不符合。《公司法》第一百条规定："有下列情形之一的，应当在两个月内召开临时股东大会：……（二）公司未弥补的亏损达实收股本总额三分之一时。"公司的 3 亿元亏损未达到股本总额的三分之一。

召开股东大会会议，应当将会议召开的时间、地点和审议的事项于会议召开二十日前通知各股东。临时股东大会应当于会议召开十五日前通知各股东。发行无记名股的，应当于会议召开三十日前公告会议召开的时间、地点和审议事项。

股份有限公司股东大会会议的召集和主持办法与有限责任公司的基本相似。只是当监事会不召集和主持时，连续九十日以上单独或者合计持有公司 10% 以上股份的股东可以自行召集和主持。

4. 股东大会会议的议事规则

（1）股东出席股东大会，所持每一股份有一表决权。股东可以委托代理人出席股东大会会议，代理人应当向公司提交股东授权委托书，并在授权范围内行使表决权。但是，公司持有的本公司股份没有表决权。

（2）股东大会做出决议，对于一般事项必须经出席会议的股东所持表决权过半数通过。

（3）股东大会做出修改公司章程、增加或者减少注册资本的决议，以及做出公司合并、分立、解散，修改公司章程或者变更公司形式等决议，必须经出席会议的股东所持表决权的三分之二以上通过。

（4）《公司法》和公司章程规定公司转让、受让重大资产或者对外提供担保等事项必须经股东大会做出决议的，董事会应当及时召集股东大会决议，由股东大会就上述事项进行表决。

（5）股东大会应当将所议事项的决定做成会议记录，主持人、出席会议的董事应当在会议记录上签名。

【随堂演练】根据《公司法》的规定，股份有限公司股东大会的下列决议中，必须经出席会议的股东所持表决权的三分之二以上通过的有（　　）。（多选）

A. 公司合并决议　　　　　　　　　　B. 公司分立决议
C. 修改公司章程决议　　　　　　　　D. 批准公司年度预算方案决议

答案：A、B、C

解析：修改公司章程、增加或者减少注册资本，以及公司合并、分立、解散或者变更公司形式属于特别决议。股份有限公司的特别决议必须经出席会议的股东所持表决权的三分之二以上通过。

5. 累积投票制

股东大会选举董事、监事，可以根据公司章程的规定或者股东大会的决议，实行累积投票制。

累积投票制指股东大会选举两名以上的董事时，股东所持的每一股份拥有与待选董事或者监事人数相等的表决权，股东既可用所有的投票权集中投票选举一人，也可分散投票选举数人，按得票多少依次决定董事入选的表决权制度。

这样做的目的就在于防止大股东利用表决权优势操纵董事的选举，矫正"一股一票"表决制度存在的弊端。按这种投票制度，选举董事时每一股份代表的表决权数不是一个，而是与待选董事的人数相同。股东在选举董事时拥有的表决权总数，等于其所持有的股份数与待选董事人数的乘积。投票时，股东可以将其表决权集中投给一个或几个董事候选人，通过这种局部集中的投票方法，能够使中小股东选出代表自己利益的董事，避免大股东垄断全部董事的选任。

例如，某公司要选 5 名董事，公司股份共 1 000 股，股东共 10 人，其中 1 名大股东持有 510 股，即拥有公司 51% 的股份；其他 9 名股东共计持有 490 股，合计拥有公司 49% 的股份。若按直接投票制度，每一股有一个表决权，则控股 51% 的大股东就能够使自己推选的 5 名董事全部当选，其他股东毫无话语权。但若采取累积投票制，表决权的总数就成为 5 000（1 000×5）票，控股股东总计拥有的票数为 2 550 票,其他 9 名股东合计拥有 2 450 票。根据累积投票制的原理,股东可以集中投票给一个或几个董事候选人,并按所得同意票数多少的排序确定当选董事,因此从理论上来说,其他股东至少可以使自己的 2 名董事当选,而控股比例超过半数的股东也最多只能选上 3 名自己的董事。可以看出,采取累积投票制度确实可以减少大股东利用表决权优势产生的对公司的控制,增强小股东在公司治理中的话语权,有利于公司治理结构的完善。

(二)董事会

董事会是股份有限公司股东大会的执行机关,由股东大会选举产生,向股东大会负责,享有业务执行权和日常经营的决策权。

1. 组成

(1)董事会由股东大会或创立大会选举产生,董事会的成员为 5～19 人。

(2)董事会成员中可以有公司职工代表。

(3)股份有限公司的董事任期由公司章程规定,但每届任期不得超过 3 年。董事任期届满,可以连选连任。董事在任期届满前,股东大会不得无故解除其职务。

(4)董事长(1 人)和副董事长(可设 1～2 人),由董事会以全体董事的过半数选举产生。

【判断题】某股份有限公司的董事会由甲、乙、丙、丁组成。其中,甲持有公司 10% 的股份,并由股东大会任命为董事长。( )

答案:错

解析:董事长和副董事长由董事会以全体董事的过半数选举产生,而非由股东大会任命。

2. 董事会的职权

股份有限公司董事会职权与有限责任公司董事会职权相同。

3. 董事会会议

例行董事会会议。董事会每年至少召开 2 次会议,每次会议应当于会议召开十日前通知全体董事和监事。

临时董事会会议。股份有限公司代表十分之一以上表决权的股东、三分之一以上董事或者监事会,可以提议召开董事会临时会议。董事长应当自接到提议后十日内,召集和主持董事会会议。董事会召开临时会议,可以另定召集董事会的通知方式和通知时限。

董事长召集和主持董事会会议,检查董事会决议的实施情况。副董事长协助董事长工作,董事长不能履行职务或者不履行职务的,由副董事长履行职务;副董事长不能履行职务或者不履行职务的,由半数以上董事共同推举一名董事履行职务。

4. 董事会的议事规则

(1)董事会会议应有过半数董事出席方可举行。董事会做出决议,必须经全体董事的过半数通过。

(2)董事会决议的表决,实行一人一票,即每个董事享有一票表决权。

(3)董事会会议,应由董事本人出席。董事因故不能出席,可以书面委托其他董事代为出席,委托书中应载明授权范围。董事会应当将会议所议事项的决定做成会议记录,并由出席会议的董事在会议记录上签名。

(4)《公司法》还规定了董事对董事会决议的法律责任,以此来约束董事慎重行事而非盲目决议。

董事会的决议违反法律、行政法规或者公司章程、股东大会决议，致使公司遭受严重损失的，参与决议的董事对公司负赔偿责任。但经证明在表决时曾表明异议并记载于会议记录的，该董事可以免除责任。

5. 董事长

董事长是公司的法定代表人，负责主持股东大会和召集、主持董事会会议；检查董事会决议的实施情况；签署公司股票、公司债券。副董事长协助董事长工作。

【案例】 A 股份有限公司拟召开 2020 年度股东大会年会，审议批准董事会报告，审议批准监事会报告，审议批准年度财务预算方案。决算方案，审议批准公司的利润分配方案。公司在国务院证券监督管理部门指定的报纸上登载了召开股东大会年会的通知。通知内容如下：兹定于 2020 年 5 月 15 日在公司本部办公楼二层会议室内召开 2020 年度股东大会年会，特通知如下。

一、凡持有本公司股份 50 万股以上的股东可向本公司索要本通知，并持通知出席股东大会会议。

二、持有本公司股份不足 50 万股的股东，可自行组合，每 50 万股选出一名代表，向本公司索要本通知，并持通知出席股东大会会议。

三、持有本公司股份不足 50 万股的股东，5 月 10 日前不自行组合产生代表的，本公司将向其寄送"通信表决票"，由其通信表决。

A 股份有限公司董事长会
2020 年 5 月 5 日

问题：

（1）上述通知有哪些违法之处？根据是什么？

（2）请改写一份符合《公司法》要求的通知。

解析：

（1）有下列违法之处。

① 通知发出时间违反《公司法》。根据《公司法》的规定，召开股东大会，应当将会议审议的事项于会议召开二十日以前通知各股东；临时股东大会应当于会议召开十五日前通知各股东。

② 通知中未将审议的四个事项列出。根据《公司法》的规定，召开股东大会，应将审议事项通知各股东。

③ 通知中第一项、第二项均违反《公司法》，剥夺了部分股东表决权。根据是，违反股东平等原则，即《公司法》关于"股东出席大会，所持每一股份有一表决权"的规定。

④ 通知的第三项，强行选择通信表决形式，剥夺了股东的质询权，违反了《公司法》关于股东"对公司经营提出建议或者质询"的规定。

⑤ 通知由董事长署名，而不是公司董事会署名。违反了股东大会应由有召集权的人召集的规定。根据《公司法》的规定，股东大会由董事会依《公司法》规定负责召集。

（2）符合《公司法》要求的召开股东大会年会的通知。

兹定于 2020 年 5 月 15 日在公司本部办公楼二层会议室召开 2020 年度股东大会年会，特通知如下。

第一，审议事项：①审议批准董事会报告；②审议批准监事会报告；③审议批准年度财务预算方案、决算方案；④审议批准公司的利润分配方案。

第二，请各股东向本公司索要本通知，并持本通知参加股东大会会议。或者，委托代理人持委托书出席股东大会会议。

第三，股东也可以向本公司索要"通信表决票"，于2020年5月14日前将做出表示的通信表决票寄送本公司董事会。

A股份有限公司董事会
2020年4月5日

（三）监事会

1. 监事会的性质

监事会是股份有限公司的监督机构，对公司的财务及业务的执行情况进行监督。

监事会的主要职责是从维护公司利益的角度出发，对公司董事、高级管理人员执行公司职务时的行为进行监督，在董事、高级管理人员执行公司职务时违反法律、行政法规或者公司章程的规定，给公司造成损害时，代表公司对董事、高级管理人员进行诉讼。

2. 组成和任期

（1）股份有限公司设立监事会，其成员不得少于3人。

（2）监事会应当包括股东代表和适当比例的公司职工代表，其中职工代表的比例不得低于三分之一，具体比例由公司章程规定。监事会中的职工代表由公司职工通过职工代表大会、职工大会或者其他形式民主选举产生。

（3）兼任禁止。各国一般规定，董事、经理及高级管理人员不得兼任监事。为了确保监事能够独立客观公正地行使监督权，董事与高级管理人员不得兼任监事。《公司法》对监事的任职资格也做出了与对董事、高级管理人员的限制相同的规定。

（4）任期。有限责任公司监事任期的规定，适用于股份有限公司监事。

（5）主席。监事会设主席一人，可以设副主席。监事会主席和副主席由全体监事过半数选举产生。监事会主席召集和主持监事会会议；监事会主席不能履行职务或者不履行职务的，由监事会副主席召集和主持监事会会议；监事会副主席不能履行职务或者不履行职务的，由半数以上监事共同推举一名监事召集和主持监事会会议。

3. 监事会的职权

股份有限公司监事会的职权与有限责任公司监事会的职权基本相同。

监事可以列席董事会会议，并对董事会决议事项提出质询或者建议。监事会发现公司经营情况异常，可以进行调查；必要时，可以聘请会计师事务所协助其工作，费用由公司承担。

监事会行使职权所必需的费用，由公司承担。

4. 监事会的召开和议事规则

（1）例行会议。监事会每6个月至少召开一次会议。

（2）临时会议。监事可以提议召开临时监事会会议。

（3）议事规则。监事会的议事方式和表决程序，除《公司法》有规定的外，由公司章程规定。监事会决议应当经半数以上监事通过。

（四）经理

公司经理是主持日常经营工作的公司负责人。作为高级管理人员，经理由董事会决定聘任或解聘。公司董事会可以决定由董事会成员兼任公司经理。我国股份有限公司经理的职权与有限责任公司经理的职权基本相同。

【案例】 某股份有限公司的董事会由甲、乙、丙、丁组成。其中，甲持有公司 10%的股份，并由股东大会任命为董事长。乙曾担任某破产公司的经理，对该公司的破产负有个人责任，该公司破产清算完结至今已 4 年。丙由职工代表大会选举产生。丁同时担任公司监事。

某日，董事会举行会议，甲、丙、丁出席，会上通过决议，向某厂投资 50 万元，其中，甲、丙同意该表决，丁表示反对。另一次，由于董事会未依法召集股东大会会议，甲便自行召集了股东大会会议。

问题：

（1）甲、乙、丙、丁的任职是否合法？

（2）该投资计划的决议程序是否合法？为什么？

（3）甲自行召集股东大会会议的召集程序是否合法？为什么？

解析：

（1）股份有限公司的董事长应由全体董事的过半数选举产生，而不应由股东大会任命产生。乙虽然曾经担任某破产公司的经理，但该公司破产清算完结至今已逾 4 年，所以乙可以担任股份有限公司的董事。股份有限公司的部分董事可由职工代表大会选举产生的职工代表担任，所以丙的任职是合法的。丁身为公司董事，不得兼任公司监事。

（2）向某厂投资 50 万元的决议应属公司的投资计划，决定公司的投资计划是股东大会的职权，董事会无权决定。并且，该项决议仅有 2 名董事赞成，未超过全体董事的半数，应不得通过。

（3）在董事会不履行召集股东大会会议职责时，应先由监事会召集和主持，监事会不召集的，才可由符合条件的股东自行召集和主持，所以甲自行召集股东大会会议的行为不符合规定。

七、上市公司组织机构的特别规定

上市公司，是指其股票在证券交易所上市交易的股份有限公司。上市公司必须依照法律、行政法规的规定，公开其财务状况、经营情况及重大诉讼，在每个会计年度内半年公布一次财务会计报告。

（一）上市公司行为的限制

（1）特别重大事项的决定。上市公司在一年内购买、出售重大资产或者担保金额超过公司资产总额 30%的，应当由股东大会做出决议，并经出席会议的股东所持表决权的三分之二以上通过。

（2）关联董事的回避。上市公司董事与董事会会议决议所涉及的企业有关联关系的，不得对该项决议行使表决权，也不得代理其他董事行使表决权。该董事会会议由过半数的无关联关系董事出席即可举行，董事会会议所做决议须经无关联关系董事过半数通过。出席董事会的无关联关系董事人数不足 3 人的，应将该事项提交上市公司股东大会审议。

（二）独立董事

上市公司应当设立独立董事，具体办法由国务院规定。独立董事，是指不在公司担任除董事之外的职务，并与受聘的公司及其主要股东不存在妨碍其进行独立客观判断的关系的董事。

独立董事除了应履行董事的一般职责外，主要职责为对控股股东及其选任的上市公司的董事、高级管理人员，以及其与公司进行的关联交易等进行监督。

（三）董事会秘书

上市公司必须设董事会秘书。董事会秘书具有如下职责：负责公司股东大会和董事会会议的筹备、文件保管以及公司股东资料的管理，办理信息披露事务等事宜。

此外，为促进上市公司建立、健全激励与约束机制，上市公司可以以本公司股票为标的实行股权激励机制。股权激励计划的激励对象可以包括上市公司的董事、监事、高级管理人员、核心技术人员，以及公司认为应当激励的其他员工，但不应当包括独立董事。

复习与思考

一、填空题

1．有限责任公司由（　　）个以下股东出资设立，《公司法》对有限责任公司的股东人数做出了法律限制。

2．有限责任公司股东的出资额不得随意转让。《公司法》规定，股东向股东以外的人转让股权，应当经过其他股东（　　）同意。

3．有限责任公司成立后，发现作为出资的非货币财产的实际价额显著低于公司章程所定价额的，应当由交付该出资的股东（　　　　　）；公司设立时的其他股东承担（　　　　）。

4．股份是公司资本的最小计算单位，是股东权存在的基础，其表现形式是（　　　　　）。

二、选择题

1．以下对股东的说法正确的有（　　）。（多选）

　　A．只有向公司出资的人才能成为股东　　B．通过继承取得股权可以成为股东

　　C．股东可以是自然人、法人、国家　　D．公司增资时的新股东是股东构成的主体之一

2．（　　）是由全体股东组成的权力机构。（单选）

　　A．董事会　　　　　　　　　　　　　B．股东会

　　C．有限责任公司的组织机构　　　　　D．监事会

3．以下对股东会的议事规则的描述正确的有（　　）。（多选）

　　A．股东会会议由股东按出资比例行使表决权，但公司章程另有规定的除外

　　B．股东行使表决权，并达到法定多数形成股东会的决议

　　C．对公司一般事项，一般采取资本多数决议

　　D．对相对重要的事项的决议，须经代表三分之二以上表决权的股东通过

4．设立股份有限公司的程序有（　　）。（多选）

　　A．订立发起人协议　　　　　　　　　B．订立章程

　　C．向股东发放出资证明书　　　　　　D．召开创立大会

5．股份的特征有（　　　　）。（多选）

  A．股份的平等性　　B．股份的可转让性　C．股份的权利性　　D．股份的证券性

三、名词解释

1．有限责任公司

2．股份有限公司

四、简答题

1．有限责任公司与股份有限公司的相同点和不同点是什么？

2．一般来说，有限责任公司用来证明股东身份的文件主要有哪些？

五、案例分析题

某食品公司与某农业技术研究院共同设立甲公司从事食品生产的有限责任公司。协议内容如下。

（1）公司注册资本为 1 000 万元，食品公司以货币出资，金额为 200 万元，另外以某食品商标作价 300 万元，研究院以新型食品加工专利技术出资，该技术作价 500 万元（有评估机构出具的评估证明）。

（2）公司董事会由 5 名董事组成，分别由双方按出资比例选派。董事长由食品公司推荐，公司的经理、财务负责人由董事长直接任命。

（3）双方按 5∶5 的出资比例分享利润、支付设立费用，分担风险。甲公司于 2018 年 4 月登记成立，并指派丁某担任公司董事长。丁某聘任汪某担任公司经理。食品公司方面的某一董事王某称，有证据证明丁某原是研究所下属公司的承包人，承包期间因贪污行为曾受到刑事处罚，2006 年 3 月刑满释放，且于 1 年前向朋友借钱 5 万元炒股，被套牢，借款仍未还清。另外汪某原先担任某公司的经理，由于管理水平低下，致使该公司经营困难，该公司于 2017 年 3 月宣告破产。据上述两个理由，董事 A 认为丁某无权担任董事长，汪某无权担任公司经理。

（4）食品公司方面另一些董事怀疑公司账目有假，有 3 人退出董事会，其中一名董事 B 提出，现董事会成员已不足公司章程所定人数的三分之二，应依法召开临时股东会，更换公司领导。

问题：

（1）食品公司与研究院的协议中，有关出资方式、比例及董事长的产生方式是否合法？请说明理由。

（2）丁某是否有资格担任董事长？为什么？

（3）汪某是否有资格担任公司经理？为什么？

（4）董事 B 的提议是否符合法律规定？

伊士曼柯达公司（Eastman Kodak Company）（以下简称"柯达公司"），是世界上最大的影像产品及相关服务的生产商和供应商，总部位于美国纽约州罗切斯特市，是一家在纽约证券交易所挂牌的上市公司。在摄影从"胶卷时代"进入"数字时代"之后，柯达公司的经营状况出现了严重的危机。自2008年以来，柯达公司靠出售专利权获得了近20亿美元的收入，但经营仍陷入困境。自2010年10月起，就不断有传言称柯达公司将提交破产保护申请，其股票价格也因此一路下跌。2012年1月19日，柯达公司及其美国子公司提交破产保护申请，以力争度过多年销售下滑所致的流动性危机。

问题： 何为破产？它有哪些特征？

第一节 | 破产法概述

破产是公司法中法人有限责任的延续。法人是承担有限责任的组织，以其资产为限为自己的债务负清偿责任，法人资产不足以偿还债务，则予以免除，即不再偿还，不以出资人的其他财产为法人偿还债务。破产就是法人有限责任的具体体现。

一、破产

（一）破产的概念

对于破产，国际上通用"Bankruptcy"表示，意思是没有足够的钱偿付欠债的状态（the state of being without enough money to pay what one ownes）。其词义源自中世纪后期意大利的一种商业习俗：某个商人不能偿债时，他的债权人便砸其板凳，以示其破产。

破产的概念和
法律特征

法律意义上的破产，具有广义和狭义两层含义。狭义的破产特指破产清算，是当债务人不能清偿到期债务时，由人民法院根据当事人的申请，对破产财产按照法律程序进行清算并公平分配的程序。广义的破产除了包含破产清算程序，还包括破产和解程序和破产重整程序，是指当债务人的财产不能清偿到期债务时，由人民法院根据当事人申请，对债务人实施的预防性破产以及对破产财产进行清算的制度总称。《中华人民共和国企业破产法》使用广义的破产概念。

（二）破产的法律特征

破产具有以下法律特征。

1. 破产是特殊的偿还债务的手段

当出现债务人不能清偿到期债务的事实状态时，如何对债务人的财产进行公正的分配，满足债权人的清偿要求，必须由法律进行特别的规定，它不同于民事法律关系中的债务清偿。

2. 破产必须以债务人不能清偿到期债务为前提

破产是在特定情况下才可以适用的偿还债务的方式，"不能清偿到期债务"是指债务的履行期限已届满，且债务人明显缺乏清偿债务的能力。当债务人停止清偿到期债务并呈连续状态时，如无相反证据，也可推定为"不能清偿到期债务"。

3. 破产以公平清偿债权为核心

在破产的情况下，通常有多个债权人，并且债务人的全部财产不能满足全部债权要求，这样，各债权人之间就存在债权受偿上的利益冲突。所以需要向全体债权人公平地清偿债务，以协调各债权人之间的利益冲突，使各债权人合理地共担损失和共享利益。破产的实质内容是解决债权人之间的利益分配，公平和效率才是破产法的理想目标。这是破产制度的立法基石和出发点，也是理解和掌握破产制度的钥匙。

4. 破产是一种强制执行程序

债务人一旦进入破产程序，则必须受人民法院的破产执行程序的支配。非经破产程序和法律的特别规定，任何人或者机构不能处分或者执行债务人的财产。

【随堂演练】 法律意义上的破产，是指债务人不能清偿到期债务时，由（   ）通过法定程序，将债务人的全部财产强制向全体债权人公平清偿并使债务人丧失其主体资格。（单选）

A. 债务人　　　　　　　　　　　B. 人民法院
C. 债务人的上级部门　　　　　　D. 工商管理部门

答案：B

解析：选项 B 符合破产的概念界定。

二、破产法的构成与特征

破产法是市场经济最重要的一部法律，没有破产法也就不会有市场主体的退出机制、挽救机制。破产法是指调整破产债权人和债务人、人民法院、管理人以及其他破产参与人相互之间在破产过程中所发生的社会关系的法律规范的总称。

（一）我国破产法的构成

我国破产法主要由普通规范和特殊规范构成。

1. 普通规范

我国现行破产法是第十届全国人民代表大会常务委员会第二十三次会议于 2006 年 8 月 27 日通过、2007 年 6 月 1 日起施行的《中华人民共和国企业破产法》（以下简称《破产法》）和最高人民法院关于适用《破产法》的司法解释。

2. 特殊规范

特殊规范主要指由于破产主体的特殊性和经济发展的需要而制定的法规，主要有：（1）《中华人民共和国商业银行法》（以下简称《商业银行法》）第七十一条对商业银行破产所做的特殊规定；

（2）国务院关于试点城市国有企业破产的文件；（3）地方破产条例，如 1993 年 8 月 1 日起施行的《广东省公司破产条例》和 1994 年 3 月 1 日起施行的《深圳经济特区企业破产条例》。

（二）破产法的特征

破产法与其他法律比较，具有以下特征。

（1）破产法的调整范围仅限于债务人丧失清偿能力，不能清偿到期债务的特别情况。解决的是如何公平地清偿债权人的债务问题，对于债务纠纷以及债务人拥有清偿能力但不归还债务的问题，则须在破产程序之外通过民事诉讼与执行制度来解决。

（2）破产法是集实体与程序两者合一的综合性法律。破产法的基本内容可分为实体性规范、程序性规范、罚则三部分。实体性规范主要包括破产界限、破产财产、破产债权、取回权、别除权、撤销权、破产费用等内容。程序性法规范主要包括破产案件的管辖、破产申请的提出与受理、破产宣告、债权人会议、破产管理人（清算组）、破产财产的变价与分配、和解与重整程序、破产程序的终结等内容。罚则主要规定对破产犯罪等违法行为的处罚、破产人的免责与处罚等内容。

（3）破产法是一部社会涉及面广泛的法律，与其他一些法的部门有着密切的联系，其正确实施要靠企业法、公司法、担保法、刑法、劳动法、社会保障法等相关法律、制度的保障。

三、破产法的立法宗旨、调整作用和适用范围

（一）破产法的立法宗旨

《破产法》第一条规定："为规范企业破产程序，公平清理债权债务，保护债权人和债务人的合法权益，维护社会主义市场经济秩序，制定本法。"《破产法》对立法宗旨在强调破产法基本调整功能的基础上进行以下革新。

（1）明确破产法的特定社会调整目标，区分其直接社会调节作用与间接社会影响的关系。

（2）区分破产法与劳动法、社会保障法等相关立法间的不同调整范围，将不属于破产法调整的破产企业职工的救济安置等社会问题交由其他立法调整。

（3）排除政府的不当行政干预，避免因行政利益的影响而歪曲破产法的实施。同时强调政府必须履行提供充分社会保障，安置失业职工等职责，保证破产法的顺利实施。

（二）破产法的调整作用和适用范围

1. 破产法的调整作用

破产法的直接调整作用是，通过其特有的调整手段保障债务关系在债务人丧失清偿能力时的最终公平、有序实现，通过重整与和解制度避免具有挽救希望与价值的债务人企业破产，维护债权人与债务人的合法权益，完善企业市场退出机制，维护社会利益与正常社会经济秩序。破产法通过对债务关系的调整产生一系列的间接社会影响，有助于完善市场优胜劣汰的竞争机制和市场退出机制。通过破产清算与重整制度，优化社会资源的市场配置，调整产业与产品结构等。

2. 破产法的适用范围

我国《破产法》规定，企业法人不能清偿到期债务，并且资产不足以清偿全部债务或者明显缺乏清偿能力的，适用破产程序。因此，破产法适用于所有的企业法人，包括国有企业与法人型私营企业、三资企业、上市公司与非上市公司、有限责任公司与股份有限公司，不包括合伙企业、个人

独资企业和自然人。企业法人以外组织的清算，参照适用《破产法》规定的程序。

金融机构实施破产的，国务院可以依据《破产法》和其他有关法律的规定制定实施办法。

《破产法》的地域适用范围涉及破产法的域外效力问题，即一国的破产程序对位于其他国家的破产人是否有效。跨境破产，是指同时涉及本国与外国因素的破产程序。通常，影响跨境破产的因素主要是债务人的财产位于两个以上的国家。我国破产程序对债务人在中国领域外的财产发生效力。对外国法院做出的发生法律效力的破产案件的判决、裁定，涉及债务人在中国领域内的财产，申请或者请求人民法院承认和执行的，人民法院依照中国缔结或者参加的国际条约，或者按照互惠原则进行审查，予以承认和执行。

第二节 破产申请与受理

本节介绍企业破产的原因、破产申请的提出、破产案件的管辖、破产案件的受理等法律制度。

一、破产原因

（一）破产原因概述

破产原因，也称破产界限，指依法对债务人进行破产宣告并要求其偿还债务的法定事由。破产原因也是和解与重整程序开始的原因，但重整程序开始的原因更多，债务人在尚未发生破产现象但有明显丧失清偿能力可能时，就可以依法申请重整。破产原因是判断破产申请是否成立，人民法院能否受理申请，人民法院能否做出破产宣告的法定依据，是破产程序中理论和实践的焦点。

破产原因

（二）我国《破产法》及司法解释对破产界限的规定

根据我国《破产法》第二条的规定，企业法人的破产原因是：不能清偿到期债务，并且资产不足以清偿全部债务或者明显缺乏清偿能力。

2011年最高人民法院颁布了《关于适用〈中华人民共和国企业破产法〉若干问题的规定（一）》（以下简称《破产法司法解释（一）》）。对上述破产界限进行了具体的界定。其第一条规定："债务人不能清偿到期债务并且具有下列情形之一的，人民法院应当认定其具备破产原因：（1）资产不足以清偿全部债务；（2）明显缺乏清偿能力。"

据此规定，破产原因可以分为两种：第一，债务人不能清偿到期债务，并且资产不足以清偿全部债务。第二，债务人不能清偿到期债务，并且明显缺乏清偿能力。

1. 债务人不能清偿到期债务

《破产法司法解释（一）》第二条规定："下列情形同时存在的，人民法院应当认定债务人不能清偿到期债务：（1）债权债务关系依法成立；（2）债务履行期限已经届满；（3）债务人未完全清偿债务。"

2. 资不抵债

资不抵债着眼于资产、负债比例关系。《破产法司法解释（一）》第三条规定了对资不抵债的认定，指出"债务人的资产负债表或者审计报告、资产评估报告等显示其全部资产不足以偿付全部负债的，人民法院应当认定债务人资产不足以清偿全部债务，但有相反证据足以证明债务人资产能够偿付全部负债的除外"。

3. 明显缺乏清偿能力

《破产法》第七条规定，只要债务人不能清偿到期债务，无须考虑资不抵债问题，债权人就可以向人民法院申请破产清算。《破产法司法解释（一）》第四条规定："债务人账面资产虽大于负债，但存在下列情形之一的，人民法院应当认定其明显缺乏清偿能力"。

（1）因资金严重不足或者财产不能变现等原因，无法清偿债务。在司法实践中，有时虽然债务人账面资产（如土地使用权、厂房等）大于负债，但由于无法变现或变现即意味着失去经营条件不得不破产倒闭，所以长期对到期债务无法清偿，即使是有物权担保的债权人有时也难以说服人民法院采取必然导致债务人企业倒闭、职工失业的执行措施以实现权利，所以对其只有通过破产程序才能彻底解决债务清偿问题。

（2）法定代表人下落不明且无其他人员负责管理财产，无法清偿债务。在此种情况下（如老板、高管人员弃企跑路等），债务人已经丧失民事行为能力，往往也已丧失了清偿能力，必须及时启动破产程序才能维护债权人的利益。

（3）经人民法院强制执行，无法清偿债务。经采取强制措施仍不能清偿债务的债务人显然已经完全丧失清偿能力，甚至由于已经过司法程序确认而无须再通过推定认定其发生破产原因。因为任何债务的不能执行，都意味着债务人完全丧失清偿能力，所以依据规定，只要债务人的任何一个债权人经人民法院强制执行未能得到清偿，其每一个债权人均有权提出破产申请，并不要求申请人自己已经采取了强制执行措施。

（4）长期亏损且经营扭亏困难，无法清偿债务。此项规定侧重于从债务人的持续经营能力角度考察其清偿能力。当债务人不能清偿债务，同时长期亏损且经营扭亏困难，失去持续经营能力时，虽然其账面资产大于负债，但未来只会是持续性减少，进一步损害债权人利益，所以应当认为其发生破产申请原因。另外，还有导致债务人丧失清偿能力的其他情形。

二、破产申请的提出

（一）破产申请的概念

破产申请是指破产申请人向人民法院提出要求，请求人民法院依法宣告债务人破产以偿清债务。申请破产是破产程序的起点。没有当事人的申请，人民法院不能依据职权主动启动破产程序。

（二）破产申请人

破产申请人是有权向人民法院提出破产申请的人。破产申请人可以是债权人，也可以是债务人。

1. 债权人

债务人不能清偿到期债务，债权人可以向人民法院提出对债务人进行重整或者破产清算的申请。法律对债权人启动破产程序仅规定了债务人不能清偿到期债务的要求。

2. 债务人

现代破产制度兼顾债权人、债务人和社会三者的利益，进入破产程序有利于维护债务人的利益。

债务人发生破产原因，可以向人民法院提出重整、和解或者破产清算申请。

【案例】 飞翔快递公司因严重亏损，已经无法清偿到期债务。2016年6月，各债权人追讨债务未果，欲申请该公司破产。这些债权人包括：（1）甲公司，飞翔快递公司租用其仓库期间，因疏于管理于2015年12月失火烧毁仓库；（2）乙公司，飞翔快递公司拖欠其取暖费20万元，于2014年1月到期，尚未偿还，但乙公司一直未追索；（3）丙公司，飞翔快递公司就拖欠该公司货款30万元达成协议，约定于2016年10月付款。

问题： 在上述债权人中，谁有权申请飞翔快递公司破产？

解析： 债权人作为破产申请人的，其债权须为具有财产给付内容的请求权，同时还须为合法有效的债权。诉讼时效已经届满的债权人也不得申请破产。

（1）甲公司所享有的债权是基于侵权所产生的对飞翔快递公司的损害赔偿请求权，因而甲公司作为债权人有权申请飞翔快递公司破产。

（2）乙公司对飞翔快递公司的债权于2014年1月到期，至2016年6月期间并未追索，已经超过了法律规定的3年诉讼时效，因此乙公司的债权已经丧失申诉权，不能作为破产申请人。

（3）丙公司对飞翔快递公司的债权尚未到期，不存在到期不能清偿的事实，因而丙公司也不能成为破产申请人。

（三）当事人提出破产申请时的举证责任

1. 破产申请书应载明的事项

提交破产申请的，应当提供有关证据和书面申请，破产申请书应当载明以下事项。

（1）申请人、被申请人的基本情况，包括名称（姓名）、住所（地址）以及企业法定代表人等基本情况。

（2）申请目的。破产程序包括破产清算程序，破产和解程序和破产重整程序，债务人可以申请启动各项破产程序，债权人可以申请破产清算程序和破产重整程序。不同破产程序有不同要求，破产申请人应当写明申请目的。

（3）申请的事实和理由。破产申请人应当在申请书中对证明债务人符合破产条件的原因和理由详细阐述，这样便于人民法院对破产申请进行实质性审查，破产申请才能有效。

（4）申请人（债务人）除了递交申请书外，还应向人民法院提交财产状况说明、债务清册、债权清册、有关财务会计报告、职工安置预案以及职工工资的支付和社会保险费用的缴纳情况。

2. 债权人提出破产申请应提交的材料

债权人提出破产申请，应向人民法院提供以下证据材料：（1）债权发生事实及有关证据；（2）债权性质和数额；（3）债权有无财产担保的证据；（4）债务人不能清偿到期债的有关证据。

3. 债务人提出破产申请应提交的材料

债务人提出破产申请，应向人民法院提供以下证据材料：（1）企业亏损情况的说明；（2）有关会计报表；（3）企业财务状况明细表和有形财产的处所；（4）债权清册和债务清册；（5）破产企业上级主管部门或者政府授权部门同意其申请破产的意见；（6）人民法院认为依法应当提供的其他材料。

4. 申请债务人破产重整的，申请人应提交的材料

申请人申请债务人破产重整的，除提交《破产法》规定的上述材料外，还应当提交债务人具有重整可行性的报告。

【随堂演练】破产申请人为（　　　）。（单选）

A. 债务人　　　　B. 债权人　　　　C. 债务人和债权人均可　　　　D. 人民法院

答案：C

解析：破产申请人是有权向人民法院提出破产申请的人。破产申请人可以是债权人，也可以是债务人。

三、破产案件的管辖

当事人的申请应向对破产案件有管辖权的人民法院提出。破产案件的管辖是指人民法院受理破产案件的分工和权限。管辖包括地域管辖和级别管辖两个方面的内容。中国现行破产法对管辖权做了以下规定。

（一）地域管辖

破产案件由债务人住所地人民法院管辖，住所地指债务人的主要办事机构所在地。

（二）级别管辖

级别管辖是指上、下级法院之间受理第一审破产案件的分工与权限。

根据《最高人民法院〈关于审理企业破产案件若干问题的规定〉》，基层人民法院一般管辖县、县级市或者区的工商行政管理机关核准登记企业的破产案件；中级人民法院一般管辖地区、地级市（含本级）以上工商行政管理机关核准登记企业的破产案件；纳入国家计划调整的企业破产案件，由中级人民法院管辖。

上级人民法院可以审理下级人民法院管辖的企业破产案件，或者将本院管辖的企业破产案件移交下级人民法院审理，以及下级人民法院需要将自己管辖的企业破产案经报请，交由上级人民法院审理；省、自治区、直辖市范围内因特殊情况需对个别企业破产案件的地域管辖做调整的，须经共同上级人民法院批准。

【案例】利民服装厂是某市一个全民所有制企业，2013 年 6 月，该厂因经营管理不善，亏损严重，负债总额高达 600 多万元，欠银行到期贷款本息 400 多万元，欠甲公司到期货款 200 万元，无力偿还全部到期债务。拟向有关人民法院申请宣告破产。

问题：本案中利民服装厂及其债权人是否可以向人民法院提出破产申请，向哪个人民法院提出？

解析：该厂作为企业法人属于破产法的适用范围，可以适用破产法进行债务清算。服装厂不能清偿到期债务，并且资产不足以清偿全部债务，明显缺乏清偿能力，该厂具备破产原因。债务人有发生破产原因情形的，可以向人民法院提出重整、和解或者破产清算申请，债务人不能清偿到期债务，债权人可以向人民法院提出对债务人进行重整或者破产清算的申请。本案中利民服装厂及其债权人可以向人民法院提出破产申请，由服装厂住所地人民法院管辖。

四、破产案件的受理

（一）破产申请的审查程序

破产程序的开始不是以申请为起点，而是以受理为起点。破产案件的受理，又称为破产案件的立案，指人民法院在收到破产申请后，经审查认为符合法定的立案条件而裁定予以接受，并因此开始破产程序的司法行为。破产案件的受理具有一些规则。

1. 债务人异议权

债权人提出破产申请的，人民法院在收到申请书之日起 5 日内通知债务人。债务人对申请有异议的，应当在收到人民法院通知之日起 7 日内提出异议。

2. 裁定受理期限

人民法院应在异议期满之日起 10 日内做出是否受理破产申请的裁定。债务人未对破产申请提出异议的，人民法院应在收到破产申请之日起 15 日内做出是否受理的裁定。有特殊情况需要延长受理期限的，经上一级人民法院批准，可以延长 15 日。

人民法院受理破产申请的，应当自裁定做出之日起 5 日内送达申请人。人民法院裁定受理破产申请的，应当同时指定管理人，自裁定受理破产申请之日起 25 日内通知已知债权人，并予以公告。

3. 申请人对不受理破产申请裁定的上诉权

人民法院裁定不受理破产申请的，应当自裁定做出之日起 5 日内送达申请人并说明理由；申请人对裁定不服的，可以自裁定送达之日起 10 日内向上一级人民法院提起上诉。

【案例】鼎盛机械制造有限公司（以下简称"鼎盛公司"）注册资金为 2 000 万元，目前公司已经停产。鼎盛公司总欠款为 4 000 万元，其中欠破产清算申请人黑金花矿山开采有限公司（以下简称"黑金花公司"）2 000 万元，黑金花公司多次催要，但是鼎盛公司无力偿还。于是黑金花公司以被申请人不能清偿债务为由，向人民法院提出申请，申请依法对鼎盛公司进行破产清算。人民法院收到申请后 5 日内向鼎盛公司发出了通知，鼎盛公司在收到该通知后 15 日内提出异议，认为黑金花公司无权提出破产清算申请。

问题： 黑金花公司是否有权提出破产申请？本案例在破产程序上是否符合法律规定？

解析：

（1）鼎盛公司已经不能清偿到期债务，并且明显缺乏清偿能力，债权人黑金花公司申请债务人鼎盛公司破产清算，人民法院在收到申请后依法通知了鼎盛公司。

（2）鼎盛公司在法律规定的 7 日的期限内没有提出异议，人民法院的破产程序已经依法启动。

依据《破产法》第二条、第七条的规定，债权人黑金花公司的申请符合法律规定，人民法院可以受理黑金花公司的申请，对鼎盛公司进行破产清算。

（二）破产申请受理的法律效果

申请人的破产申请并不必然地启动破产程序，只有在人民法院受理破产案件后，破产程序才正式启动，在法律上也随之产生一系列效力，具体包括以下内容。

1. 对债务人的约束

自破产案件受理之日起，债务人的有关人员，包括法定代表人或经人民法院决定的财务管理人员和其他经营管理人员，应当履行破产法规定的义务，包括财产管理的义务，妥善保管其占有和管理的财产、文书等资料，根据人民法院、管理人的要求进行工作，并如实回答询问；列席债权人会议并如实回答债权人的询问；未经人民法院许可，不得离开住所地；不得新任其他企业的董事、监事、高级管理人员；不得对个人债权人清偿债务；担任保证人的债务人应当及时转告有关当事人；等等。

2. 对债权人的约束

人民法院受理破产申请后，债权人应向管理人申报债权，债权人在申报债权的同时也应停止其个别追索行为。债权人只能通过破产程序行使权利。在破产申请受理时，未到期的债权视为到期，附利息的债权自破产申请受理之日起停止计息。

3. 对债务人的债务人或者财产持有人的约束

债务人的债务人或者财产持有人应当向管理人清偿债务或者交付财产。

4. 管理人的权利

管理人是指人民法院受理破产案件后，接管债务人财产并负责债务人财产管理和其他事务的专业人员。管理人由人民法院指定，《破产法》第二十四条规定：管理人可以由有关部门、机构的人员组成的清算组或者依法设立的律师事务所、会计师事务所、破产清算事务所等社会中介机构担任。

管理人概念有广义和狭义之分。狭义的管理人仅负责破产清算程序中的管理工作，所以又称破产管理人。广义的管理人则还在和解、重整程序中承担管理、监督工作。我国《破产法》使用的是广义的管理人概念。

人民法院裁定受理破产申请的，应当同时指定管理人。管理人的主要职责包括：接管债务人的财产、印章和账簿、文书等资料；调查债务人财产状况，制作财产状况报告；决定债务人的内部管理事务；决定债务人的日常开支和其他必要开支；在第一次债权人会议召开之前，决定继续或者停止债务人的营业；管理和处分债务人的财产；代表债务人参加诉讼、仲裁或者其他法律程序；提议召开债权人会议；履行人民法院认为应当履行的其他职责。

管理人依法执行职务，向人民法院报告工作，并接受债权人会议和债权人委员会的监督。管理人应当列席债权人会议，向债权人会议报告职务执行情况，并回答询问。管理人没有正当理由不得辞去职务。管理人辞去职务应当经人民法院许可。

管理人未依法勤勉尽责，忠实执行职务的，人民法院可以依法处以罚款；管理人给债权人、债务人或者第三者造成损失的，应依法承担赔偿责任。

5. 待履行合同的处理

管理人对破产受理申请前成立而债务人和对方当事人均未履行完毕的合同有权决定解除或者继续履行，并通知对方当事人。

第三节 债务人财产

债务人财产的界定是破产程序的基础，破产程序一经启动，便涉及何为债务人财产问题，相应地涉及债务人财产的追索、管理、评估、变价、分配等环节。

债务人财产

一、债务人财产的概念

债务人财产的界定，关系到债权人能回收多少债权，也关系到能否尽量减少债权人的损失。

债务人财产是指破产申请受理时属于债务人的全部财产，以及破产申请受理后至破产程序终结前债务人取得的财产。债务人被宣告破产后，债务人成为破产人，其财产成为破产财产。法律对破产财产和债务人财产进行了一定的区分，债务人财产是破产财产的上位概念，包括破产和解、破产重整与破产清算程序中债务人拥有以及取得的所有财产。

最高人民法院在《破产司法解释（二）》中对破产财产的具体范围做出规定，指出："除债务人所有的货币、实物外，债务人依法享有的可以用货币估价并可以依法转让的债权、股权、知识产权、用益物权等财产和财产权益，人民法院均应认定为债务人财产。"

二、债务人财产的范围

人民法院受理破产申请的时间是确定债务人财产的起始时间，债务人财产即为人民法院受理破产申请时属于债务人的全部财产，以及此后至破产程序终结前债务人取得的财产。债务人财产包括以下内容。

（一）破产申请受理时属于债务人的全部财产

（1）债务人的自有财产。其中包括债务人的固定资产、流动资产，如资金、股票、债券、厂房、设备等；债务人享有的土地等自然资源的使用权，如土地使用权、采矿权等；担保物的价款超过担保债务数额部分的担保财产。债务人的财产中已作为担保物的财产不属于债务人财产，担保物的价款超过其所担保的债务数额的，超过部分仍属于债务人财产。

（2）应当由债务人行使权利的其他财产权。其中包括应当由债务人行使的物权、债权、知识产权、证券权利、股东出资缴纳请求权、投资收益权，以及由债务人享有的、可以用财产价值衡量并可以变现为金钱利益的其他任何财产权利。破产法专门规定，债务人的董事、监事等利用职权从企业获取非正常收入和侵占的企业财产，应由管理人追回作为债务人财产。

（二）破产申请受理后至破产程序终结前债务人取得的财产

在破产申请受理时，债务人并未实际取得，而在破产程序终结前取得的财产。

（1）债务人投资的收益，如公司的分红。

（2）债务人财产产生的孳息，如房租收入、存款利息。

（3）债务人继续生产经营的收益。

【案例】人民法院依法受理了长城公司的破产申请，破产管理人在清理公司的财产时，将下列财产归入了债务人财产：第一，该公司依据合同将于2个月后取得的一笔货款；第二，该公司租赁的一套其他公司的设备；第三，该公司对某公路未来20年的收费权；第四，该公司一栋在建的办公楼。

问题：哪些属于债务人财产？

解析：本案涉及债务人财产的范围。债务人财产即为人民法院受理破产申请时属于债务人的全部财产，以及以后至破产程序终结前债务人取得的财产。

第一项财产属于"债务人在破产申请受理后至破产程序终结前取得的财产"；第三项财产属于"应当由债务人行使权利的其他财产权利"；第四项属于"破产申请受理时属于债务人的财产"。因此，这三项财产都属于债务人的财产。而第二项财产由于所有权并不属于长城公司，故不属于债务人财产。此时，该设备的所有人可以行使取回权。

三、债务人财产的排除

以下财产不属于债务人财产。

（1）债务人基于仓储、保管、加工承揽、委托交易、代销、借用、寄存、租赁等法律关系占有、使用的他人财产。

（2）抵押物、留置物、出质物，但权利人放弃优先受偿权或者优先偿付被担保债权剩余的部分。

（3）担保物灭失后产生的保险金、补偿金、赔偿金等代位物。

（4）依照法律规定存在优先权的财产，但是权利人放弃优先受偿权或者优先权偿付特定债权剩余的部分除外。

（5）在特定的买卖中，尚未转移占有但相对人已完全支付对价的特定物。

（6）尚未办理产权证或者产权证过户手续但已向对方交付的财产。

（7）债权在所有权保留买卖中尚未取得所有权的财产。

（8）所有权属于国家但不得转让的财产。

四、撤销权与无效行为

（一）撤销权

撤销权是指管理人对债务人在破产案件受理前的法定期间内进行的欺诈逃债或损害公平清偿的行为，有申请人民法院撤销，并追回财产的权利。

1. 设置撤销权的目的

债务人陷于破产境地后，其财产全部用于清偿债权人尚且不足，对财产已经丧失实际利益，但仍掌握着财产处分权力。这时其出于种种不良利益动机极易发生道德风险，往往会在破产案件受理前竭力转移财产、逃避债务，或对个别债权人进行偏袒性清偿。一些债权人也会利用各种不正当手段争夺清偿，从而造成经济秩序混乱，使破产法公平、有序清偿之目的无法实现。由于破产程序启动后，债务人财产被管理人接管，债务人丧失财产控制权，所以上述违法行为集中发生在破产案件受理前，债务人仍控制财产的期间内。要实现破产法保障公平清偿的目的，我国就必须制定相应的行为规则，使债务人诚信的承担债务责任，并对债务人在此期间进行的不当财产处理行为采取必要的法律措施加以纠正，恢复、保全债务人的责任财产，实现破产财产在全体债权人间的公平分配，这便是设置撤销权的目的。破产法以维护债务公平清偿为首要目标，撤销权则是维护公平清偿的关键环节，故各国均将撤销权作为破产法中最重要的制度之一。

2．具体规定

《破产法》第三十一条规定："人民法院受理破产申请前1年内，涉及债务人财产的下列行为，管理人有权请求人民法院予以撤销：（1）无偿转让财产的；（2）以明显不合理的价格进行交易的；（3）对没有财产担保的债务提供财产担保的；（4）对未到期的债务提前清偿的；（5）放弃债权的。"但是按照《破产法司法解释（二）》的规定，破产申请受理前1年内债务人提前清偿的未到期债务，在破产申请受理前已经到期，管理人请求撤销该清偿行为的，人民法院不予支持。但是，该清偿行为发生在破产申请受理前6个月内且债务人有《破产法》第二条第一款规定情形的除外。

（二）无效行为

《破产法》第三十三条规定："涉及债务人财产的下列行为无效：（1）为逃避债务而隐匿、转移财产的；（2）虚构债务或者承认不真实的债务的。"

五、取回权

（一）一般取回权

《破产法》第三十八条规定："人民法院受理破产申请后，债务人占有的不属于债务人的财产，该财产的权利人可以通过管理人取回。但是，本法另有规定的除外。"这是对一般取回权的规定。

司法实践中，取回权主要表现为加工承揽人破产时，定作人取回定作物；承运人破产时，托运人取回托运货物；承租人破产时，出租人收回出租物；保管人破产时，寄存人或存货人取回寄存物或仓储物；受托人破产时，信托人取回信托财产；等等。

对债务人占有的权属不清的、鲜活易腐等不易保管的财产或者不及时变现价值将严重贬损的财产，管理人应当及时变价并提存变价款，有关权利人可以就该变价款行使取回权。

（二）特别取回权

《破产法》第三十九条规定："人民法院受理破产申请时，出卖人已将买卖标的物向作为买受人的债务人发运，债务人尚未收到且未付清全部价款的，出卖人可以取回在运途中的标的物。但是，管理人可以支付全部价款，请求出卖人交付标的物。"这是对特别取回权中出卖人取回权的规定。

六、抵销权

破产法上的抵销权，是指债权人在破产申请受理前对债务人即破产人负有债务的，可在破产财产最终分配确定前向管理人主张相互抵销的权利。抵销权不受债务种类、履行期限和条件的限制。债权人的债务无论期限均视为到期，不论什么样的债务均折算成金钱债务，各种区别均消除，抵销权的行使不再受到限制。

破产法第四十条规定："债权人在破产申请受理前对债务人负有债务的，可以向管理人主张抵销。"抵销权是破产债权只能依破产程序受偿的例外，抵销权实施的结果使该债权在抵销范围内得以由破产财产中得到全额、优先清偿。

破产法上的抵销权只能由债权人向管理人提出行使。管理人（或债务人）不得主动主张债务抵销。债权人应当在破产财产最终分配确定之前向管理人主张破产抵销。

为防止抵销权被当事人滥用，损害他人利益，各国破产法对抵销权的行使均规定有禁止条款。我国《破产法》规定，以下几种情况在破产程序中禁止抵销。

（1）债务人的债务人在破产申请受理后取得他人对债务人的债权的，禁止抵销，因为债权转手后的抵销会损害其他破产债权人的利益。

（2）债权人已知债务人有不能清偿到期债务或者破产申请的事实，对债务人负担债务的；但是，债权人因为法律规定或者有破产申请1年前所发生的原因而负担债务的除外。

（3）债务人的债务人已知债务人有不能清偿到期债务或者破产申请的事实，对债务人取得债权的；但是，债务人的债务人因为法律规定或者有破产申请1年前所发生的原因而取得债权的除外。

七、别除权

别除权是指债权人因其债权设有物权担保或享有法定特别优先权，而在破产程序中就债务人（即破产人）特定财产享有的优先受偿权利。别除权虽然在破产程序中行使，但是不依照破产程序而个别受偿。根据《破产法》的规定，别除权之债权属于破产债权，其担保物属于破产财产。据此，别除权人享有破产申请权，也应当申报债权，未依法申报债权者不得依照破产法规定的程序行使权利。

别除权人就破产人的特定财产享有优先受偿权利，即该项财产的变价款必须优先清偿别除权人的担保债权，只有在全部清偿其担保债权后仍有剩余财产时才能够用于对其他普通债权人的清偿。所以别除权人对破产人的特定财产处于最优先的清偿顺序，但法律另有规定的除外。别除权人行使优先受偿权利未能完全受偿的，其未受偿的债权作为普通债权。别除权人放弃优先受偿权利的，其债权作为普通债权。

第四节 债权申报与债权人会议

《破产法》在五十六条、五十九条、六十四条和六十七条中对债权申报和债权人会议的相关法律制度做了规定。

一、债权申报

债权申报是指债权人在破产程序开始后法律规定期限内，向人民法院规定的机关申报债权，提出债权清偿要求，这也是债权人参加破产程序并行使其权利的前提，不论是一般债权人还是有担保的债权人，必须进行债权申报才能享有破产利益。

我们只有通过债权的申报，才能够确定有权参加清偿的债权人范围，确定不同债权人之间的清偿顺序，做到对多数债权人的有序、公平清偿。债权人应当在人民法院确定的债权申报期限内向管理人申报债权，这是一般性规则，但法律有特别规定的除外。

（一）申报期限

按照《破产法》的规定，人民法院受理破产案件后，债权申报期限自人民法院受理破产之日起计算，最短不得少于 30 日，最长不得超过 3 个月。债权人因不可抗力或者其他正当理由未能如期申报债权，可以向人民法院申请延长其申报期限，在破产财产最后分配之前补充申报。此前已进行的分配，不再对其补充分配。为审查和确认补充申报债权的费用，由补充申报人承担。

（二）可申报的债权范围

（1）无财产担保的债权和有财产担保的债权。

（2）附条件、附期限的债权。

（3）诉讼、仲裁未决的债权。当事人之间关于该产权争议尚未得到人民法院的判决或者仲裁机构的裁决，存在不确定因素的债权。

（4）债务人的保证人或者其他连带债务人已经代替债务人清偿债务的，对债务人的追偿权。

（5）债务人的保证人或者其他连带债务人尚未代替债务人清偿债务的，其对债务人的预先追偿权。

（6）破产管理人或者债务人在破产案件受理后解除合同的，对方当事人因合同解除所产生的请求权。

（7）债务人是委托合同的委托人，被裁定进入破产程序，受托人不知道该事实，继续处理委托事务的，受托人由此产生的请求权。

（8）票据的出票人进入破产程序时，付款人不知道该事实而继续付款或者承兑而产生的债权。

（9）劳动债权。其中破产企业所欠职工的工资和医疗、伤残补助、抚恤费用，所欠的应当划入职工个人账户的基本养老保险、基本医疗保险费用，以及法律、行政法规规定应当支付给职工的补偿金，不必申报。由管理人调查后，列出清单并予以公示。职工对清单记载有异议的，可以要求管理人更正；管理人不予更正的，职工可以向人民法院提起诉讼。

此外，债权人申报债权时，应当书面说明债权的数额和有无财产担保，并提交有关证据。

（三）不可以进行申报的债权

（1）破产程序开始后产生的罚金、罚款、滞纳金等。

（2）债权人参与破产程序所支出的成本费用。

（3）破产申请受理后的利息。

（4）因破产申请受理而解除合同但未因此给相对人造成损害的违约金。

（5）过诉讼时效的债权。

（6）属于债权的费用。

二、债权人会议

债权人会议是指在破产程序中，由所有依法申报债权的债权人组成的表达全体债权人意志和统一全体债权人行为的机构。

（一）债权人会议的成员与权利

所有依法申报债权的债权人，不论债权人享有的债权属于何种性质及数额多寡，均为债权人会议成员，其成员分为两类。

（1）有表决权的成员，包括无财产担保的普通债权人，放弃了优先受偿权利的有财产担保的债权人，有优先受偿的权利但优先权的行使未能就担保物获得足额清偿的债权人，代替债务人清偿了债务的保证人等。

（2）无表决权的成员。即未放弃优先受偿权利的、有财产担保的债权人；债权尚未确定的债权人，除人民法院能够为其行使表决权而临时确定债权额者外，不得行使表决权；尚未代替债务人向他人清偿债务的保证人或者其他连带债务人。

债权人可以自己出席债权人会议，也可以委托代理人出席债权人会议，行使表决权。为维护企业职工的权益，立法规定，债权人会议应当有债务人的职工和工会的代表参加。

债权人会议设主席一人，由人民法院从有表决权的债权人中指定。债权人会议主席主持债权人会议。

【随堂演练】 下列说法正确的是（　　　　）。（单选）

A. 债权人会议是依法申报债权的债权人参加破产程序并集体行使权利的决议机构

B. 债权人会议是全体债权人参加并集体行使权力的决议机构

C. 债权人会议由有表决权的债权人组成，无表决权的债权人有优先受偿权，所以不参加债权人会议

D. 第一次债权人会议由管理人提议召开，同时需要报告人民法院

答案： A

解析： 依法申报债权的债权人为债权人会议的成员，有权参加债权人会议，享有表决权。有表决权、无表决权的债权人均有权参加债权人会议。《破产法》第六十二条规定，第一次债权人会议由人民法院召集。

（二）债权人会议的召开和职权

1. 债权人会议的召开

召开债权人会议，分为两种情况。

（1）法律规定必须召开的债权人会议，如第一次债权人会议，第一次债权人会议由人民法院召集，自债权申报期限届满之日起15日内召开。

（2）必要时召开的债权人会议。只要符合下列任何一种情况即可召集开会：一为人民法院认为必要时；二为三类人向债权人会议主席提议时，这三类人为管理人、债权人委员会、代表债权总额1/4以上数额的债权人。

召开债权人会议，管理人应当提前15日通知已知的债权人。

2. 债权人会议的职权

（1）核查债权。审查有关债权的证明材料，确认债权有无财产担保及数额。这是债权人会议的首要职权。

（2）监督权。对管理人和债权人委员会成员的监督权，主要包括申请人民法院更换管理人；审查管理人的费用和报酬并监督管理人；选任和更换债权人委员会成员。

（3）讨论通过和解协议草案。和解协议通常是因债权人做出让步而达成的，因此应当通过债权

人的集体行为来实现。对于和解协议草案，不得以债权人的私下意思表示或人民法院的决定来代替债权人会议的决定。

（4）决定债务人营业并通过债务人财产的管理方案。债权人会议有权决定债务人是继续营业还是停止营业，并有通过债务人财产的管理方案的权利。

（5）讨论通过破产财产的变价和分配方案。债权人会议通过破产财产变价和分配方案后，由管理人将该方案提请人民法院裁定认可后由管理人执行。

（6）通过重整计划。对于债务人或者管理人提交的重整计划草案，经债权人会议中不同债权的各表决组均通过重整计划草案时，重整计划即通过。表决组按照下列债权分类：①对债务人的特定财产享有担保权的债权；②债务人所欠职工的工资和医疗、伤残补助、抚恤费用，所欠的应当划入职工个人账户的基本养老保险、基本医疗保险费用，以及法律、行政法规规定应当支付给职工的补偿金；③债务人所欠税款；④普通债权。

（三）债权人会议的决议

1. 债权人会议决议规则

一般性的决议，应当由过半数的出席会议的有表决权的债权人通过，并且其所代表的债权额，必须占无财产担保债权总额的 1/2 以上，即同时满足"人数"和"债权"过半数。这样，既可以照顾有表决权的多数债权人的利益，又可以保护那些债权数额较大的债权人的利益。而涉及全体债权人重大利益的事项，如通过和解协议草案的决议，不仅要求"人数"过半数，还要求他们所代表的债权总额需占无财产担保债权数额的 2/3 以上。

2. 债权人会议决议的约束力

债权人会议一旦形成决议，全体债权人都必须遵守，不管债权人是否出席债权人会议，或是否同意债权人会议的决议。

如果债权人认为债权人会议决议违反法律规定并损害其利益，可以自债权人会议做出决议之日起 15 日内，请求人民法院裁定撤销该决议，责令债权人会议依法重新做出决议。

【随堂演练】根据债权人会议的决议，下列说法正确的是（　　）。（单选）

A. 一般性的债权人会议决议，由过半数的出席会议的有表决权的债权人通过，并且其所代表的债权额，必须占无财产担保债权总额的 1/2 以上

B. 通过和解协议草案的决议，应由出席会议的债权人所代表的债权总额必须占无财产担保债权数额的 2/3 以上

C. 债权人会议决议只对出席债权人会议的债权人有约束力

D. 债权人如果认为债权人会议决议违反法律规定，可以自决议做出之日起 15 日内，向债权人委员会提出请求撤销该决议

答案： A

解析： 通过和解协议草案的债权人会议决议，属于涉及全体债权人重大利益的事项，应当由过半数的出席会议的有表决权的债权人通过，即要求人数过半数，这有利于防止债权数额大的债权人通过对自己有利而对其他债权人不利的决议。还要求他们所代表的债权总额占无财产担保债权数额的 2/3 以上。债权人会议决议对全体债权人都有约束力，债权人认为债权人会议决议违反了法律损害其利益的，可以向人民法院请求裁定撤销该决议，而不是向债权人委员会提出请求撤销该决议。

【随堂演练】依据企业破产法律制度的规定，债权人会议通过和解协议草案的决议应当由（   ）。（单选）

A. 全体有表决权的债权人过半数通过，并且其所代表的债权额占全部债权总额的 2/3 以上

B. 出席会议的有表决权的债权人过半数通过，并且其所代表的债权额占全部债权总额的 2/3 以上

C. 全体有表决权的债权人过半数通过，并且其所代表的债权额占无财产担保债权总额的 2/3 以上

D. 出席会议的有表决权的债权人过半数通过，并且其所代表的债权额占无财产担保债权总额的 2/3 以上

答案：D

解析：通过和解协议草案属于涉及全体债权人重大利益的事项，不仅要求由过半数的出席会议的有表决权的债权人通过，还要求他们所代表的债权总额需占无财产担保债权数额的 2/3 以上。

三、债权人委员会

债权人会议可以决定设立债权人委员会，由债权人会议选任的债权人代表和一名债务人企业的职工代表或者工会代表组成，债权人委员会成员不得超过 9 人。出任债权人委员会的成员应当经人民法院书面决定认可。

债权人委员会主要发挥监督职能，职权有：（1）监督债务人财产的管理和处分；（2）监督破产财产分配；（3）提议召开债权人会议；（4）债权人会议委托的其他职权。可见，债权人委员会所发挥的主要是监督职能。

【随堂演练】债权人委员会的职权有（   ）。（多选）

A. 监督债务人财产的管理和处分

B. 监督破产财产分配

C. 提议召开债权人会议

D. 制定并向人民法院和债权人会议提交重整计划草案

答案：A、B、C

解析：D 项错误。债务人或者管理人应当自人民法院裁定债务人重整之日起 6 个月内，同时向人民法院和债权人会议提交重整计划草案。

第五节 重整与和解

进入破产程序的企业并不当然破产，债务人可以提出和解，债务人或债权人还可以提出对破产企业进行重整。

一、重整

破产重整是《破产法》新引入的一项制度，是指在企业无力偿债但有复苏希望的情况下，不对无偿付能力债务人的财产立即进行清算，而是在人民法院主持下，经债权人同意，允许企业继续经营，实现债务调整和企业重组，使企业摆脱困境，走向复兴的一项制度。

（一）重整的申请和重整期间

1. 破产重整的申请与受理

破产重整的申请有以下三种情形。

（1）债务人。债务人不能清偿到期债务，并且资产不足以清偿全部债务或者明显缺乏清偿能力的，或者有明显丧失清偿能力可能的，债务人可以申请破产重整。

（2）债权人。当债务人不能清偿债权人的到期债务时，债权人可以直接向人民法院申请对债务人进行破产重整。

（3）出资人。债权人申请对债务人进行破产清算后，在人民法院受理破产申请后、宣告债务人破产前，出资额占债务人注册资本 1/10 以上的出资人，可以向人民法院申请重整。

2. 破产重整申请的受理

人民法院经审查，认为破产重整申请符合条件的，做出破产重整的裁定，并进行公告。

自人民法院裁定债务人重整之日起至重整程序终止，为重整期间。

破产重整申请经人民法院受理后，破产重整程序正式开始，将会产生以下法律效力。

（1）在破产重整期间，管理人负责管理财产和营业事务的，可以聘任债务人的经营管理人员负责营业事务。

（2）在破产重整期间，经债务人申请，人民法院批准，债务人可以在管理人的监督下自行管理财产和营业事务，管理人的职权由债务人行使，已接管债务人财产和营业事务的管理人向债务人移交财产和营业事务。

（3）在破产重整期间，别除权中止行使。对债务人的特定财产享有的担保权暂停行使，但是，担保物有损坏或者价值明显减少的可能，足以危害担保权人权利的，担保权人可以向人民法院请求恢复行使担保权。

（4）在破产重整期间，债务人或者管理人为继续营业而借款的，可以为该借款设定担保。

（5）在破产重整期间，债权人取回权的行使受到限制。债务人合法占有的他人财产，该财产的权利人在重整期间要求取回的，应当符合事先约定的条件。

（6）在破产重整期间，债务人的出资人不得请求投资收益分配。

（7）在破产重整期间，债务人的董事、监事、高级管理人员不得向第三人转让其持有的债务人的股权。但是，经人民法院同意的除外。

（二）重整计划的制订与内容

重整计划是指由重整人制订的，以维持债务人继续营业、谋求债务人复兴为目的，以清理债权债务关系为内容的多方协议。

1．重整计划的制订

债务人自行管理财产和营业事务的，由债务人制作重整计划方案。管理人负责管理财产和营业事务的，由管理人制作重整计划方案。

债务人或者管理人应当自人民法院裁定债务人重整之日起 6 个月内，同时向人民法院和债权人会议提交重整计划草案。期限届满仍未提交重整计划草案的，经债务人或者管理人请求，有正当理由的，人民法院可以裁定延期 3 个月。

2．重整计划的内容

重整计划包括以下七项内容。

（1）债权分类；

（2）债权调整方案；

（3）债权受偿方案；

（4）重整计划的执行期限；

（5）重整计划执行的监督期限；

（6）债务人的经营方案；

（7）有利于债务人重整的其他方案。

（三）重整计划的表决与批准

1．重整计划的表决

重整计划由债务人或者破产管理人制订，债权人并没有参与，因此重整计划要经过债权人等利害关系人的表决同意才具有效力。我国对于重整计划草案的表决采用分组表决的方式进行。

分组表决是指债权人、股东等利害关系人按照不同的类别分成若干小组，各个小组独立表决，然后再按照各个小组的表决结果计算整体的表决结果。与集中表决相比，分组表决更能全面、准确地反映不同利害关系人的意见。

重整计划草案分成四个小组进行表决，各表决组按照下列债权分类。

（1）担保债权，是指对债务人的特定财产享有担保权的债权。

（2）劳动债权，是指债务人所欠职工的工资和医疗、伤残补助、抚恤费用，所欠的应当划入职工个人账户的基本养老保险、基本医疗保险费用，以及法律、行政法规规定应当支付给职工的补偿金。

（3）税收债权，是指债务人所欠税款。

（4）普通债权。

人民法院应当自收到重整计划草案之日起 30 日内召开债权人会议，对重整计划草案进行表决。

出席会议的同一表决组的债权人过半数同意重整计划草案，并且其所代表的债权额占该组债权总额的 2/3 以上的，即为该组通过重整计划草案。各表决组均通过重整计划草案时，重整计划即为通过。

部分表决组未通过重整计划草案的，债务人或者管理人可以同未通过重整计划草案的表决组协商，该表决组可以在协商后再表决一次。

2．重整计划的批准

重整计划草案表决通过以后，只有通过人民法院的批准才产生法律效力。

自重整计划通过之日起 10 日内，债务人或者管理人向人民法院提出批准重整计划的申请。人民法院审理后认为符合《破产法》规定的，应当自收到申请之日起 30 日内裁定批准，终止重整程序，并予以公告。

（四）重整计划的执行

人民法院裁定重整计划后，已接受财产和营业事务的管理人应当向债务人移交财产和营业事务。自人民法院裁定批准重整计划之日起，在重整计划规定的监督期限内，管理人监督重整计划的执行。在监督期内，债务人应当向管理人报告重整计划执行情况和债务人财务状况。

监督期届满时，管理人应当向人民法院提交监督报告，自监督报告提交之日起，管理人的监督职责终止。管理人向人民法院提交的监督报告，重整计划的利害关系人可以查阅。

（五）破产重整的终止

（1）在重整期间，有下列情形之一的，经管理人或者利害关系人请求，人民法院应当裁定终止重整程序，并宣告债务人破产。

① 债务人的经营状况和财产状况继续恶化，缺乏挽救的可能性。

② 债务人有欺诈、恶意减少债务人财产或者其他显著不利于债权人的行为。

③ 由于债务人的行为致使管理人无法执行职务。

（2）债务人或者破产管理人未按期提出重整计划草案，人民法院应当裁定终止重整程序，并宣告债务人破产。

（3）重整计划草案未获得通过且未依照法律规定获得批准，或者已经通过的重整计划未获得批准的，人民法院应当裁定终止重整程序，并宣告债务人破产。

（4）债务人不能执行或者不执行重整计划的，人民法院经破产管理人或者利害关系人请求，应当裁定终止重整计划的执行，并宣告债务人破产。

二、和解

（一）和解的概念和特征

破产和解是指经债务人申请，在人民法院的主持下，由债务人和债权人会议就延期清偿债务、减免债务等事项达成和解协议，以结束债权债务关系的制度。

破产和解具有以下特征。

（1）我国的破产和解是在人民法院主持下进行的破产程序，确立了人民法院和解制度。

（2）破产和解的目的在于给具备破产原因的债务人复苏的机会，以避免破产清算或者进行债务人财产分配。

（3）破产和解的内容主要包括延期、分期清偿债务以及减免债务等。

（4）破产和解具有强制性，对全体和解债权人具有约束力，即使部分债权人不赞同和解协议。

（二）和解的过程

1. 申请和解

我国的破产和解程序依债务人的申请启动，人民法院不能依职权启动破产和解程序。破产和解的申请须具备以下构成要件。

（1）申请主体。破产和解的申请人仅限于债务人，债权人以及债权人的出资人都无破产和解的申请权。

（2）法定申请期间。破产和解的申请必须在人民法院宣告债务人破产前提出，我国不允许在破产宣告后、破产财产分配前提出申请。

（3）形式要件。债务人申请和解，应该提出和解协议草案。和解协议草案一般包括以下内容。

① 债务人财产状况说明。

② 债务承认。债务人应当列明没有任何争议的债务，包括债务总额、性质、清偿期限、清偿方式等。对于有争议的债务，债务人应当列明争议债务的名称、数额、性质等。

③ 债务清偿的方式和期限。

④ 确保执行和解协议的措施。

2. 人民法院裁定和解

人民法院审查后认为和解申请符合法律规定的，应当裁定和解，予以公告，并召集债权人会议讨论和解协议草案；对不符合法律规定条件的，裁定驳回破产和解申请。

3. 通过和解协议

债权人会议通过和解协议的决议，由出席会议的有表决权的债权人过半数同意，并且其所代表的债权额占无财产担保债权总额的 2/3 以上。债权人会议通过和解协议的，由人民法院裁定认可，终止和解程序，并予以公告。

（三）和解协议

和解协议作为一种特殊的合同，其当事人是债务人和全体和解债权人。和解协议的内容包括：清偿债务的财产来源，清偿债务的办法，清偿债务的期限。和解协议的生效以人民法院裁定认可为要件。因债务人的欺诈或其他违法行为而成立的和解协议，人民法院应当裁定是无效的，并宣告债务人破产。人民法院只裁定认可或不认可，但无权裁定修改其内容。

（四）和解的效力

和解的效力，是和解协议生效后所带来的法律后果，主要表现在以下几个方面。

（1）中止破产程序，中止的起始时间，即人民法院公告和解协议生效之日；

（2）解除对债务人的财产保全，原保全标的财产可继续为债务人占用和正常处置；

（3）变更债权债务关系，原债权债务关系变更为和解债权债务关系。双方当事人只能按和解协议的规定进行索赔和清偿；

（4）对未申报债权的和解债权人的效力。在和解协议执行期间，未申报债权的和解债权人不得行使权利；在和解协议执行完毕后，其可以按照协议规定的条件行使权利。

（五）和解的终结

1. 和解协议执行完毕后的终结

债务人严格按照和解协议的条件清偿债务，则协议执行完毕也意味着和解的当然终结。按照和解协议减免的债务，自和解协议执行完毕起，债务人不再承担清偿责任。

2. 和解协议未执行的终结

债务人不能执行或不执行和解协议的，人民法院应当终止和解协议的执行，并宣告债务人破产。和解债权未受清偿的部分作为破产债权。

第六节 破产清算

如果企业非得破产清算，立法要做的是给债权人一个合理的交代。面对有限的资源，如何把它们公平公正地分配给众多债权人，成为破产法要关注的核心问题。

破产清算是指当破产原因出现时，人民法院根据申请，依法宣告债务人破产，并将破产财产公平分配给债权人的制度。

一、破产宣告

破产宣告的对象通常是达到了破产界限，且重整或和解不成功的债务人。债务人被宣告破产，意味着破产程序进入破产清算阶段，债务人成为破产人。债务人财产成为破产财产，人民法院受理破产申请时对债务人享有的债权成为破产债权。

（一）概念

破产宣告是指受理破产案件的人民法院审查并宣告债务人破产的裁判行为。

（二）特征

破产宣告具有以下特点。

（1）破产宣告由人民法院做出。

（2）债务人存在宣告破产的原因。

① 不能清偿债务，并且资不抵债或者明显缺乏清偿能力；

② 债务人被人民法院依法裁定终止破产重整程序，进入破产清算程序；

③ 债务人被人民法院依法裁定终止破产和解程序，进入破产清算程序。

（3）破产宣告是破产程序进入实质性破产清算阶段的标志。

（三）程序

人民法院依照破产法规定宣告债务人破产的，应当自裁定之日起五日内送达债务人和管理人，自裁定之日起十日内通知已知债权人，并予以公告。

破产宣告做出后，对破产人的特定财产享有担保权的权利人，对该特定财产享有优先受偿的权利。债权人的优先受偿权在破产法中称为别除权。对破产人的特定财产享有担保权的债权人行使优先受偿权利未能完全受偿的，其未受偿的债权作为普通债权；放弃优先受偿权利的，其债权作为普通债权。

二、破产财产的变价与分配

（一）破产财产的变价

破产财产的变价，是指破产管理人通过法定方式，将非货币形态破产财产转化为货币形态破产财产的行为。

1. 变价方案

破产财产的变价方案，是将非货币形态破产财产转化为货币形态破产财产的具体实施方案，由破产管理人负责制订。

破产管理人应当及时拟订破产财产变价方案，提交债权人会议讨论。（别除权人也有表决权。）

2. 变价方式

（1）拍卖。变价出售财产应当通过拍卖进行。但是，债权人会议另有决议的除外。

（2）破产企业可以全部或者部分变价出售。对债务人所有的各种有价值的财产整体或者部分变卖，既包括厂房、设备等各种有形资产，也包括专利、商标、股权等无形资产。

（3）按照国家规定不能拍卖或者限制转让的财产，应当按国家规定的方式处理。

（二）破产财产的分配

1. 破产财产的分配方案

破产财产的分配方案，是具体规定如何将破产财产在全体债权人之间公平分配的实施方案，是指导破产财产分配的文件，是执行破产财产分配的依据。破产财产的分配方案由破产管理人制订，由债权人会议讨论通过，最后由破产管理人负责执行。

破产财产分配方案应当载明下列事项。

（1）参加破产财产分配的债权人名称或者姓名、住所；

（2）参加破产财产分配的债权额；

（3）可供分配的破产财产数额；

（4）破产财产的分配顺序、比例及数额；

（5）实施破产财产分配的方法。

破产财产的分配方案由出席会议的有表决权的债权人过半数通过，并且其所代表的债权额占无财产担保债权总额的 1/2 以上。如果破产财产分配方案经过债权人会议两次决议仍未获通过，由人民法院最终裁定。

2. 破产费用和共益债务

在破产案件中，为保障破产程序顺利进行，维护全体债权人的共同利益，各种各样的费用支出因此产生。为在必要时继续破产企业的营业、继续履行合同、进行破产财产的管理等，破产财产会负担一定的债务。

破产费用，是在破产程序中为全体债权人共同利益，因程序进行而支付的各项费用的总称。《破产法》第四十一条规定：人民法院受理破产申请后发生的下列费用，为破产费用。

（1）破产案件的诉讼费用；

（2）管理、变价和分配债务人财产的费用；

（3）管理人执行职务的费用、报酬和聘用工作人员的费用。

共益债务，是在破产程序中发生的应由债务人财产负担的债务的总称。《破产法》第四十二条规定：人民法院受理破产申请后发生的下列债务，为共益债务。

（1）因管理人或者债务人请求对方当事人履行双方均未履行完毕的合同所产生的债务；

（2）债务人财产受无因管理所产生的债务；

（3）因债务人不当得利所产生的债务；

（4）为债务人继续营业而应支付的劳动报酬和社会保险费用以及由此产生的其他债务；

（5）管理人或者相关人员执行职务致人损害所产生的债务；

（6）债务人财产致人损害所产生的债务。

《破产法》第四十三条规定："破产费用和共益债务由债务人财产随时清偿。债务人财产不足以清偿所有破产费用和共益债务的，先行清偿破产费用。债务人财产不足以清偿破产费用的，管理人应当提请人民法院终结破产程序。人民法院应当自收到请求之日起 15 日内裁定终结破产程序，并予以公告。"

破产费用和共益债务均以债务人财产为清偿对象并享有优先于其他债权的受偿权。但是，它们优先受偿的范围仅限于债务人的无担保财产，对债务人的特定财产享有担保权的权利人，仍对该特定财产享有优先于破产费用与共益债务受偿的权利。

3．清偿顺序

清偿顺序一般指在优先受偿权之后的顺序。对破产人的特定财产享有担保权的权利人，对该特定财产享有优先受偿的权利，不按照破产财产分配方案受偿。

管理人拟订的财产分配方案，在债权人会议通过后，由管理人将该方案提请人民法院裁定认可。之后，管理人即可执行。破产财产依照下列顺序清偿。

（1）破产费用和共益债务。

（2）劳动债权。破产人所欠职工的工资和医疗、伤残补助、抚恤费用，所欠的应当划入职工个人账户的基本养老保险、基本医疗保险费用以及法律、行政法规规定应当支付给职工的补偿金。

（3）破产人欠缴的除前项规定以外的社会保险费用和破产人所欠税款。

（4）普通破产债权。破产财产不足以清偿同一顺位的清偿要求的，按照比例分配。破产企业的董事、监事和高级管理人员的工资按照该企业职工的平均工资计算。破产财产的分配应当以货币方式进行，但是，债权人会议另有决议的除外。

4．特殊债权的处理

（1）附生效条件或者解除条件的债权处理。附生效条件债权不同于一般破产债权，具有不确定性，对这种债权的破产分配就不同于一般破产债权的破产分配。我国《破产法》规定：对于附生效条件或者解除条件的债权，管理人应当将其分配额提存。管理人依照法律规定提存的分配额，在最后分配公告日，生效条件未成就或者解除条件成就的，应当分配给其他债权人；在最后分配公告日，生效条件成就或者解除条件未成就的，应当交付给债权人。

（2）债权人未受领的破产财产分配额，管理人应当提存。债权人自最后分配公告之日起满 2 个月仍不领取的，视为放弃受领分配的权利，管理人或人民法院应当将提存的分配额分配给其他债权人。

（3）破产财产分配时，对于诉讼或者仲裁未决的债权，管理人应当将其分配额提存。自破产程序终结之日起满 2 年仍不能受领分配的，人民法院应当将提存的分配额分配给其他债权人。

【案例】2007 年 3 月，某公司被债权人申请破产，人民法院受理了此案，并依法发布公告通知债权人，之后又依法指定破产管理人接管该破产企业，并查明：该企业破产时经营管理的财产为 200 万元（包括一座已抵押的办公楼），其对外投资 100 万元，破产企业租用他人的设备价值 100 万元，其持有的一项专利权经评估后确认价值为 20 万元。

共有 4 名债权人向人民法院申报了债权，甲的债权额为 100 万元，其中 50 万元由破产企业的一座办公楼足额抵押担保；乙为银行，其贷款债权额为 100 万元，约定年利率为 8%，5 年后共偿还本息 140 万元，破产宣告时尚有两年到期；丙的债权为 200 万，同时破产企业对丙债权人也另有 60 万元债权；丁债权人因破产管理人解除破产企业未履行的合同而受到实际损失 50 万元。另外，该企业在破产宣告之前，拖欠职工工资和劳动保险费用合计为 100 万元，拖欠税款 5 万元，本案的破产费用为 30 万元。

问题：

（1）上述财产中哪些为破产财产，总额为多少？

（2）上述各债权人的哪些债权属于破产债权？数额共计多少？

（3）结合本案例，说明破产财产的分配顺序。

解析：

（1）破产财产包括：企业经营管理的除办公楼外的财产 150 万元、对外投资 100 万元、专利权 20 万元，共计 270 万元。

（2）破产债权包括甲的 50 万元、乙的 124 万元、丙的 140 万元、丁的 50 万元、拖欠的职工工资和劳动保险费用 100 万元、税款 5 万元，共计 469 万元。

（3）分配顺序是：①破产费用 50 万元。②职工工资和劳动保险费用 100 万元。③税款 5 万元。④普通债权。

三、破产程序的终结

（一）破产程序的终结发生的五种情形

破产程序的终结是指在破产过程中，出现法律规定的事由，人民法院通过裁定彻底终结破产程序的行为。

破产程序的终结发生的情形如下。

（1）免于破产宣告。破产宣告前，有下列两种情况的，人民法院应当裁定终结破产程序。并予以公告：①第三人为债务人提供足额担保或者为债务人偿清全部到期债务的；②债务人已清偿全部到期债务的。在这两种情况下，破产程序终结阻却了破产宣告。

（2）因财产不足以支付破产费用而终结。债务人财产不足以清偿破产费用的，管理人应当提请人民法院终结破产程序。人民法院应当自收到请求之日起 15 日内终结破产程序，并予以公告。

（3）因自行达成和解协议而终结。人民法院受理破产申请后，债务人与全体债权人就债权债务的处理自行达成和解协议的，可以请求人民法院裁定认可，并终结破产程序。

（4）因无财产可供分配而终结。破产人无财产可供分配的，破产管理人应当请求人民法院裁定终结破产程序。

（5）因破产财产分配完毕而终结。破产管理人在最后分配完结后，应当及时向人民法院提交破产财产分配报告，并提请人民法院裁定终结破产程序。在这种情形下，债务人的人格归于消灭，这是破产程序的正常终结，其他的都是非正常终结。

（二）注销登记

（1）破产管理人应当自破产程序终结之日起 10 日内，持人民法院终结破产程序的裁定，向破产人的原登记机关办理注销登记。

（2）破产管理人于办理注销登记完毕的次日终止执行职务。但是，存在诉讼或者仲裁未决的情况的除外。

（三）破产终结后的追加分配

自破产程序因债务人财产不足以清偿破产费用、无财产分配和最后分配完结而终结之日起两年内，有下列情形之一者，债权人可以请求人民法院按照破产财产分配方案进行追加分配。

（1）发现有应当追回的财产的（包括可撤销、无效、不当得利）；

（2）发现破产人有应当可供分配的其他财产的，但财产数量不足以支付分配费用的，不再进行追加分配，由人民法院将其上交国库。

（四）破产终结后继续清偿责任的承担

破产人的保证人和其他连带债务人，在破产程序终结后，对债权人依照破产清算程序未受清偿的债权，依法继续承担清偿责任。

复习与思考

一、填空题

1．企业法人的破产原因是：不能清偿到期债务，并且资产不足以清偿全部债务或者明显缺乏（　　　　）。

2．按照债权人会议的决议规则，涉及全体债权人重大利益的事项，不仅要求"人数"过（　　　　　），还要求他们所代表的债权总额需占无财产担保债权数额的（　　　）以上。

3．（　　　　）标志着企业破产程序进入实质性阶段，是整个破产程序中最重要的阶段和环节。

4．（　　　　）是债务人与债权人双方就债务的延期、分期偿付或免除而成立的合同。

5．人民法院应当自收到重整计划草案之日起30日内召开（　　　　　　），对重整计划草案进行表决。

二、选择题

1．根据我国法律的规定，破产申请人可以是（　　　）。（多选）

  A．管理人   B．债务人   C．债权人   D．社会中介机构

2．以下属于破产申请受理时债务人财产的有（　　　）。（多选）

  A．固定资产   B．流动资金

  C．专项基金   D．追缴的债务人的出资人未完全缴纳的出资

3．债权人申请对债务人进行破产清算的，在人民法院受理破产申请后、宣告债务人破产前，出资额占债务人注册资本（　　　）以上的出资人，可以向人民法院申请重整。（单选）

  A．1/2   B．2/3   C．1/10   D．3/5

4．不依破产程序而能从破产企业的特定财产中得到单独优先受偿的权利是（　　　）。（单选）

  A．取回权   B．别除权   C．抵销权   D．追回权

5．破产费用包括（　　）。（多选）

    A．破产案件的诉讼费用

    B．债务人财产致人损害所产生的债务

    C．管理、变价和分配债务人财产的费用

    D．管理人执行职务的费用、报酬和聘用工作人员的费用

三、名词解释

1．破产

2．重整

四、简答题

1．破产的法律特征有哪些？

2．根据我国的破产法，债务人财产由哪几个部分构成？

五、案例分析题

2007 年 9 月 1 日，人民法院裁定受理债务人甲公司的破产申请，并指定乙律师事务所担任破产管理人。在同年 12 月 10 日召开的第一次债权人会议上，管理人将甲公司的有关情况汇报如下。

（1）全部财产的变现价值为 2 000 万元。其中包括：①已作为丁银行贷款担保物的财产价值为 250 万元；②管理人发现甲公司于 2007 年 1 月 10 日无偿转让 140 万元的财产，遂向人民法院申请予以撤销、追回财产，并将该财产全部追回；③甲公司综合办公楼价值 800 万元，已用于对所欠乙企业 500 万元货款的抵押担保，货款尚未支付。

（2）欠发职工工资和社会保险费用 200 万元、欠交税款 100 万元；管理人于 2007 年 10 月 15 日解除了甲公司与丙公司所签的一份买卖合同，给丙公司造成了 120 万元的经济损失。

（3）人民法院的诉讼费用为 30 万元，管理人报酬为 20 万元，为继续营业而支付的职工工资及社会保险费为 40 万元。

问题：

（1）哪些属于破产费用？哪些属于共益债务？

（2）对甲公司无偿转让财产的行为，管理人是否有权请求人民法院予以撤销？说明理由。

（3）丙公司是否可以就其 120 万元的经济损失申报债权？说明理由。

（4）如果有财产担保的债权人丁银行、乙企业均不放弃优先受偿权，在债权人会议上就破产财产分配方案的表决是否享有表决权？

（5）根据本题的具体数字，简述破产财产的清偿顺序。

（6）如果丙公司自最后分配公告之日起满 2 个月仍不领取其破产财产分配额，其破产财产分配额应如何处理？说明理由。

第六章 担保法

导入案例

甲向乙借款30万元做生意，由丙提供价值20万元的房屋抵押，并订立了抵押合同。甲因办理登记手续费过高，经乙同意未办理登记手续。甲又以自己的一辆价值12万元的车质押给乙，双方订立了质押合同。乙认为将车放在自家附近不安全，决定仍放在甲处。一年后，甲因亏损无力还债，乙诉至人民法院要求行使抵押权、质权。

问题： 本案中抵押和质押的效力如何？

第一节 担保法概述

在经济活动中不履行或不能履行债务的情况屡见不鲜，这不利于交易和资金流通。为了保障债权人实现债权以及促进市场经济和信用关系的发展，建立完善的债的担保制度是十分重要的。

一、担保的概念和特征

（一）担保的概念

担保是指在民商事法律关系中发生的、保证债务人清偿债务，债权人实现债权的法律制度。具体来说，当事人在设定债权时，往往担心其债权到期得不到实现，为此希望债务人或第三人能为其债权的实现提供保障，这种在债权之外为保障其债权实现而设定的权利就是担保权。

担保的概念和特征

当事人对所有由民事关系产生的债权，只要这种民事关系是合法的，且设立担保的行为不违反法律法规强制性规定，就可以设定担保。

（二）担保的特征

（1）从属性。担保的成立、消灭和处分以一定的债务关系为前提，主合同无效，担保合同无效。合同担保从属于主债权，没有主合同、主债权，担保就没有了实现的可能和现实价值。担保以主债权的存在或将来存在为前提，随着主债权的消灭而消灭，一般也随着主债权的变更而变更。

（2）条件性。只有在债务人到期不履行或不完全履行债务而导致债权不能实现或不能完全实现时，担保义务才须予以履行，否则担保人有权拒绝履行担保义务。

（3）特定性。被担保债权的范围是特定的，当事人不仅要明确所担保的主债权的种类、数额，还要明确担保责任是否基于因主债权而产生的利息、违约金、损害赔偿等。

（4）补充性。补充性是指担保有效成立后，就在主债务关系的基础上补充了某种权利义务关系，

在主债务不履行时，担保义务得以履行，保障主债权得以实现。

二、担保法概况

2020年5月28日，第十三届全国人民代表大会第三次会议通过了《中华人民共和国民法典》（以下简称《民法典》），该法典对担保物权做出了规定：担保物权人在债务人不履行到期债务或者发生当事人约定的实现担保物权的情况，依法享有就担保财产优先受偿的权利，但是法律另有规定的除外。

三、担保的分类

（一）法定担保和约定担保

这是根据担保的产生是由法律直接规定还是由当事人约定而对担保做出的分类。约定担保是指当事人为保障债权的实现而自愿设定的担保，有保证、抵押、质押和定金。法定担保是依法律规定直接产生的担保，其典型形式是留置。

（二）本担保和反担保

根据担保的目的不同，担保可分为本担保和反担保。

本担保是对主债务的担保，反担保是对本担保的担保。反担保是指在商品贸易、工程承包和资金借贷等经济往来中，有时为了换取担保人提供保证、抵押或质押等担保方式，而由债务人或其他第三人向该担保人新设担保，该新设担保相对于原担保而言被称为反担保。

反担保的方式：债务人提供抵押或质押，其他人提供的保证、抵押或质押。

反担保的目的：对抗担保风险。为保障担保人在承担担保责任后其对被担保人的追偿权得以实现而设定的担保。

例如，贷款人欲向银行贷款，银行要求贷款人寻找保证人，保证人因要承担风险，故要求贷款人为自己再提供担保。

反担保实际上是担保人转移或避免担保所发生的损失风险的一项措施，旨在保障担保人追偿权的实现。有权要求债务人提供反担保的第三人，既可以是保证人，也可以是质押人，还可以是出质人。债务人为第三人提供的担保形式，既可以是保证，也可以是抵押、质押、留置和定金，因此，债务人为第三人提供担保的内容和程序均适用担保法关于担保的规定。

由此可见，本担保和反担保尽管设立的目的不同，但在成立条件、形式及效力上并无区别。

（三）人的担保、物的担保和金钱担保

根据担保标的的不同，担保可分为人的担保、物的担保和金钱担保。人的担保主要是指保证，是指以债务人以外的第三人的信用为他人履行债务提供的担保。这种担保实质上在债务人的财产之外又附加了第三人即保证人的一般财产作为债权实现的担保。物的担保是指债务人或第三人以特定的财产或财产权利为自己或他人的债务提供的担保。抵押、质押和留置属于物的担保。定金为金钱担保，金钱担保是一种特殊的物保方式，要求在债务以外交付一定数额的金钱，该金钱的得失与债务是否履行联系在一起。

（四）债务人担保和第三人担保

根据提供主体的不同，担保可分为债务人担保和第三人担保。在实践中，抵押、质押、留置、定金可以是债务人提供的担保；保证、抵押、质押可以是第三人提供的担保。

第二节 保证

保证是担保的一种方式，属于人的担保，它只能由第三人提供，不能由债务人提供。本节界定了保证人的主体资格、保证合同、保证方式、保证责任和保证责任期间等。

一、保证和保证人

（一）保证的概念

保证是债务人以外的第三人以其信用向债权人保证债务人履行债务，当债务人不履行债务时，由保证人按照约定履行债务或承担责任的行为。

主合同的债权人即被保证人，为主合同的债务提供担保的第三人即保证人。

（二）保证人

根据法律、行政法规的规定，具有代为清偿债务能力的法人、其他组织或者公民，可以作为保证人。

1．资格

（1）保证人必须具有担任保证人的民事行为能力。

（2）具有清偿债务的能力。

（3）保证人不能是债务人本身，须是主合同以外的第三人。

（4）保证人的范围：自然人、法人和其他组织。

2．不能作为保证人的自然人和法人

国家机关、学校、幼儿园、医院等以公益为目的的非营利法人、非法人组织、企业法人的分支机构、职能部门，不得做保证人。但是，在经国务院批准为使用外国政府或者国际经济组织贷款进行转贷的情况下，国家机关可以做保证人；企业法人的分支机构有法人书面授权的，可以在授权范围内提供保证。

企业法人的分支机构未经法人书面授权或者超出授权范围提供保证的，保证合同无效或超出授权范围的部分无效，债权人和企业法人有过错的，应当根据其过错各自承担相应的民事责任，债权人无过错的，由企业法人承担民事责任；企业法人的分支机构经法人书面授权提供保证的，如果法人的书面授权范围不明，法人的分支机构应当对保证合同约定的全部债务承担保证责任；企业法人的分支机构提供的保证无效后应当承担赔偿责任的，由分支机构经营管理的财产承担；企业法人的分支机构经营管理的财产不足以承担保证责任的，由企业法人承担民事责任。

企业法人的职能部门提供保证的，保证合同无效。债权人因知道或者应当知道保证人为企业法人的职能部门而造成的损失由债权人自行承担；债权人因不知保证人为企业法人的职能部门而造成

的损失，由债权人和保证人根据其过错各自承担相应的民事责任。

【随堂演练】1. 甲尚未成年，乙为某市工商局，丙为已被申请破产的企业，丁为某国有企业。上述可作保证人的是（　　）。（单选）

A. 甲　　　　　　B. 乙　　　　　　C. 丙　　　　　　D. 丁

答案： D

解析： 保证人应当是完全民事行为能力人，甲未成年，不是完全民事行为能力人；乙、丙不具备代为清偿的能力。

2. 下列不能担任保证人的有（　　）。（多选）

A. 国家机关　　　B. 学校　　　　　C. 医院　　　　　D. 企业的职能部门

答案： A、B、C、D

解析： 保证人有一定的资格要求。

【案例】 甲公司的市场部，分别为 A 公司的 10 万元债务和 B 公司的 20 万元债务提供了连带责任保证。其中，A 公司的债权人乙知道保证人是甲公司的职能部门，B 公司的债权人丙不知道保证人是甲公司的职能部门且无过错。后 A、B 两公司均不能履行债务，A、B 两公司的债权人乙、丙均要求甲公司承担保证责任。

问题： 如何承担责任？

解析： 甲公司的市场部提供的担保虽然无效，但是 B 公司的债权人丙并不知道担保人为甲公司的职能部门且无过错，甲公司对丙的损失应承担过错责任。A 公司的债权人乙因为明知保证人为甲公司的职能部门而与其订立保证合同，应自行承担损失。

二、保证合同

《民法典》第六百八十条规定，保证合同是为了保障债权的实现，由保证人和债权人约定的，当债务人不履行到期债务时，或者发生当事人约定的情况时，由保证人履行债务或者承担责任的协议。

（一）保证合同的特征

（1）从合同。以其保证的主债权债务合同的存在为前提，是主债权债务合同的从合同。

（2）单务合同。只有担保人一方承担在债务不履行时代为清偿债务的义务，债权人不负给付义务，债权人不需要提供相应的代价。

（3）诺成合同。保证人和债权人就保证合同内容、条款达成书面协议即告成立，无须交付任何财产。

（4）有名合同。由法律直接规定其名称和内容。

（二）形式及内容

（1）必须采用书面形式。保证合同既可以是保证人和债权人单独订立的书面合同，也可以是债权人、债务人和保证人三方在主合同中共同订立的保证条款。

（2）内容。应具备的内容有被保证的主债权种类、数额、债务人履行债务的期限，保证的方式、范围和期间，以及双方认为需要约定的其他事项。

【随堂演练】甲与乙签订了买卖合同，由甲向乙交付产品，乙支付价款。丙为乙保证支付，下列说法错误的是（　　　）。（单选）

A. 丙是保证人

B. 保证合同应当是甲与丙签订的

C. 保证合同应当是乙与丙签订的

D. 甲是债权人，乙是债务人

答案：C

解析：保证合同是债权人与保证人签订的合同，所以 C 选项是错误的。

三、保证方式

保证方式有一般保证和连带责任保证两种。

（一）概念

1. 一般保证

当事人在保证合同中约定，债务人不能履行债务时，由保证人承担保证责任的，为一般保证。

2. 连带责任保证

当事人在保证合同中约定，保证人与债务人对债务承担连带责任的，为连带责任保证。

（二）区别

一般保证的保证人享有先诉抗辩权；连带责任保证的保证人不享有先诉抗辩权。

所谓先诉抗辩权，即在主合同纠纷未经审判或者仲裁，并就债务人财产依法强制执行仍不能履行债务前，保证人对债权人可以拒绝承担保证责任。

连带责任保证的债务人在主合同规定的债务履行期届满没有履行债务的，债权人可以要求债务人履行债务，也可以要求保证人在其保证范围内承担保证责任。

先诉抗辩权是为保护一般保证人的利益设置的，但是如果不对其加以限制，势必给债权人带来不利，因而担保法作了如下限制性规定。

有下列情形之一的，保证人不得行使先诉抗辩权。

（1）债务人下落不明，且无财产可供执行；

（2）人民法院已经受理债务人破产案件中止执行的；

（3）债权人有证据证明债务人的财产不足以履行全部债务或者丧失履行债务能力；

（4）保证人以书面形式放弃先诉抗辩权的。

（三）特殊事项

当事人在保证合同中对保证方式没有约定或者约定不明确的，按照一般保证承担保证责任。

【随堂演练】A 企业向甲企业购买一批设备，B 企业为 A 企业提供担保，保证合同约定，如果 A 企业无法在合同约定期限内支付货款，B 企业承担连带责任。为此，下列说法正确的是（　　　）。（单选）

A. 甲企业可以直接向 B 企业请求支付全部设备款

B. 甲企业应当先向 A 企业请求支付设备款

C．A 企业无法支付设备款，甲企业只能向人民法院起诉 A 企业

D．甲企业只能同时向 A 企业、B 企业请求支付设备款

答案：A

解析：B 企业承担的是连带保证责任，当债务人到期无法履行债务时，债权人可以选择向债务人或保证人请求偿付。

【随堂演练】一般保证与连带责任保证最大的区别是（   ）。（单选）

A．为债务人做担保的范围不同，一般保证只是担保债务人的部分债务，连带责任保证则是担保债务人的全部债务

B．一般保证的保证人享有先诉抗辩权，而连带责任保证的保证人没有此项权利

C．一般保证不需要订立保证合同，而连带责任保证应当订立保证合同

D．责任承担方式不同，一般保证的责任承担方式不需要经过诉讼，而连带责任保证则需要通过诉讼途径

答案：B

解析：一般保证是指保证人仅对债务人不履行债务时负补充责任的保证。当事人在保证合同中约定，债务人不能履行债务的，由保证人承担保证责任。连带责任保证指保证人在债务人不履行债务时，与债务人负连带责任的保证。连带责任保证的债务人在主合同规定的债务履行期届满没有履行债务的，债权人可以要求债务人履行债务，也可以要求保证人在其保证的范围内承担保证责任。

四、保证责任

（一）保证责任的范围

保证责任的范围指保证人依据保证合同或法律规定所承担责任的范围。具体包括主债权及利息、违约金、损害赔偿金和实现债权的费用。保证合同另有约定的，从其约定。当事人约定的保证担保的范围，可以是上述范围的一部分或全部，但是约定的保证责任的范围不得超过主债务的范围。当事人对保证责任的范围没有约定或者约定不明确的，保证人应当对全部债务承担责任。

【随堂演练】甲公司为一房地产企业，其向银行贷款建房本金 1 000 万元，时间 2 年，如果到期无法偿还贷款，按照日万分之二的利息支付违约金。乙公司为甲公司保证人，承担连带责任。后由于国家宏观调控政策出台，甲公司所建的房屋没有及时出售以回笼资金，甲公司到期无法偿还银行贷款，为此，乙公司应当为甲公司负担的保证人责任包括（   ）。（多选）

A．1 000 万元本金

B．由于违约产生的违约金

C．银行向甲公司多次催要贷款发生的邮寄、通信等费用

D．由于甲公司不能及时还款，造成银行向其客户违约的违约金

答案：A、B、C

解析：保证人承担的保证责任包括：主债务及利息、违约金、损害赔偿金和实现债权的费用。

（二）主合同变更与保证责任承担中的其他问题

1. 主合同转让和变更对保证责任的影响

（1）债权转移：在保证期间，主债权转移对保证责任无影响；即在保证期间，债权人依法将主债权转让给第三人的，保证人在原保证担保的范围内继续承担保证责任。保证合同另有约定的，从其约定。

（2）债务转移：在保证期间，转让债务应当取得保证人的书面同意，否则保证人不再承担保证责任。

2. 合同内容变更对保证责任的影响

在保证期间，债权人与债务人对主合同数量、价款、币种、利率等内容作了变动，未经保证人同意的，如果减轻债务人债务的，保证人仍应当对变更后的合同承担保证责任；如果加重债务人的债务的，保证人对加重的部分不承担保证责任。债权人与债务人对主合同履行期限作了变动，未经保证人书面同意的，保证期间为原合同约定的或者法律规定的期间。债权人与债务人协议变更主合同内容，但并未实际履行的，保证人仍应当承担保证责任。

3. 保证人的追偿权

保证人在承担了保证责任后，有权向债务人追偿。

（三）保证责任承担中的一些特殊问题

同一债权既有人的担保又有物的担保的，属于共同担保。《民法典》第三百九十二条规定，被担保的债权既有物的担保又有人的担保，债务人不履行到期债务或者发生当事人约定的实现担保物权的情形，债权人应当按照约定实现债权；没有约定或者约定不明确，债务人自己提供物的担保的，债权人应当先就该物的担保实现债权；第三人提供物的担保的，债权人可以就物的担保实现债权，也可以请保证人承担保证责任。提供担保的第三人承担担保责任后，有权向债务人追偿。

一般保证的保证人在主债权履行期间届满后，向债权人提供了债务人可供执行财产的真实情况的，若债权人放弃或者怠于行使权利致使该财产不能被执行，保证人不再承担在其提供可供执行财产的实际价值范围内的保证责任。

同一债务有两个或两个以上保证人的，保证人应当按照保证合同约定的保证份额，承担保证责任。各保证人与债权人没有约定保证份额的，应当认定为连带共同保证，债权人可以请求任何一个保证人在其保证范围内承担保证责任。连带共同保证的债务人在主合同规定的债务履行期届满没有履行债务的，债权人可以要求债务人履行债务，也可以要求任何一个保证人承担全部保证责任，保证人都负有担保全部债权实现的义务。已经承担保证责任的保证人，有权向债务人追偿，或者要求承担连带责任的其他保证人清偿其应当承担的份额。连带共同保证的保证人以其相互之间约定各自承担的份额对抗债权人的，人民法院不予支持。

连带共同保证的保证人承担保证责任后，向债务人不能追偿的部分，由各连带保证人按其内部约定的比例分担。没有约定的，平均分担。按份共同保证的保证人按照保证合同约定的保证份额承担保证责任后，在其履行保证责任的范围内对债务人行使追偿权。

（四）保证责任的免除

有下列情形之一的，保证人不承担民事责任。

（1）主合同当事人双方串通，骗取保证人提供保证的；

（2）主合同债权人采取欺诈、胁迫等手段，使保证人在违背真实意思的情况下提供保证的；

（3）主合同债务人采取欺诈、胁迫等手段，使保证人在违背真实意思的情况下提供保证的，债权人知道或者应当知道欺诈、胁迫事实的。但债务人与保证人共同欺骗债权人，订立主合同和保证合同的，债权人可以请求人民法院予以撤销。因此给债权人造成损失的，由保证人与债务人承担连带赔偿责任。

五、保证责任期间

保证期间，又称保证责任期间，是指当事人约定或者法律规定的保证人承担保证责任的期间，不发生中止、中断和延长。保证人在与债权人约定的保证期间或者法律规定的保证期间内承担保证责任。

保证人与债权人约定保证期间的，按照约定执行。未约定保证期间的，保证期间为主债务履行期届满之日起6个月。

一般保证情况下，债权人在合同约定的或法律规定的6个月的保证期间内，未对债务人提起诉讼或申请仲裁的，保证人免除保证责任。连带责任保证方式下，债权人有权在合同约定的或法律规定的6个月的保证期间内要求保证人承担保证责任，债权人在上述期间内未要求保证人承担保证责任的，保证人免除保证责任。

保证合同约定的保证期间早于或者等于主债务履行期限的，视为没有约定。

【随堂演练】甲公司与乙公司订立合同，丙公司为甲公司做连带的付款保证，未约定保证期限。后甲公司到履行期未向乙公司支付合同款项。7个月后，乙公司向丙公司提出，丙公司应当为甲公司承担保证责任。对此，正确的是（　　　）。（单选）

A. 丙公司应当承担保证责任

B. 乙公司认为其由于经历公司合并，耽误了一个月，向丙公司主张保证责任的期限在其公司合并期间应当中止

C. 丙公司已经超出了6个月的保证期限，不应再承担保证责任

D. 由于未约定丙的保证期限，所以乙公司任何时候都能向丙公司主张保证责任

答案： C

解析： 保证期间属于除斥期间，不可以中断、中止。连带责任保证的保证期间如果没有约定，为债务履行期届满之日起6个月，所以超过了6个月的期限，丙的保证责任已经被解除。

【案例】2001年5月5日，某水泥厂向某工商银行借款50万元人民币，双方经协商，签订了借款合同。作为某省百强企业的某油漆厂同意作为水泥厂的保证人，为水泥厂全部债务的履行提供保证担保，油漆厂还在保证人的栏内签字、盖章。按照借款合同的约定，水泥厂的还款期限为2002年12月31日。后来，因为水泥厂的销路不好，资金困难，没有还款能力，工商银行遂于2003年8月3日以该水泥厂和该油漆厂为被告向人民法院起诉，并要求油漆厂承担保证责任。

问题：

（1）上述油漆厂是否可以成为借款合同的保证人？

（2）该油漆厂如果可以作为保证人，采取的是什么保证方式？为什么？

（3）该油漆厂是否应当承担保证责任？为什么？

解析：

（1）该油漆厂可以成为借款合同的保证人。根据成立的主体资格和条件来回答，具有清偿能力的法人、其他组织和公民都可以作为保证人。

（2）连带责任保证方式。没有约定保证方式，按照连带责任保证方式承担保证责任。

（3）不承担保证责任。过了保证期间 6 个月。

第三节　抵押

抵押是担保方式的一种，它和其他的担保方式既有联系又有区别。本节讲述了抵押的概念与特点、抵押财产、抵押物登记、抵押合同、抵押权的效力、抵押权的实现和消灭以及最高额抵押等。

抵押

一、抵押的概念与特点

《民法典》第三百九十四条规定，为担保债务的履行，债务人或者第三人不转移财产的占有，将该财产抵押给债权人的，债务人不履行到期债务或者发生当事人约定的实现抵押的情形，债权人有权就该财产优先受偿。

抵押有以下特点。

（1）抵押权的标的物是债务人或者第三人的特定不动产、动产或者权利；

（2）抵押物不移转占有，抵押人可以继续占有、使用抵押物；

（3）抵押权是就抵押物优先受偿的权利。优先受偿是指在债务人不履行债务时，将抵押物变价，抵押权人可以优先于其他债权人就抵押物变价后的价款受偿；

（4）抵押人必须对设定抵押的财产享有所有权或处分权。

债务人或者第三人为抵押人，债权人为抵押权人，提供担保的财产为抵押财产。

二、抵押财产

（一）可以设立抵押权的财产

可以设立抵押权的财产又称抵押财产，是抵押权的标的物或客体。债务人或者第三人有权处分的下列财产可以抵押。

（1）建筑物和其他土地附着物；

（2）建设用地使用权；

（3）海域使用权；

（4）生产设备、原材料、半成品、产品；

（5）正在建造的建筑物、船舶、航空器；

（6）交通运输工具；

（7）法律、行政法规未禁止抵押的其他财产。

抵押人可将前面所列财产一并抵押。

（二）不得设立抵押权的财产

《民法典》第三百九十九条规定，下列财产不得抵押。

（1）土地所有权；

（2）耕地、宅基地、自留地、自留山等集体所有的土地使用权，但法律规定可以抵押的除外；

（3）学校、幼儿园、医院等以公益为目的的事业单位、社会团体的教育设施、医疗卫生设施和其他社会公益设施；

（4）所有权、使用权不明或者有争议的财产；

（5）依法被查封、扣押、监管的财产；

（6）法律、行政法规规定不得抵押的其他财产。

建设用地使用权抵押后，该土地上新增的建筑物不属于抵押财产。该建设用地使用权实现抵押权时，应当将该土地上新增的建筑物与建设用地使用权一并处分，但新增建筑物所得的价款，抵押权人无权优先受偿。

【案例】上海嘉华家庭装潢有限公司（以下简称"嘉华公司"）因业务拓展需要，决定向工商银行申请贷款 200 万元。1996 年 6 月 15 日，双方经协商达成意向，订立借款合同一份。其中约定：由工商银行贷款 200 万元给嘉华公司，期限 6 个月（自 1996 年 6 月 19 日至 1996 年 12 月 19 日），利息以国家规定的为准，到期由嘉华公司还本付息。工商银行为了保证贷款的安全，要求嘉华公司提供担保。于是，双方又签订了一份抵押合同，约定：嘉华公司以其正在使用的价值 300 万元的材料仓库抵押，作为合同履行的担保；如果嘉华公司到期未能按约偿还借款的本金和利息，工商银行有权从拍卖抵押物即材料仓库所得的价款中优先受偿。签订该抵押合同时，工商银行没有要求嘉华公司提供任何有关材料仓库的房屋所有权证书和土地使用权证书。合同订立后，双方也均未向任何部门办理过抵押登记手续。同年 12 月借款到期，嘉华公司因种种原因而面临破产，根本无力偿还所欠贷款。工商银行索款不成，诉至人民法院，要求嘉华公司偿还贷款，否则拍卖材料仓库，以拍卖所得受偿。人民法院经调查证实，嘉华公司对用作抵押的材料仓库并没有合法权，没有处分权，仓库只不过是从另一家企业临时租赁用来存放材料的。

问题： 人民法院是否应当支持工商银行的诉讼请求？双方的约定是否有效？

解析： 双方虽然在合同中约定有关的担保事项，但未按法律规定办理相关的法律手续，因而不发生法律效力。人民法院只可以确认债权人的存在，但不得拍卖材料仓库，因为它不属于嘉华公司的合法财产。

三、抵押物登记

抵押物登记是指经当事人申请，主管机关依法在登记簿上就抵押财产上抵押权状态予以登记记载的行为。法律要求抵押权在设定时遵循公示原则，办理登记手续，只有这样才能取得对抵押物的绝对支配权。法律规定，登记生效的抵押合同签订后，抵押人违背诚实信用原则拒绝办理抵押登记致使债权人受到损失的，抵押人应当承担赔偿责任。

（1）以"建筑物和其他土地附着物，建设用地使用权，以招标、拍卖、公开协商等方式取得的荒地等土地承包经营权，以及正在建造的建筑物"设定抵押的，应当办理抵押物登记，抵押权自登记之日起设立。

（2）当事人以其他财产抵押的，可以自愿办理抵押物登记，抵押合同自签订之日起生效。其适用范围包括：生产设备、原材料、半成品、产品、交通工具、正在建造的船舶、航空器等。但是，当事人未办理抵押物登记的，不得对抗善意第三人。

四、抵押合同

抵押人和抵押权人应当以书面形式订立抵押合同。抵押合同应当包括下列条款。

（1）被担保的主债权的种类、数额；

（2）债务人履行债务的期限；

（3）抵押物的名称、数量、质量、状况、所在地、所有权权属或者使用权权属；

（4）抵押担保的范围；

（5）当事人认为需要约定的其他事项。

五、抵押权的效力

（一）抵押担保的债权的范围

抵押担保的范围包括主债权及利息、违约金、损害赔偿金和实现抵押权的费用。抵押合同另有约定的，从其约定。

（二）抵押权标的物的范围

1. 从物或从权利

抵押设定前后的从物、从权利都应当在抵押权的效力所及范围内，但是，抵押物及其从物为两个或两个以上的人分别所有时，抵押权的效力不及抵押物的从物。

2. 孳息

由于抵押不转移财产的占有，设立抵押后的财产仍由抵押人行使使用权和收益权，因此，抵押物所产生的孳息原则上应归抵押人所有。

但是，当债务履行期届满，债务人不履行债务致使抵押物被人民法院依法扣押的，自扣押之日起抵押权人有权收取由抵押物分离的天然孳息以及抵押人就抵押物可以收取的法定孳息。如果是法定孳息，则抵押权人必须将扣押事实通知承担清偿义务的人。抵押权人虽享有孳息收取权，但并不因此取得孳息的所有权，只是将孳息作为担保物，将来可以优先受偿。孳息的清偿顺序为：（1）充抵收取孳息的费用；（2）主债权的利息；（3）主债权。

3. 代位物

抵押物灭失后所得的赔偿金，担保权人仍可对其行使担保权利。这里的赔偿金就是代位物。

（三）抵押物出租对抵押效力的影响

订立抵押合同前抵押财产已出租的，原租赁关系不受该抵押权的影响。抵押人将已出租的财产抵押的，如果抵押人未书面告知承租人该财产已抵押的，抵押人对出租抵押物造成承租人的损失承担赔偿责任；如果抵押人已书面告知承租人该财产已抵押的，抵押权实现造成承租人的损失，由承租人自己承担。抵押权设立后抵押财产出租的，该租赁关系不得对抗已登记的抵押权。

（四）抵押期间抵押物的转让

抵押期间，抵押人经抵押权人同意转让抵押财产的，应当将转让所得的价款向抵押权人提前清偿债务或者提存。转让的价款超过债权数额的部分归抵押人所有，不足部分由债务人清偿。抵押期间，抵押人未经抵押权人同意，不得转让抵押财产，但受让人代为清偿债务消灭抵押权的除外。

抵押物依法被继承或者赠予的，抵押权不受影响。

六、抵押权的实现

抵押权的实现，是指债务人债务履行期届满后未履行或未完全履行债务的，抵押权人可以处分抵押物以实现债权。

（一）抵押权实现方式

债权人行使抵押权的方式有三种，即折价、拍卖和变卖。

1. 折价

折价指债务履行期届满抵押权人未受清偿的，抵押权人与抵押人协议，由抵押权人取得抵押物所有权，将抵押物价值高于担保债权的部分返还抵押人。

2. 拍卖

拍卖是指通过公开竞价，将抵押物出售给报价最高的人以实现抵押权。

3. 变卖

变卖即通过一般的买卖方式将抵押物变现清偿。

抵押财产折价或者变卖的，应当参照市场价格。抵押财产折价或者拍卖、变卖后，其价款超过债权数额的部分归抵押人所有，不足部分由债务人清偿。

抵押物折价或者拍卖、变卖所得的价款，当事人没有约定的，按下列顺序清偿：（1）实现抵押权的费用；（2）主债权的利息；（3）主债权。

抵押权人应当在主债权诉讼时效期间行使抵押权；未行使的，人民法院不予保护。

（二）重复抵押时抵押权的实现

《民法典》第四百一十四条规定，同一财产向两个以上债权人抵押的，拍卖、变卖抵押财产所得的价款按照以下规定清偿。

（1）抵押权已登记的，按照登记的时间先后确定清偿顺序；

（2）抵押权已登记的先于未登记的受偿；

（3）抵押权未登记的，按照债权比例清偿。

其他可以登记的担保物权，清偿顺序参照适用前款规定。

【随堂演练】甲向乙借款 20 万元，甲的朋友丙、丁二人先后以自己的轿车为乙的债权设定抵押担保，并依法办理了抵押登记，但都未与乙约定所担保的债权份额及顺序，两辆轿车价值均为 15 万元。若甲到期未履行债务，下列哪些表述是正确的？（   ）（多选）

A. 乙应先就丙的轿车行使抵押权，再就丁的轿车行使抵押权以弥补不足

B. 乙应同时就两辆轿车行使抵押权，各实现 50% 债权

C. 乙可以就任一轿车行使抵押权，再就另一轿车行使抵押权以弥补不足

D. 乙可同时就两辆轿车行使抵押权，各实现任意比例债权

答案：C、D

解析：同一债权有两个以上抵押人的，当事人对其提供的抵押财产所担保的债权份额及顺序没有约定或约定不明的，抵押权人可以就其中任一个或者各个财产行使抵押权。

七、最高额抵押权

最高额抵押，是指为担保债务的履行，债务人或者第三人对一定期间内将要连续发生的债权提供担保财产的，债务人不履行到期债务或者发生当事人约定的实现抵押权的情形，抵押权人有权在最高债权额限度内就该担保财产优先受偿。

最高额抵押权设立前已经存在的债权，经当事人同意，可以转入最高额抵押担保的债权范围。

（一）最高额抵押的条件

（1）抵押担保的是将来发生的债权，现在尚未发生。

（2）抵押担保的债权额不定，但设有最高限制额。

（3）实际发生的债权是连续的、不特定的，即债权人并不规定对方实际发生债权的次数和数额。

（4）债权人仅对抵押财产行使最高限度内的优先受偿权。

（5）最高额抵押只需登记即可设置。

（二）最高额抵押权的转让及变更

最高额抵押担保的债权确定前，部分债权转让的，最高额抵押权不得转让，但是当事人另有约定的除外。

最高额抵押担保的债权确定前，抵押权人与抵押人可以通过协议变更债权确定的期间、债权范围以及最高债权额，但变更的内容不得对其他抵押权人产生不利影响。

（三）最高额抵押权所担保的债权确定

有下列情形之一的，抵押权人的债权确定。

（1）约定的债权确定期间届满；

（2）没有约定债权确定期间或者约定不明确，抵押权人或者抵押人自最高额抵押权设立之日起满两年后请求确定债权；

（3）新的债权不可能发生；

（4）抵押人知道或者应当知道，抵押财产被查封、扣押；

（5）债务人、抵押人被宣告破产或者被撤销；

（6）法律规定债权确定的其他情形。

最高额抵押权所担保的不特定债权，在特定后，债权已届清偿期的，最高额抵押权人可以根据普通抵押权的规定行使其抵押权。

抵押权人实现最高额抵押权时，如果实际发生的债权余额高于最高限额，以最高限额为限，超过部分不具有优先受偿的效力；如果实际发生的债权余额低于最高限额，以实际发生的债权余额为限对抵押物优先受偿。

第四节 | 质押

质押是指债务人或者第三人将其动产或权利凭证移交给债权人占有，以该财产作为债权的担保。债务人不履行债务时，债权人有权以该财产折价或者以拍卖、变卖该财产的价款优先受偿。质押的当事人包括：出质人、质权人（债权人）。

一、抵押与质押的主要区别

（1）标的物不同。根据质权标的物的性质，质押分为动产质押和权利质押。

（2）是否移转占有不同。抵押的标的物不移转占有，公示方法为登记；抵押标的物需移转占有，公示方法为交付或者登记。

（3）权利不同。抵押人可以继续对抵押物进行占有、使用和收益；质押人虽然享有对标的物的所有权，但是不能直接对质物进行占有、使用和收益。

【案例】甲欠乙 100 万元。经协商，甲同意将甲的 6 辆汽车质押给乙，并订立了书面的质押合同。2011 年 10 月 2 日，甲将该批汽车开到乙处，并由乙存放于租用的车库。2012 年 2 月 13 日，债务到期，甲未能偿还对乙的债务，因此乙对上述汽车进行了拍卖，得拍卖款 100 万元。期间，乙外出时私自使用其中的一辆汽车，并发生剐蹭，以致最终拍卖价格减少 5 万元。

问题：在上述案例中，2011 年 10 月 2 日，甲向乙交付质物，质权设立，100 万元都应归乙，请判断是否正确？

解析：在上述案例中，质物拍卖的价款 100 万元，应用来偿还甲对乙所负的债务。但乙由于擅自使用质物并造成损失，应当赔偿甲的损失 5 万元。

二、质押合同

（一）概念

质押合同是指因出质人以质物为债务人履行债务提供担保而由出质人与质权人订立的明确相互间权利、义务关系的协议。

（二）形式和内容

1. 形式

为设立质权，质权人与出质人应当采取书面形式订立质押合同，质押合同自签订之日起生效。

2. 内容

质押合同一般包括以下条款：（1）被担保的主债权种类和数额；（2）债务人履行债务的期限；（3）质物的名称、数量、质量、状况；（4）质押担保的范围；（5）质物移交的时间；（6）当事人认为需要约定的其他事项，质押合同不完全具备前述规定内容的，可以补正。

质押合同自成立时生效，质权自权利凭证交付质权人时设立，通常在出质人交付质押财产时设立。

质权人在债务履行期届满前，不得与出质人约定债务人不履行到期债务时，质押财产归债权人所有。

三、质权的标的

（一）概念

质权指在质押担保的法律关系中出质人移交给债权人的，作为债权实现担保的财产或财产性权利。

（二）种类

1. 动产质押

动产质押是以动产作为标的物的质押。质押财产为交付的动产。

2. 权利质押

权利质押是指债务人或者第三人以其财产权利交付债权人作为债权的担保。作为质权标的的权利，第一必须是可以用金钱来衡量的财产权，第二必须是可以转让的财产权。

债务人或者第三人有权处分的下列权利可以出质：（1）汇票、支票、本票；（2）债券、存款单；（3）仓单、提单；（4）可以转让的基金份额、股权；（5）可以转让的注册商标专用权、专利权、著作权等知识产权中的财产权；（6）现有的以及将有的应收账款；（7）法律、行政法规规定可以出质的其他财产权利。

【随堂演练】以下不可以用作质押的是（　　）。（单选）

A. 汇票、本票　　　B. 股票　　　C. 知识产权　　　D. 房屋

答案：D

解析：质押的标的物包括动产、权利，不包括不动产，所以D选项错误。

四、质权人的权利和义务

（一）质权人的权利

（1）占有质物。在债务未受清偿前，质权人有权占有质押财产，可拒绝出质人返还质押财产的请求。

（2）收取孳息。质权人有权收取质押财产的孳息，但合同另有约定的除外。上述孳息应当先充抵收取孳息的费用。

（3）质权的保全。因不能归责于质权人的事由可能使质物有损坏或价值明显减少的可能，足以危害质权人权利，且出质人不提供相应担保时，质权人可以拍卖或变卖质物，并与出质人通过协议将拍卖、变卖所得的价款用于提前清偿所担保的债权或者提存。

（4）排除质权受侵害。无论是出质人还是第三人，造成质物损害的，质权人可以要求其恢复原状或请求损害赔偿。此外，质物被不当占有时，质权人也有请求返还质物的权利。

（5）转质权。在质权存续中，质权人为担保自己的债务，在原质权所担保的债权范围内，经出质人同意，可以再行设置质权，转质权的效力优先于原质权。未经出质人同意的转质权无效，质权人对因转质而发生的损害承担赔偿责任。

（6）转让质权的权利。当债权人转让主债权时，质权随之转让。

（7）费用偿还的请求权。质权人对保管质物所支付的必要费用，可以向出质人请求返还。

（8）优先受偿权。债务人不履行到期债务或者发生当事人约定的实现质权的情形时，质权人可以与出质人协议以质押财产折价，也可以以拍卖、变卖质押财产所得的价款优先受偿。质物折价或者拍卖、变卖后，其价款超过债权数额的部分归出质人所有，不足部分由债务人清偿。

（9）《民法典》第四百四十二条规定，汇票、本票、支票、债券、存款单、仓单、提单的兑现日期或者提货日期先于主债权到期的，质权人可以兑现或者提货，并与出质人协议将兑现的价款或者提取的货物提前清偿债务或者提存。

【随堂演练】 质权人享有的权利有（　　　）。（多选）

A. 占有质物 　　　　　　　　B. 取得质物所生的孳息

C. 转让质权 　　　　　　　　D. 当质物被他人损害时，有权请求他人赔偿

答案： A、C、D

解析： 质权人享有收取质物孳息的权利，但没有取得孳息的所有权。

（二）质权人的义务

（1）质物保管义务。质权人负有妥善保管质押财产的义务，因保管不善致使质押财产毁损、灭失的，应当承担赔偿责任。质权人的行为可能使质押财产毁损、灭失的，出质人可以要求质权人将质押财产提存，或者要求提前清偿债务并返还质押财产。

（2）不得擅自使用、处分质押财产。质权人在质权存续期间，未经出质人同意，擅自使用、出租、处分质物，因此给出质人造成的损失，由质权人承担赔偿责任。

（3）质物返还义务。债务人履行债务或者出质人提前清偿所担保的债权，质权人应当返还质押财产。质权人也不得擅自转质，质权人在质权存续期间，未经出质人同意转质，造成质押财产毁损、

灭失的，应当向出质人承担赔偿责任。

（4）质权人的行为可能使质押财产毁损、灭失的，出质人可以要求质权人将质押财产提存，或者要求提前清偿债务并返还质押财产。但质物提存费用由质权人负担，出质人提前清偿债权的，应当扣除未到期部分的利息。

【随堂演练】 甲将自己的一批货物出质给乙，但乙将这批货物放置在露天地里风吹日晒，甲可以主张的权利有（   ）。（多选）

A. 有权要求乙妥善保管该批货物，如不妥善保管，则该质押关系解除

B. 有权要求乙承担保管不善而致这批货物损失的民事责任

C. 有权要求将这批货物提存

D. 有权要求提前清偿债权而请求返还质物

答案：B、C、D

解析：质权人负有妥善保管质物的义务。因保管不善致使质物灭失或者毁损的，质权人应当承担民事责任。质权人不能妥善保管质物可能致使其灭失或者毁损的，出质人可以要求质权人将质物提存，或者要求提前清偿债权而请求返还质物。

五、动产质押的效力

（一）质权担保的范围

动产质押担保的范围包括主债权及利息、违约金、损害赔偿金、质物保管费用和实现质权的费用。质押合同另有约定的，按照约定。

（二）质权标的的范围

（1）供担保的质物或权利本身。

（2）质物的从物。

（3）质物的孳息和利息债权。包括天然孳息和法定孳息。但收取的法定孳息，如利息，必须是出质时已经有足够根据认定它会发生的孳息。

（4）代位物。质权因质物灭失而消灭。因灭失所得的赔偿金，应作为出质财产。在权利质权中，若作为质权标的的权利先于被担保的债权到期或被转让，所得价款或作为质权标的的代位物向第三人提存。

六、质权的实现

债务人履行债务或者出质人提前清偿所担保的债权的，质权人应当返还质押财产。若债务人不履行到期债务或者发生当事人约定的实现质权的情形，质权人可以与出质人协议以质押财产折价，也可以就拍卖、变卖质押财产所得的价款优先受偿。质押财产拍卖或者变卖的，应当参照市场价格。

出质人可以请求质权人在债务履行期届满后及时行使质权；质权人不行使质权的，出质人可以请求人民法院拍卖、变卖质押财产。出质人请求质权人及时行使质权，因质权人怠于行使权利造成出质人损害的，质权人承担赔偿责任。

为债务人质押担保的第三人，在质权人实现质权后，有权向债务人追偿。

第五节 | 留置权

留置权属于法定的担保物权，只能发生在特定的合同关系中。依照我国法律规定，留置权适用的范围包括：因加工承揽合同、运输合同、保管合同以及法律规定可以留置的其他合同发生的债权，债务人不履行债务的，债权人有留置权。

一、留置权概述

根据《民法典》第四百四十七条，留置权是指债务人不履行到期债务时，债权人可以留置其已经合法占有的债务人的动产，有权就该动产优先受偿。留置财产的价值应当相当于债务的金额。

债务人为留置人，债权人为留置权人，占有的动产为留置财产。

留置权的特征如下。

（1）他物权性。留置权是债权人享有的直接以债务人的财产为标的权利，不仅可以对抗债务人的返还请求，还可以对抗债务人以外的第三人。

（2）担保物权性。留置权是以确保债权人债权的受偿为目的的，可以间接强制债务人履行义务。

（3）法定性。留置权与其他担保物权的区别就在于此，即只要符合法律规定的条件留置权就成立，其效力也源于法律的规定，而非通过当事人的约定。

（4）留置权的行使以占有标的物为条件，债权人一旦丧失对留置物的占有，留置权也随之消灭。

（5）留置权的不可分性。留置物为不可分物的，留置权人可以就其留置物的全部行使留置权。

二、留置权的成立

（一）留置权必须是依法产生的

债权人的占有必须合法，因此，动产如果是因侵权行为而占有的，不能产生留置权。

（二）债权人必须依法占有债务人的动产

（1）占有的必须是债务人的财产。

（2）占有的必须是动产，是狭义动产，不包括权利。不动产不得设立留置权。

（3）占有必须合法。

（4）占有财产是履行合同的必然结果，即财产占有与债权有牵连关系。承揽费请求权、运费请求权、保管费请求权的发生，均以加工承揽、运输、保管等行为为原因，但企业之间的留置除外。

（三）债务人不按照合同约定的期限履行债务

债务人不按照合同约定的期限履行债务是留置权成立的条件之一。但需要注意的是，当事人可以在合同中约定排除适用留置权。

三、留置权的效力

（一）担保范围

留置担保的范围包括主债权及利息、违约金、损害赔偿金、留置物保管费用和实现留置权的费用。

（二）标的物范围

标的物包括留置物本身及其从物、孳息、代位物。

（三）留置权对留置权人的效力

1. 留置权人的权利

（1）占有留置物的权利。留置权人占有留置动产，是留置权的基本效力。这种占有权不仅可以对抗债务人，也可以对抗第三人。

（2）费用偿还请求权。对于留置物保管费用和实现留置权的费用，留置权人有权请求返还。

（3）收取孳息的权利。债权人对其收取的孳息同样行使留置权，孳息应当先充抵收取孳息的费用。

（4）在清偿期届满时，留置权人享有就留置物以折价、依法拍卖、变卖的方式优先受偿的权利。

2. 留置权人的义务

（1）保管留置物。留置权人负有妥善保管留置财产的义务；因保管不善致使留置财产毁损、灭失的，应当承担赔偿责任。

（2）返还留置物。被担保的债权消灭时，留置权人应将其占有的留置物返还其所有人。此外，若债务人另行提供担保并被债权人接受引起留置权消灭，留置权人应返还留置物。

（四）留置权优先于其他担保物权

同一动产上已设立抵押权或质权，该动产又被留置的，留置权人优先受偿。

四、留置权的实现与消灭

（一）实现形式

留置权的实现形式与其他担保物权的一样。

（二）行使条件

（1）被担保的债权清偿期已届满而未能受偿。未明确约定清偿期的，必须由债权人定期通知债务人履行债务，并声明逾期不履行的，债权人可以变价取偿。

（2）必须经过一定期间。留置权人与债务人应当约定留置财产后的债务履行期间；没有约定或者约定不明确的，留置权人应当给债务人两个月以上履行债务的期间，但鲜活易腐等不易保管的动产除外。

（三）消灭

留置权因下列原因而消灭：（1）留置权人对留置财产丧失占有；（2）留置物灭失、损毁而无代位物；（3）与留置物有牵连关系的债权消灭；（4）债务人另行提供价值相当的担保并被债权人接受；（5）实现留置权。

【案例】甲将计算机拿到乙的店铺维修，约定乙在 15 天内修好计算机，甲在取回计算机时交付维修费。15 天后，乙修好了计算机，甲在取计算机时声称乙删除了计算机内的一些内容，拒不付维修费。乙于是将计算机扣留，并告知甲须在 10 天内交付维修费，否则会将计算机变卖。10 日后，所扣计算机被盗。

问题： 依据留置权的概念与特征，对上述案例进行分析。

解析： 在上述案例中，乙依照合法有效的加工承揽合同占有甲的计算机，该占有是合法的，且与乙的维修费收取权基于同一合同产生，二者具有牵连关系。而甲在约定期限未履行支付维修费的义务，因此，乙的留置权成立。

但在上述案例中，乙给予甲 10 天的额外履行期无效，甲应在两个月内交付维修费。

乙留置的计算机被盗，留置权消灭。若因乙保管不善而导致，乙还应承担赔偿责任。

第六节 | 定金

定金是指合同当事人约定的，由一方当事人向另一方当事人预先支付一定的金额作为债的担保，任何一方不履行合同义务，承担定金罚则的责任。可见，定金也是一种担保方式。债务人履行债务后，定金应抵作价款或者收回，给付定金的一方不履行债务的，无权要求返还定金；收受定金的一方不履行债务的，应双倍返还，此即定金罚则。

一、定金合同及其成立

（一）定金合同的概念

定金合同指双方当事人之间达成的一方向对方给付定金作为债权的担保的协议。

（二）定金合同成立要件

1. 双方达成定金意向

当事人就定金担保的内容达成合意。合意即当事人之间就合同的主要条款达成意思一致，是合同成立的必经程序，任何合同都要经过要约和承诺的过程。

2. 采用书面形式

定金合同是要式合同，法律要求订立定金合同应当采用书面形式。

3. 是诺成合同

定金合同自实际交付定金时生效。实际交付的定金数额少于或多于约定金额，视为变更定金合同；收受定金一方提出异议并拒绝接受定金的，定金合同不生效。

4. 定金的数额

定金的数额由当事人约定，但不得超过主合同标的额的 20%，超过的部分无效。

5. 债务人履行债务后，定金应抵作价款或收回

二、定金罚则与免责事由

定金的效力体现在定金罚则上。因不可抗力、意外事件致使主合同不能履行的，不适用定金罚则。因合同关系以外第三人的过错，致使主合同不能履行的，适用定金罚则。受定金处罚的一方当事人，可以依法向第三人追偿。

复习与思考

一、填空题

1. 保证指债务人以外的第三人以其（　　）向债权人保证债务人履行债务，当债务人不履行债务时，由保证人按照约定履行债务或者承担责任的行为。

2. 一般保证指保证人对债务人不履行债务负（　　　）的保证。

3. 债务人履行债务后，定金应（　　　）或（　　）。

4. （　　）指债务人不履行到期债务，债权人对其合法占有的债务人的动产有权按照法律规定留置，以该财产折价或以拍卖、变卖该财产的价款优先受偿。

5. 质权标的的种类有（　　）和（　　）。

二、选择题

1. 以下属于担保物权消灭情形的有（　　）。（多选）

　　A．主债权消灭　　　　　　　　　B．担保物权实现

　　C．债权人放弃担保物权　　　　　D．法律规定担保物权消灭的其他情形

2. 以下不能作为保证人的有（　　）。（多选）

　　A．国家机关一般不得为保证人　　B．企业法人的职能机构

　　C．自然人　　　　　　　　　　　D．企业法人

3. 下列权利可以质押的有（　　）。（多选）

　　A．汇票、支票、本票、债券、存款单、仓单、提单

　　B．依法可以转让的股份、股票

　　C．依法可以转让的商标专用权、专利权、著作权中的财产权

　　D．依法可以质押的其他权利

4. 质权人的义务有（　　）。（多选）

　　A．保管义务　　　　　　　　　　B．禁止处分义务

　　C．使用、出租、处分质物　　　　D．返还质物或权利证书

5. 从性质上看，留置权与其他担保物权的区别在于（　　）。（单选）

　　A．他物权性　　　B．法定性　　　C．担保物权性　　　D．不可分性

三、名词解释

1. 担保

2. 抵押

四、简答题

1. 担保的特征有哪些?

2. 抵押权的标的有哪些?

五、案例分析题

张某准备开办一个酒店,但资金不足,于1999年以自己房屋4间作抵押向农业银行贷款8万元,并办理了登记手续,之后张某把房屋中向西的两间租给了李某,在经营酒店的过程中,张某又向工商银行贷款4万元并以上面的四间房屋作抵押,签订了抵押合同,办理了登记手续,又用同一办法在建设银行贷款2万元,也办理了登记手续。2000年5月归还了农业银行4万元、工商银行2万元、建设银行1万元,张某将4间房屋中靠东的2间卖给了孙某,孙某知道房屋上设有抵押权,但又在靠东面的侧墙新建了一间大厨房。2000年10月,张某的酒店倒闭,此时仍欠农业银行4万元,工商银行2万元,建设银行1万元,现在贷款已到期,张某无力偿还。

问题:

(1)张某与承租人李某的租赁房屋合同在4间房屋都抵押后是否继续有效?

(2)工商银行、农业银行、建设银行如何实现自己的抵押权?

(3)设李某的租赁合同尚未到期,抵押权人能否中止租赁合同?

(4)前述抵押权人可否就4间房屋和1间厨房一并行使抵押权?

第七章 | 合同法

导入案例

甲、乙是邻居。某日，乙突发疾病住院医治，急需钱，甲拿出1万元送上门，说："先用着，以后再说。"后乙病愈，甲追要1万元钱，乙称受赠之钱可以不还，但甲称当初是借钱给乙，现要追还。

问题： 本案例中的问题应如何解决？

第一节 | 合同概述

本节讲述了合同的概念和特征、合同的分类，并概述了合同法的概念和合同法的基本原则。

一、合同的概念和特征

（一）概念

根据《民法典》第四百六十条的规定，合同是指平等主体的自然人、法人、其他组织之间设立、变更、终止民事权利义务关系的协议。根据《民法典》第五十二条，法人是具有民事权利能力和民事行为能力，依法独立享有民事权利和承担民事义务的组织。其他组织是指不具备法人资格的个人独资企业、合伙企业以及专业服务机构等，这些组织虽不具有法人资格，但是能够依法以自己的名义从事民事活动。民事权利义务关系是指财产关系。

合同的概念和特征

【随堂演练】 合同和协议有什么区别？

解析： 合同和协议是同一个概念。协议是人们的习惯叫法，类似的还有契约。合同是平等主体的自然人、法人、其他组织之间设立、变更、终止民事权利义务关系的协议。由此可见，合同是具有特定内容的协议，用来约定当事人相互之间的权利义务关系。

（二）特征

合同具有以下法律特征。

（1）合同是平等主体之间的民事法律行为。根据《民法典》第二条的规定，民法调整平等主体的自然人、法人和非法人组织之间的人身关系和财产关系。第四条又规定，民事主体在民事活动中的法律地位一律平等。

（2）合同是以设立、变更、终止民事权利义务关系为目的的民事法律行为。

二、合同的分类

（一）有名合同与无名合同

以法律对合同名称是否做出规定为标准，合同分为有名合同与无名合同。

1. 有名合同

有名合同是指法律做出专门性规定并赋予特定性名称的合同。15 种有名合同分别是：买卖合同，供用电、水、气、热力合同，赠予合同，借款合同，租赁合同，融资租赁合同，承揽合同，建设工程合同，运输合同，技术合同，保管合同，仓储合同，委托合同，行纪合同，居间合同。

2. 无名合同

无名合同是指法律未做特别规定，对其名称没有做出明确规定的合同，如物业管理合同、电子认证合同。其他法律对合同另有规定的，依照其规定。

（二）诺成合同与实践合同

以是否需要交付标的物合同才能成立为标准，合同分为诺成合同与实践合同。

1. 诺成合同

诺成合同是指当事人意思表示一致合同即成立、生效的合同，如买卖合同、承揽合同。

2. 实践合同

实践合同是指除当事人意思达成一致之外，还需交付标的物或完成其他给付才能成立的合同，如财产保管合同、自然人之间的借款合同。

诺成合同与实践合同的区分标准，通常应根据法律的规定及交易习惯而定。

（三）要式合同与非要式合同

以合同成立或生效是否需要采取特定的形式为标准，将合同分为要式合同与非要式合同。

1. 要式合同

要式合同是指法律、法规要求需要采取特定的形式才能成立的合同，如房屋买卖合同、技术转让合同。

2. 非要式合同

非要式合同是指无须采用特定的形式，只要当事人意思表示一致便可成立的合同，如买卖合同等。

（四）有偿合同与无偿合同

以当事人从合同获取利益是否需要支付相应的代价为标准，合同分为有偿合同和无偿合同。

1. 有偿合同

有偿合同是指当事人取得权利时须向对方支付相应代价的合同，如买卖合同、租赁合同、保险合同等。

2. 无偿合同

无偿合同是指一方给付某种利益，对方取得该利益时无须支付任何代价的合同，如借用合同、赠予合同等。

（五）双务合同和单务合同

以双方是否互负给付义务为标准，合同分为双务合同和单务合同。

1. 双务合同

双务合同是指当事人双方互负有给付义务的合同，如买卖合同、承揽合同等。

2. 单务合同

单务合同是指一方当事人只享有权利不负担义务而另一方当事人只负担义务不享有权利的合同，如赠予合同、无偿保管合同。

（六）主合同与从合同

按照合同相互之间的主从关系，合同分为主合同和从合同。

1. 主合同

主合同是指不需要以其他合同存在作为条件的合同。

2. 从合同

从合同是指必须与其他合同存在作为条件的合同。

区分主合同与从合同的法律意义如下。

（1）主合同是从合同存在的基础，没有主合同，便没有从合同。

（2）主合同与从合同存在制约关系，如主合同无效，从合同也无效；但从合同无效，不能推定主合同无效。例如，债权合同为主合同，则保证该合同履行的保证合同为从合同。

三、合同法的原则

合同法的基本原则是贯穿于整个合同法的根本性原则，在合同法中具有非常重要的地位。我国合同法确立了以下几项基本原则。

1. 平等原则

平等原则是指地位平等的合同当事人，在权利义务对等的基础上，经充分协商达成一致，以实现互利互惠的经济利益目的的原则。这一原则包括三个方面的内容。

（1）合同当事人的法律地位一律平等。在法律上，合同当事人等主体，没有高低、从属之分，不存在命令者与被命令者、管理者与被管理者。这意味着，不论当事人是否所有制性质，也不论其单位规模或经济实力如何，其地位都是平等的。

（2）合同中的权利义务对等。所谓"对等"，是指享有权利的同时就应承担义务，而且彼此的权利、义务是相应的。这要求当事人所取得的财产、劳务或工作成果与其履行的义务大体相当；要求一方不得无偿占有另一方的财产，侵犯他人权益。

（3）合同当事人必须就合同条款充分协商、取得一致，如此合同才能成立。合同是双方当事人意思表示一致的结果，是在充分表达各自意见，并就合同条款取得一致意见后达成的协议。任何一方不得把自己的意志强加给另一方。

2. 自愿原则

自愿是指当事人在订立合同时能够根据自己的意愿决定合同的相关事宜。合同当事人有订立合同或不订立合同的自由，有选择对方当事人的自由，有选择在何时、何地签订何种类型合同的自由等。

3. 公平原则

公平是指合同当事人在订立、履行合同时应公平地确定彼此的权利和义务，不得订立显失公平的合同。

4. 诚实信用原则

《民法典》第七条规定，民事主体从事民事活动，应当遵循诚信原则，秉持诚实，恪守承诺。诚实是指实事求是，信用是指说到做到。诚实信用原则要求合同当事人在订立合同时要真实陈述合同的相关事宜，不能有欺诈行为。合同订立之后，当事人应该按照合同的条款全面、适当地履行各自的义务，促成合同的实现。

5. 合法原则

合法是指合同的订立和履行必须遵守法律、行政法规的强制性规定。此外，任何人不得利用合同进行违法活动，扰乱社会的经济秩序，损害国家和社会公众的利益。

第二节 合同的订立

合同的订立是当事人的意志的结果，是否发生法律效力取决于法律规定；若法律认可这种合意，合同就生效。可见，合同的订立也不同于合同的生效。

一、合同订立的程序

当事人订立合同，采取要约、承诺方式。

（一）要约

1. 要约的概念和构成要件

要约是希望和他人订立合同的表示。要约应具备以下三个条件。

（1）要约的内容必须具体、明确。具体即要约的内容必须具有足以使合同成立的主要条款，如果不能包括合同的主要条款，承诺人难以做出承诺。即使做出了承诺，也会因不具备合同的主要条款而使合同不能成立。明确，即要约的内容必须明确，使对方理解其含义。

（2）要约必须以缔结合同为目的。要约人发出要约的目的在于订立合同，而这种订约意图一定要由要约人通过其要约充分表达出来，才能在受要约人承诺的情况下产生合同。

（3）要约必须向要约人希望与之缔结合同的受要约人发出。要约只有向要约人希望与之缔结合同的受要约人发出才能唤起受要约人的承诺，从而订立合同。

2. 要约的法律效力

要约的法律效力包括对要约人的法律约束力及对受要约人的法律约束力。要约的法律效力内容如下。

（1）对要约人的法律约束力。要约一经生效，要约人即受到受要约人的拘束，不得任意撤回、撤销或对要约随意加以限制、变更和扩张。

（2）对受要约人的法律约束力。要约发出后使受要约人获得了是否承诺的权利，受要约人是否行使这种权利完全由其自由决定。因此，要约对受要约人无任何约束力。

3. 要约的邀请

要约邀请，是指希望他人向自己发出要约的意思表示。其有以下特点：（1）一方邀请对方向自己发出要约，而不是像要约那样由一方发出订立合同的意思表示；（2）目的在于使他人向自己发出要约，而非与他人订立合同，是订立合同的预备行为；（3）要约邀请不能因相对人的承诺而订立合同，也不能因自己做出某种承诺而约束要约人。

招标广告、拍卖广告、招股说明书、债券募集办法、基金招募说明书、商业广告、寄送的价目表等均属要约邀请。

4. 要约的生效与失效

（1）要约到达受要约人时生效。到达受要约人，是指只要送达到受要约人能够控制的地方，即为送达。采用数据电文形式订立合同，收件指定特定系统接收数据电文的，该数据电文进入该特定系统的时间，视为到达时间；未指定特定系统的，该数据电文进入收件人的任何系统的首次时间，视为到达时间。

（2）要约的失效，是指要约丧失对要约人、受要约人的法律约束力。要约失效的因素有：①要约被拒绝；②要约被依法撤销；③承诺期限届满，受要约人未做出承诺；④受要约人对要约的内容做出实质性的变更。

5. 要约的撤销

根据《民法典》第四百七十七条，撤销要约的意思表示以对话方式做出的，该意思表示的内容应当在受要约人做出承诺之前为受要约人所知道；撤销要约的意思表示以非对话方式做出的，应当在受要约人做出承诺之前到达受要约人。

由于撤销要约可能会给受要约人带来不利的影响，损害受要约人的利益，法律规定了两种不得撤销要约的情形：①要约人确定了承诺期限或者以其形式明示不可撤销；②受要约人有理由认为要约是不可撤销的，并已经为履行合同做了准备工作。

【随堂演练】甲公司于 3 月 5 日向乙企业发出签订合同要约的信函。3 月 8 日乙企业收到甲公司声明该要约作废的传真。3 月 10 日乙企业收到该要约的信函。根据规定，甲公司发出传真声明要约作废的行为是（　　）。（单选）

　A. 要约撤回　　　　B. 要约撤销　　　　C. 要约生效　　　　D. 要约失效

答案：A

解析：法律规定要约可以撤回，撤回要约的通知应当在要约到达受要约人之前到达受要约人，或者与要约同时到达受要约人。

（二）承诺

承诺是指受要约人同意要约的意思表示。受要约人做出的承诺送达要约人，合同便宣告成立。

1. 承诺的构成要件

（1）承诺必须由受要约人向要约人做出。承诺是受要约人接受要约人订立合同的提议，因此承诺必须由受要约人向要约人做出。由代理人做出承诺的，则代理人必须具有合法的委托手续。承诺的权利是要约人赋予的，受要约人以外的第三人不享有承诺的权利。第三人的"承诺"不算承诺，只视为发出的要约。订约的建议是向不特定人发出的，如果该订约的建议构成要约，则不特定人中的任何人均可以做出承诺。

（2）承诺必须在要约确定的期限内送达要约人。承诺必须在要约或者法律规定的期限内送达要约人，未能在合理期限内做出承诺并到达要约人，不能成为有效承诺。逾期承诺一般视为新的要约，不发生承诺效力。

（3）承诺的内容应当与要约的内容一致。受要约人对要约的内容做出实质性变更的，视为新的要约。有关合同标的、数量、质量、价款或者报酬、履行期限、履行地点和方式、违约责任和解决争议方法等的变更，是对要约内容的实质性变更。承诺对要约的内容做出非实质性变更的，除要约人及时反对或者表明承诺不得对要约的内容做出任何变更的以外，该承诺有效，合同的内容以承诺的内容为准。

2. 承诺的方式

承诺方式，是指受要约人将其承诺的意思表示传达给要约人所采用的方式。承诺应当以通知的方式做出，通知可以是口头的，也可以是书面的。但是，根据交易习惯或者要约表明可以通过行为做出承诺的除外。

对于具体的承诺方式还应注意：第一，若在要约中对承诺的传递方式做了具体规定，则受要约人应按规定的方式进行；第二，受要约人可以采用比要约所指定的传递方式更为快捷的通信方法做出承诺；第三，依法必须以书面形式订立的合同，承诺必须以书面形式做出；第四，除有特别规定或约定外，沉默一般不能视为承诺的形式。

3. 承诺的期限

承诺应当在要约确定的期限内到达。要约以信件或者电报做出的，承诺期限自信件载明的日期或者电报交发之日开始计算。信件未载明日期的，自投寄该信件的邮戳日期开始计算。要约以电话、电子邮件等快速通信方式做出的，承诺期限自要约到达受要约人时开始计算。

要约没有确定期限的，承诺应当按照下列规定到达：（1）要约以对话方式做出的，应当即时做出承诺，但当事人另有约定的除外；（2）承诺以非对话方式做出的，承诺应在合理期限内到达。

受要约人超过承诺期限发出承诺的，除要约人及时通知受要约人该承诺有效的以外，该承诺视为新要约。承诺因某种原因到达受要约人超过承诺期限的，除要约人及时通知受要约人因承诺超过期限不接受该承诺外，该承诺有效。

4. 承诺的生效

承诺通知到达要约人时生效。承诺不需要通知的，根据交易习惯或者要约的要求做出承诺的行为时有效。采用数据电文形式订立合同的，承诺到达的时间同上述要约到达时间的规定相同。到达生效，即承诺必须是到达要约人时才发生效力。到达是指承诺送交要约人的营业地、通信地或惯常居住地。

5. 承诺的无效

（1）承诺被撤回。承诺撤回必须在承诺生效之前进行。承诺撤回的通知须先于承诺的通知，或与承诺的通知同时到达。如果撤回承诺的通知迟到，则承诺仍有效。

（2）承诺迟到。承诺迟到是指承诺于要约期限届满后到达要约人，或者在承诺期限内发出承诺，按照通常情形不能及时到达要约人。承诺迟到，则承诺不发生法律效力。承诺因送达原因迟到的，要约人不承认该承诺，应将迟到的情况立即通知对方，以免对方因准备履行而造成的损失；要约人不将承诺迟到情况通知对方的，承诺视为未迟到，承诺仍有效力。

（3）受要约人对要约做出实质性变更的，视为新要约；承诺对要约内容做出非实质性变更的，除要约人及时表示反对或者表明不得对要约内容做出任何变更的以外，该承诺有效。合同的内容以承诺的内容为准。

一般来说，合同双方通过要约、反要约、新要约、更新的要约直到达成一致承诺的谈判过程，就是合同订立的全过程。这个过程在承诺生效时就结束，而一旦结束，合同也就成立。也就是说，合同成立的时间一般就是承诺的生效时间，从此时起，缔约当事人就开始享有合同权利并承担共同义务，合同进入履行阶段。

二、合同成立的时间和地点

（一）合同成立的时间

根据规定，承诺生效时合同成立。由于合同形式不同，确定合同成立的时间标准也不同。当事人采用合同书形式订立合同，自双方当事人签名、盖章或按指印时合同成立；当事人采用信件、数据电文等形式订立合同，要求签订确认书的，签订确认书时合同成立。法律、行政法规规定或者当事人约定采用书面形式订立合同，当事人未采用书面形式，或者采用合同书形式订立合同，当事人未签字、盖章，但当事人一方已经履行主要义务，对方接受的，合同成立。

当事人一方通过互联网等信息网络发布的商品或者服务信息符合要约的条件的，对方选择该商品或服务并提交订单成功时合同成立，但是当事人另有约定的除外。

（二）合同成立的地点

承诺生效的地点为合同成立的地点。采用数据电文形式订立合同的，收件人的主营业地为合同成立的地点；没有主营业地的，其住所地为合同成立的地点。当事人另有约定的，按其约定。采用书面形式订立合同，合同约定的签订地与实际签字或者盖章地点不符的，人民法院应当认定约定的签订地为合同签订地；合同没有约定签订地，双方当事人签字或者盖章不在同一地点的，人民法院应当认定最后签字或者盖章的地点为合同签订地。合同成立的地点关系到合同的管辖权。

三、合同的形式

（一）合同形式的概念

合同的形式，是当事人合意的表现形式，是合同内容的外部表现，是合同内容的载体。我国《民法典》采取了非要式为原则、要式为例外的主张。当事人订立的合同形式，有书面形式、口头形式和其他形式。

（二）合同的具体形式

1. 书面形式

书面形式，是指以文字方式表现当事人之间所订立合同的内容形式。其优点是有据可查，发生纠纷时容易举证，便于分清责任。书面形式是指合同书、信件和数据电文等可以有形地表现所载内容的形式。《民法典》第四百六十九条规定，以电子数据交换、电子邮件等方式能够有形地表现所载内容，并可以随时调取查用的数据电文，视为书面形式。

2. 口头形式

口头形式是指当事人只用言语为意思表示而订立合同，而不用文字表达协议内容的合同形式。凡当事人未约定、法律未规定特定形式的合同，都可以采用口头形式。口头形式在实践中运用比较广泛。一般对即时结清的买卖、服务和消费合同大都采用口头形式订立。其优点是简便易行、快捷迅速；其缺点是发生合同纠纷时不易取证，难以分清责任。

3. 其他形式

其他形式是指除口头形式、书面形式之外所订立合同的形式，主要包括视听资料形式和默示形式。法律、行政法规规定或者当事人约定采用书面形式订立合同，当事人未采用书面形式，但一方已经履行主要义务，对方接受的，该合同成立。

四、合同的内容与格式条款

（一）合同的内容

合同的内容是指当事人订立合同的各项意思表示，表现为合同的条款。在不违反法律强制性规定的情况下，合同的内容由当事人约定，一般包括以下内容。

（1）当事人的名称或者姓名、住所。合同首先要明确当事人的名称（法人或者非法人组织）或者姓名（自然人），以确定合同的主体资格。

（2）标的。标的是合同当事人权利和义务共同指向的对象，又称合同法律关系的客体，它体现着当事人订立合同的目的和要求。订立合同标的条款时，应做到语言表述准确无误。对当事人之间履行的权利义务内容尽量明确。

（3）数量。订立合同的数量条款，应尽可能使用法定计量单位和统一的计量方法。法律法规没有规定的，当事人可以约定。数量规定要明确，同时规定合理的误差及自然增减等。

（4）质量。质量是标的的内在物理、生化等综合指标、标准和技术要求的一种表现，包括性能、效用、外观形态、等级等。标的质量一般以品种、型号、规格、等级等形式体现。

（5）价款或者报酬。价款一般指对提供财产的当事人支付的货币，如买卖合同的货款、租赁合同的租金等。报酬是指接受服务或者工作成果的一方向另一方当事人支付的货币，如保管合同中的保管费、运输合同中的运输费等。

（6）履行期限、地点和方式。履行期限是衡量合同能否按时履行的标准。履行地点关系到履行合同的费用，风险由谁承担，是确定所有权是否转移、何时转移的依据，甚至涉及合同纠纷案件的地域管辖。履行的方式主要是由合同的内容性质决定的。

（7）违约责任。违约责任，是指合同当事人一方或者双方不履行合同义务或者履行合同义务不符合约定时，按照法律或合同规定应当承担的法律责任。当事人为了保证合同按约定履行，出现纠纷及时得到解决，可以在合同中明确规定违约责任条款，如约定定金或违约金、赔偿金及计算标准等。

（8）解决争议的方法。解决争议的方法是指合同当事人对合同的履行发生争议时解决的途径和方式，主要有当事人协商解决、第三人调解、仲裁、诉讼。明确解决争议的方法，对发生纠纷后保护当事人利益非常重要。

【随堂演练】合同的条款是合同中经双方当事人协商一致，规定双方当事人权利义务的具体条文。下列选项中，属于合同必备条款的有（　　　）。（多选）

A. 当事人的名称或姓名　　　　　　B. 当事人的住所

C. 标的　　　　　　　　　　　　　D. 违约责任

答案：A、B、C

解析：当事人为了保证合同义务严格按照约定履行，为了及时解决合同纠纷，可以在合同中明确规定违约责任条款。

（二）合同的格式条款

1. 格式条款的概念

格式条款是指当事人为了重复使用而事先拟定，并在订立合同时未与对方协商的条款。格式条款合同是以格式条款为基础的合同。格式条款的出现，使大量重复发生的合同，不必再重复缔约，从而节约了交易时间，降低了交易成本，促进了合理化经营。但是，由于单方事先拟定条款，相对人的合同自由受到了限制。一方在预先拟订条款时，经常利用其优势地位，制定有利于自己的不公平的格式条款。

2. 格式条款的解释

对格式条款的理解发生争议的，应当按照通常理解予以解释。对格式条款有两种以上解释的，应当做出不利于提供格式条款一方的解释。格式条款和非格式条款不一致的，应当采取非格式条款。

3. 格式条款的无效

采用格式条款订立合同的，提供格式条款的一方应当遵循公平原则确定当事人之间的权利和义务，并采取合理的方式提示对方注意免除或者减轻其责任等与对方有重大利害关系的条款，按照对方的要求，对该条款予以说明。提供格式条款的一方未履行提示或者理解与其有重大利害关系的条款的，对方可以主张该条款不成为合同的内容。

格式条款无效的情况有：（1）具有《民法典》第一编第六章第三节和第五百零六条规定的无效情形；（2）提供格式条款一方不合理地免除或者减轻其责任、加重对方责任、限制对方主要权利；（3）提供格式条款一方排除对方主要权利。

五、缔约过失责任

缔约过失责任，是指当事人在订立合同过程中，因违背诚实信用原则给对方造成损失时应承担的法律责任。一般情况下，当事人根据自愿和诚实信用原则进行协商，决定是否订立合同。协商不成，也无须承担责任。但是，如果当事人违背了诚实信用原则，在订立合同过程中有下列情形之一，给对方造成损失，就应当承担赔偿责任。

（1）假借订立合同，恶意进行磋商，即根本没有与对方签订合同的目的，以与对方谈判为借口，损害对方或第三人的利益，恶意与对方进行谈判。

（2）故意隐瞒与订立合同有关的重要事实或者提供虚假情况。

（3）违背诚信原则的其他行为。

当事人在订立合同过程中知悉的商业秘密或者其他应当保密的信息，无论合同是否成立，不得泄露或者不正当地使用；泄露、不正当地使用该商业秘密或者信息，造成对方损失的，应当承担赔偿责任。

第三节 | 合同的效力

合同的效力，是指已经成立的合同在当事人之间产生的一定的法律效力。《民法典》就合同的效力规定了四种情况：合同的成立与生效（有效合同）、可撤销合同、效力待定合同和无效合同。

一、合同生效（有效合同）

合同生效是指依法成立的合同具有相应的法律效力。产生约束力的时间节点，是合同效力的起点阶段。合同的生效以合同的成立为前提。

（一）依法成立的合同自成立时生效

一般来说，依法成立的合同，自成立时生效。这时，合同的成立和生效是同时发生的。

合同生效主要包括以下要求：（1）国家对生效的合同、对符合法律关系的合同赋予法律效力，使之受法律保护，具有法律上的强制执行力；（2）依法成立的合同，对当事人具有法律约束力，使当事人的预期目标得以实现；（3）合同对第三方的约束力主要表现在赋予合同当事人具有排斥第三方妨害及第三人非法侵害合同债权时享有要求赔偿损失的权利。

（二）自批准登记时生效

依照法律、行政法规的规定，合同应当办理批准等手续的，依照其规定。未办理批准等手续影响合同生效的，不影响合同中履行报批等义务条款以及相关条款的效力。应当办理申请批准等手续的当事人未履行义务的，对方可以请求其承担违反该义务的责任。

依照法律、行政法规的规定，合同的变更、转让、解除等情形应当办理批准等手续的，适用前款规定。

（三）无权代理人订立的合同

无权代理人以被代理人的名义订立合同，被代理人已经开始履行合同义务或者接受相对人履行的，视为对合同的追认。

（四）超越权限订立的合同

法人的法定代表人或者非法人组织的负责人超越权限订立的合同，除相对人知道或者应当知道其超越权限外，该代表行为有效，订立的合同对法人或者非法人组织发生效力。

（五）超越经营范围订立的合同

当事人超越经营范围订立的合同的效力，应当依照《民法典》第一编第六章第三节和第三编的有关规定确定，不得仅以超越经营范围确认合同无效。

二、可撤销合同

可撤销合同，是指因为合同当事人意思表示的瑕疵，撤销权人可以请求人民法院或者仲裁机构予以撤销或变更的合同。合同一旦被撤销就自始无效。

（一）合同撤销的原因

（1）对于因重大误解而订立的合同，当事人一方有权请求人民法院或者仲裁机构予以变更或撤销。行为人因对行为的性质、对方当事人、标的物的品种、质量、规格和数量等的错误认识，使行为后果与自己的意思相悖，并造成较大损失的，可以认定为重大误解。

（2）对于在订立合同时显失公平的合同，当事人一方有权请求人民法院或者仲裁机构变更或撤销。一方当事人利用优势或对方没有经验，致使双方的权利与义务明显违反等价有偿原则的，可以认定为显失公平。

（3）对于一方以欺诈、胁迫的手段或者乘人之危，使对方在违背真实意思的情况下订立的合同，人民法院赋予被欺诈人以撤销权。其根据在于一方受欺诈而订立的合同，其意思表示是不真实的，其意志是不自由的。为了充分维护意志自由，人民法院对欺诈的一方实施制裁，被欺诈人可以变更或者撤销合同。乘人之危是指一方当事人乘对方处于危难之际，为牟取不正当利益，迫使对方做出不真实的意思表示而与之订立合同的行为，这种行为使受害人的利益受到损害。

（二）撤销权的行使和法律后果

撤销权属于受损害方，受损害方可通过诉讼或仲裁方式，向人民法院或仲裁机构请求。撤销权有变更和撤销两种形式。撤销权不能永久存续，有下列情形之一的，撤销权消灭：（1）有撤销权的当事人自己知道或者应当知道撤销权可行之日起一年内没有行使撤销权的，撤销权消灭；（2）有撤销权的当事人自己知道撤销事由后明确表示以自己的行为放弃撤销权的，撤销权消灭。

合同被撤销后，因该合同取得的财产，应当予以返还；不能返还或者没有必要返还的，应当折价补偿。有过错的一方应当赔偿对方因此所受到的损失。双方都有过失的，应当各自承担相应的责任。当事人恶意串通，损害国家、集体或者第三人利益的，因此取得的财产归国家所有或者返还集体、第三人。

三、效力待定的合同

效力待定的合同，是指因当事人或当事人的代理人资格有相应的缺陷，不符合生效要件中当事人相应的资格，所订立的合同在合同成立之后，是否已经发生效力尚不能确定，有待其他行为或事实使之确定的合同。效力待定的合同有以下类型。

（一）限制民事行为能力人订立的合同

根据《民法典》，"不满十八周岁的自然人为未成年人。十六周岁以上的未成年人，以自己的劳动收入为主要生活来源的，视为完全民事行为能力人。八周岁以上的未成年人为限制民事行为能力人。不能完全辨认自己行为的成年人为限制民事行为能力人。限制民事行为能力人实施民事法律行

为由其法定代理人同意、追认；但是，可以独立实施纯获利益的民事法律行为，或者与其年龄、智力、精神健康状况相适应的民事法律行为。

限制民事行为能力人订立的合同，经法定代理人追认后，该合同有效，但纯获利益的合同，或者与其年龄、智力、精神状况相适应而订立的合同，不必经法定代理人追认。对于限制民事行为能力人订立的合同，相对人可催告法定代理人在一个月内予以追认，法定代理人未做表示的，视为拒绝追认，合同被追认之前，在订立合同时不知情的善意相对人有撤销合同的权利，撤销应以通知的方式做出。

（二）无权代理而订立的合同

1. 一般无权代理合同

这种合同具体包括三种情形：根本无权代理；超越代理权限进行代理；代理权消灭后的代理。这些合同未被代理人追认，对被代理人不发生效力，由行为人承担责任。相对人可以催告被代理人在一个月内予以追认，被代理人未做表示的，视为拒绝追认。合同被追认之前，善意相对人有撤销合同的权利。撤销应当以通知的方式做出。

2. 表见代理而订立的合同

所谓表见代理，是指行为人没有代理权，超越代理权或者在代理权终止后签订了合同。如果相对人有理由相信其代理权，则该代理行为有效，相对人可以向本人主张该合同的效力，要求本人承担合同中所规定的义务，受合同的约束。构成表见代理合同要满足以下条件。

（1）行为人没有获得本人授权就与第三人签订了合同，包括没有代理权、超越代理权或者代理权终止这三种情形。

（2）合同的相对人在主观上必须是善意的、无过失的。设立表见代理制度是为了保护合同相对人的利益，并维护交易的安全，依据诚信原则使怠于履行其注意义务的本人直接承受行为人在无权代理情况下签订的合同的责任。

3. 无处分权人处分他人财产的合同

无处分权人，就是对归属于他人的财产没有处置的权利或者虽对财产拥有所有权，但由于对该财产负有义务而对其不能进行自由处置的人。处分权应该由财产所有人和享有处分权的人来行使。如果无处分权的人处分了他人财产则构成侵权，由此签订的合同一般认定无效。这里所说的处分是指法律意义上的处分，如财产的转让、财产的赠予、在财产上设定抵押权等行为。财产只能由有处分权的人进行处分，无处分权的人对他人财产进行处分是对他人财产的侵害，即使是对共有财产享有共有权的共有人，也只能依法处分其应有的部分，不能擅自处分共有财产。无处分权的人处分了他人财产，给权利人追认，或者无处分权人订立合同后取得处分权的，该合同有效。所谓追认，是指权利人事后同意该财产处分行为的意思表示。这种追认可以向买受人做出，也可以向处分人做出；可以用口头形式做出，也可以用书面形式做出。追认必须用明显形式做出；沉默和不作为，均不视为追认。

四、无效合同

（一）无效合同的种类

无效合同是指合同虽然已经成立，但其内容违反了法律、行政法规的强制性

无效合同

规定或社会公共利益而不产生法律效力的合同。有下列情况之一的，属无效合同。

1. 一方以欺诈、胁迫的手段订立合同，损害国家利益

欺诈，就是故意隐瞒真实情况或者故意告之对方虚假的情况，诱使对方做出错误的意思表示而与之订立合同。胁迫是指以将要发生的损害或者以实施直接损害相威胁，使对方当事人恐惧而与之订立合同。

2. 恶意串通、损害国家、集体或者第三人利益

恶意串通的合同，是指合同双方当事人非法勾结，为牟取私利而共同订立的损害国家、集体或者第三人利益的合同。

3. 以合法形式掩盖非法目的

这是指当事人以表面合法的行为来掩盖其非法目的，或者说该行为在形式上是合法的，而其根本目的却是非法的。例如，当事人通过虚假的买卖行为达到隐匿财产、逃避债务的目的就是一种比较典型的以合法形式掩盖非法目的的行为。

4. 损害社会公共利益

社会公共利益是全体社会成员的最高利益。按照各国立法普遍确认的原则，凡订立危害国家公共安全和秩序、损害公共道德、危害公共健康和环境以及损害其他公共利益的，无论当事人是否主张有效，人民法院和仲裁机构均应主动宣告无效。

（二）无效合同的法律后果

无效合同没有法律约束力。根据无效合同的程度和范围，其分为部分无效合同和全部无效合同两种。合同部分无效，不影响其他部分效力，其他部分仍然有效。

合同无效，因该合同取得的财产，应当予以返还；不能返还或者没有必要返还的，应当折价补偿。有过错的一方应当赔偿对方因此所受的损失；双方都有过错时，应当各自承担相应的损失。

【随堂演练】下列各项中，属于无效合同的有（　　　　）。（多选）

A. 违反法律和行政法规的合同

B. 一方以欺诈、胁迫手段，使对方在违背真实意思情况下订立的合同，但未损害国家利益的

C. 因重大误解而订立的合同

D. 损害社会公共利益的合同

答案：A、D

解析：选项B需要注意的是，因一方以欺诈、胁迫手段，使对方在违背真实意思情况下而订立的合同，如损害对方利益，则是无效合同。选项C"因重大误解而订立的合同"为可撤销合同。

第四节 合同的履行

合同的履行，是指当事人按照约定全面、适当地履行其合同义务。合同的履行和实现源于合同的成立和生效，是整个合同的中心。

一、合同履行的内容

对于依法生效的合同，在其履行期限届满以后，债务人应当根据合同的具体内容和合同履行的基本原则实施履行行为。履行内容包括以下几个方面。

（一）履行主体

合同履行须由本人履行，也可以由债权人、债务人的代理人履行。

（二）履行标的

标的质量和数量必须严格按照合同的约定进行履行。如果合同对标的的质量没有约定或者约定不明确，当事人可以补充协议；协议不成，按照合同的条款和交易习惯来确定。在标的数量上，全面履行原则的基本原则便是全面履行，而不应当部分履行。

（三）履行期限

履行期限是指债务人履行合同义务和债权人接受履行行为的时间。作为合同的主要条款，合同的履行一般应当在合同履行期限内履行债务。

通过互联网等信息网络订立的电子合同的标的为交付商品并采用快递物流方式交付的，收货人的签收时间为交付时间。电子合同的标的为提供服务的，生成的电子凭证或者实物凭证中载明的时间为提供服务时间；前述凭证没有载明时间或者载明时间与实际提供服务时间不一致的，以实际提供服务的时间为准。

电子合同当事人对交付商品或者提供服务的方式、时间另有约定的，按照其约定。

（四）履行地点

履行地点是指债务人履行债务、债权人受领给付的地点。

（五）履行方式

履行方式主要包括运输方式、交货方式、结算方式等，履行义务人必须按照合同约定的方式进行履行。

（六）履行费用

履行费用是指履行合同所支出的费用。

二、合同履行的基本原则

（一）适当履行原则

这个原则又称全面履行原则或正确履行原则，是指要求当事人按合同约定的标的及其质量、数量，合同约定的履行期限、履行地点、履行方式，全面完成合同义务的履行原则。

（二）协作履行原则

协作履行原则即基于诚信原则要求对方当事人协助其履行债务的原则。

（三）经济合理原则

履行合同时要讲求经济效益，以最小的成本取得最大的合同利益。

（四）情势变更原则

在合同有效成立之后，尚未履行完毕之前，客观情况发生了当事人在订合同时无法预见的、不可抗力造成的、不属于商业风险的重大变化，致使继续履行合同对于一方当事人明显不公平或者不能实行合同目的的，当事人可以请求人民法院变更或解除合同。

三、合同履行中的抗辩权

双务合同的当事人互负对待给付义务。双务合同当事人应同时履行义务的，一方当事人在另一方当事人未对待给付前，有拒绝自己的给付的抗辩权。履行抗辩权有三种形式。

（一）同时履行抗辩权

1. 概念

同时履行抗辩权，是指双务合同的当事人应同时履行义务的，一方对他方未履行之前，有权拒绝对方的履行请求。当事人互负债务，没有先后履行顺序的，应当同时履行。一方在对方履行之前有权拒绝其履行要求，这是一种自助权，无须人民法院确认。一方在对方履行债务不符合约定时，有权拒绝其相应的履行要求。

2. 构成要件

同时履行抗辩权的行使，须具备以下构成要件。

（1）当事人因同一双务合同而互负债务。

（2）双方当事人互负的债务没有先后履行顺序且已届清偿期。

（3）对方当事人未履行债务或未按约定履行债务。

（4）对方的对待给付是可履行的。法律设定同时履行抗辩权的目的是使双方当事人同时履行自己的债务，同时实现自己的债权。如果对方当事人的履行已经不可能，同时履行的目的不可能达到，当事人只能通过其他途径寻求解决。

3. 法律效力

同时履行抗辩权属于一时的、延缓的抗辩权，只暂时阻止对方当事人请求权的行使，非永久的抗辩权，不具有消灭对方请求权的效力。一旦对方当事人完全履行了合同义务，则同时履行抗辩权消灭，当事人应当履行自己的义务。

（二）不安抗辩权

1. 概念

不安抗辩权，是指在双务合同中，应当先履行债务的一方当事人有确切证据证明对方的经营状况严重恶化，或者转移财产、抽逃资金以逃避债务，或者丧失商业信誉，以及有丧失或者可能丧失履行债务能力的其他情形时，中止履行自己债务的权利。设立不安抗辩权制度是为了保护履行债务当事人的合法权益。

2. 构成要件

（1）当事人因双务合同而互负债务。

（2）一方当事人应先履行债务。在双务合同中，当事人的履行有先后顺序时，先履行的一方应先履行债务。但是，如果后履行一方当事人出现或可能丧失履行债务能力的情形，为避免先履行一方当事人对待给付不能实现的风险，先履行一方可以暂停自己的履行。

（3）若后履行一方有不能对待给付的现实风险，不安抗辩权保护先履行一方是有条件的，不允许后履行一方在有能力的情况下行使不安抗辩权，只能在有不能对待给对付的现实风险会危及先履行一方的债权实现时，才能行使不安抗辩权。《民法典》规定，应当先履行债务的当事人，有确切证据证明有下列情形之一的，可以中止履行：对方经营状况严重恶化；转移财产、抽逃资金，以逃避债务；丧失商业信誉；有丧失或者可能丧失履行债务能力的其他情形。

（4）不安抗辩权的行使人是履行债务顺序中先履行一方当事人。

3．不安抗辩权的法律效力

（1）中止履行。先履行一方有确切证据证明后履行一方丧失或者可能丧失履行能力时，有权中止履行合同，当后履行一方提供担保时，先履行一方应恢复履行。

（2）解除合同。先履行一方中止履行后，后履行一方在合理期限内未恢复履行能力并且未提供适当担保的，先履行一方有权解除合同。

（3）通知及举证义务。主张不安抗辩权的当事人，应当立即通知对方。不安抗辩权的行使，无须征得对方同意。主张不安抗辩权的一方应负举证义务。如果没有确切证据而中止合同的履行义务，中止履行的一方应当承担违约责任。

【随堂演练】 甲公司与乙饮料厂签订了一份买卖纯净水的合同，约定提货时付款。甲公司提货时称公司出纳员突发疾病，一时拿不出来支票，要求先提货，过两天再把货款送来，乙饮料厂拒绝了甲公司的要求。乙饮料厂行使的这种权利为（   ）。（单选）

A．不安抗辩权　　　B．先履行抗辩权　　C．后履行抗辩权　　D．同时履行抗辩权

答案：D

解析：同时履行抗辩权，是指当事人互负债务，没有先后履行顺序的，应当同时履行；一方在对方履行之前有权拒绝其履行要求，一方在对方履行债务不符合约定时，有权拒绝其相应的履行要求。

（三）后履行抗辩权

1．概念

后履行抗辩权，是指当事人互负债务，有先后履行顺序的，在先履行一方未履行之前，后履行一方有拒绝履行自己债务的权利。先履行一方履行债务不符合约定的，后履行一方有权拒绝其相应的履行要求。

后履行抗辩权不同于同时履行抗辩权。后履行抗辩权发生于有先后履行顺序的双务合同中，而同时履行抗辩权发生于双方当事人的债务没有先后履行顺序的双务合同中；后履行抗辩权不同于不安抗辩权。不安抗辩权与后履行抗辩权都发生在双方当事人的债务有先后履行顺序的双务合同中，但不安抗辩权是先履行一方所享有的权利，而后履行抗辩权是后履行一方所享有的权利。

2．构成要件

（1）须双方当事人因同一双务合同互负债务。

（2）合同债务的履行须有先后履行顺序。

（3）先履行一方未履行债务或其履行债务不符合约定。

（4）后履行抗辩权的行使人是履行义务顺序在后的一方当事人。

四、合同内容约定不明确情况下的合同履行

合同生效后，当事人就质量、价款或者报酬、履行地点等内容没有约定或者约定不明确的，可以协议补充；不能达到补充协议的，按照合同相关条款或者交易习惯确定。

当事人就有关合同内容约定不明确，依据前条规定仍不能确定的，适用下列规定。

（1）质量要求不明确的，按照强制性国家标准履行；没有强制性国家标准的，按照推荐性国家标准履行；没有推荐性国家标准的，按照行业标准履行；没有国家标准、行业标准的，按照通常标准或者符合合同目的的特定标准履行。

（2）价款或者报酬不明确的，按照订立合同时履行地的市场价格履行；依法应当执行政府定价或者政府指导价的，按照规定履行。

（3）履行地点不明确，给付货币的，在接受货币一方所在地履行；交付不动产的，在不动产所在地履行；其他标的，在履行义务一方所在地履行。

（4）履行期限不明确的，债务人可以随时履行，债权人也可以随时请求履行，但是应当给付对方必要的准备时间。

（5）履行方式不明确的，按照有利于实现合同目的的方式履行。

（6）履行费用的负担不明确的，由履行义务一方负担；因债权人原因增加的履行费用，由债权人负担。

第五节 | 合同的变更、转让和终止

依法订立的合同，即具有法律约束力，受法律保护，当事人必须全面履行合同规定的义务，任何一方都不得擅自变更或者解除，但是，在合同的履行过程中，符合法定条件时，合同可以变更、转让和终止。

一、合同的变更

合同的变更是指有效成立的合同，在尚未履行或者尚未完全履行以前，由于一定法律事实的出现，而使当事人就合同内容达成修改或补充的协议。实际上，合同变更是在保留原合同实质内容的基础上产生一个新的合同关系。合同变更的条件如下。

（1）合同的变更以有效成立的合同为前提。合同在有效成立后，如需调整局部内容就要进行合同的变更。如果合同尚未订立，就不存在变更问题。

（2）合同的变更在原则上要经过当事人协商一致。任何一方未经协商不得擅自变更合同内容，否则将构成违约。

（3）合同的变更要遵循法定的程序和方式。依据法律、行政法规的规定，在某些情况下，合同

的变更必须履行特定的批准、登记等手续。

（4）合同变更要使合同内容发生变化。合同的变更应该是非实质性的变更，不能导致原合同关系的消灭和新合同关系的产生。

二、合同的转让

合同的转让，是指合同当事人一方将其合同的权利和义务全部或部分转让给第三人的行为。合同的转让有三种情况：合同权利的转让、合同义务的转移、合同权利和义务的一并转让（合同的概括转让）。

（一）合同权利的转让

合同权利的转让又称债权转让，是指债权人将合同的权利全部或者部分转让给第三人。但有下列情形之一的，不得转让：（1）根据合同性质不得转让，当事人基于信任关系订立的委托合同、赠予合同都属于合同权利不得转让的合同；（2）按照当事人约定不得转让；（3）依照法律规定不得转让。

债权人转让权利的，无须经债务人同意，但应通知债务人。未经通知，该转让对债务人不发生效力。债权人转让权利的通知不得撤销，但经受让人同意的除外。债权转让时，受让人取得与债权有关的权利，但该权利专属于债权自身的除外。债务人接到转让通知后，债务人对让与人的抗辩，可以让受让人主张。

（二）合同义务的转移

合同义务的转移又称债务承担，是指债务人经债权人同意将合同的义务全部或者部分转移给第三人。债务人全部转移合同义务时，新的债务人完全取代了旧的债务人的地位，承担全面履行合同的责任，享有债务人享有的抗辩权，可以主张原债务人对债权人的抗辩。同时，与所转移的主债务有关的从债务，也应当由新债务人承担，但该从债务专属于原债务人自身的除外。债务人转移部分合同义务时，新的债务人加入到原债务中和原债务人一起向债权人履行义务。

（三）合同权利和义务的一并转让（合同的概括转让）

合同权利和义务的一并转让，是指当事人一方经对方同意，可以将自己在合同中的权利和义务一并转让给第三人，由第三人全部承受合同中的权利和义务。合同一方当事人对合同权利和义务全面处分，其转让的内容包括权利转让和义务转让。合同权利和义务一并转让的后果，导致原合同关系的消灭，第三方取代转让方的地位产生一种新的合同关系。

权利和义务一并转让的生效条件如下。

（1）权利和义务一并转让必须经过对方当事人同意，使对方能根据受让方的具体情况判断这种一并转让的行为是否对自己的利益造成损害。

（2）法律、行政法规规定权利和义务一并转让应当办理批准、登记等手续的，依照其规定。有下列情形之一的，不得将合同中的权利和义务转让给第三人：根据合同性质不得转让；按照当事人约定不得转让；依照法律规定不得转让。

三、合同的终止

合同的终止，是指因法律规定或当事人约定的情况，使当事人之间的权利、义务关系消灭，而使合同终止法律效力的情形。合同的权利义务终止后，有时当事人还负有后合同义务，即当事人应当遵循诚信原则，根据交易习惯履行通知、协商、保密等义务。合同的权利义务终止，不影响合同中结算条款、清理条款以及解决争议方法条款的效力。

合同终止有七种情形。

（一）清偿

清偿又可称为履行，是指债务人按照合同的约定向债权人履行义务，实现债权目的的行为。清偿是合同消灭的常态，是合同终止最正常、最主要的原因。清偿一般由债务人本人为之，并且应该按合同标的清偿，但经债权人同意并受领替代物清偿的，也能产生清偿效果。

债务人的给付不足以清偿其对同一债权人所负担的数笔相同种类的全部债务时，应当首先抵充已到期的债务；几项债务均到期的，优先抵充对债权人缺乏担保或者担保数额最少的债务；担保额相同的，优先抵充债务负担较重的债务；负担相同的，按照债务到期的先后顺序抵充；到期时间相同的，按比例抵充。但是，债权人与债务人对清偿的债务或者清偿抵充顺序有约定的除外。债务人除主债务之外还应当支付利息和费用，其给付不足以清偿全部债务，并且当事人没有约定的，人民法院应当按照下列顺序抵充：（1）实现债权的相关费用；（2）利息；（3）主债务。

（二）合同解除

合同的解除，是指合同有效成立以后，没有履行或者没有完全履行之前，双方当事人通过协议或者一方行使解除权的方式，使得合同关系终止的法律制度。合同的解除，分为协议解除与法定解除两种情况。

1. 协议解除

协议解除，是指根据当事人事先约定的情况或经当事人协商一致而解除合同的法律制度。

2. 法定解除

法定解除，是指根据法律规定而解除合同的法律制度。在下列情况下，当事人可以单方面解除合同。

（1）因不可抗力致使不能实现合同目的，双方当事人均可行使解除权。

（2）在履行期限届满之前，当事人一方明确表示或者以自己的行为表明不履行主要债务。

（3）当事人一方延迟履行主要债务，经催告后在合理期限内仍未履行。

（4）当事人一方延迟履行债务或者有其他违约行为致使不能实现合同目的。

（5）除了上述四种情况外，法律另有规定的，当事人可以根据法律规定单方面解除合同。

当事人一方依照规定主张解除合同，应当通知对方。合同自通知到达对方时解除；对方有异议的，可以请求人民法院或者仲裁机构确认解除合同的效力。

（三）债务相互抵销

双方当事人互负到期债务时，一方通知对方以其债权充当债务的清偿或者双方协商以债权充当债务的清偿，使得双方的债务在对等额度内消灭的行为称为抵销。抵销分为法定抵销与约定抵销两种。

1. 法定抵销

当事人互负到期债务，该债务的标的物种类、品质相同的，任何一方可以将自己的债务与对方的债务抵销，但依照法律规定或者按照合同性质不得抵销的除外。

2. 约定抵销

当事人互负到期债务，标的物种类、品质不同的，经双方协商一致，也可以抵销。

（四）标的物提存

在非因可归责于债务人的原因，导致债务人无法履行债务或者难以履行债务的情况下，债务人将标的物交由提存机关保存，以终止权利义务关系的行为称为提存。提存的原因是债权人无正当理由拒绝受领、债权人下落不明、债权人死亡未确定继承人或者债权人丧失民事行为能力未确定监护人等。提存应办理公证，我国公证提存的机关是公证机关。提存的客体是合同的标的物，如货币、有价证券、权利证书、贵重物品等。

标的物提存后，毁损、灭失的风险由债权人承担。提存期间，标的物的孳息归债权人所有。提存费用由债权人负担。标的物不适于提存或者提存费用过高的，债务人依法可以拍卖或者变卖标的物，对所得的价款提存。

提存成立的，视为债务人在其提存范围内已经履行债务，但债务人还负有后合同义务。除债权人下落不明的以外，债务人应当及时通知债权人或者债权人的继承人、监护人。债权人领取提存物的权利，自提存之日起 5 年内不行使则消灭，提存物扣除提存费用后归国家所有。此处规定的"5年"时效为除斥期间，不适用诉讼时效中止、中断或者延长的规定。

（五）免除债务

免除是债权人抛弃债权并发生债务消灭的行为。免除应具备以下条件。

（1）债权人对债权必须有处分权，并具有相应的行为能力；

（2）免除的意思表示必须向债务人做出；

（3）免除的意思不得撤回；

（4）免除必须是无偿的，无须债务人支付对价；

（5）免除应不得损害债务人及第三人的合法利益。

（六）混同

混同是债权债务归属于同一人的事实。由于某种事实的发生，使某一份合同原本由一方当事人享有的债权由另一方当事人负担的债务统归一方当事人，合同的履行就失去了实际意义，合同的权利义务终止。但是，涉及第三人利益的除外。

（七）法律规定或者当事人约定终止的其他情形

合同终止后便失去法律上的效力。除法律规定外，原债权人不得再主张合同权利，债务人也不再承担合同义务，债权债务关系归于消灭，并产生如下法律后果：合同项下的从权利和从义务一并消灭；负债字据应返还；合同当事人之间发生后合同义务；合同中关于解决争议的方法、结算和清理条款继续有效，直至结算和清理完毕。

第六节 违约责任

本节介绍了违约责任的概念和特点、违约责任的构成要件、承担违约责任的主要形式和免责事由。

一、违约责任的概念和特点

违约责任，是指合同当事人一方不履行合同义务或者履行合同义务不符合约定，依照法律规定或者合同约定应当承担的法律责任。合同的违约责任是民事责任的一种形式，不包括行政责任和刑事责任。当事人违反合同规定的义务，应当承担法律规定或合同约定的违约责任。

违约责任具有以下特点：违约责任以违反合同义务为前提；违约责任具有相对性，这种违约只发生在合同当事人之间；违约责任具有补偿性；违约责任可由双方当事人约定。即当事人可以约定一方违约时应当根据违约情况向对方支付一定数额的违约金，也可以约定因违约产生的损失赔偿额的计算方法。

二、违约责任的构成要件

以下是违约责任的主要构成要件。

（一）违约行为

违约行为是指合同当事人不履行合同义务或者履行合同义务不符合约定的行为。

（二）不存在法定和约定的免责事由

违约责任的免责事由问题涉及违约责任的归责原则。实际上，违约行为不包括当事人的主观过错。在违约行为发生后，违约当事人并非一定承担违约责任。如果其有法定的或约定的免责事由，就不承担违约责任。

三、承担违约责任的主要形式

（一）实际履行

一方当事人违反合同时，另一方当事人有权要求其按照合同的约定继续履行合同义务。

（二）采取补救措施

采取补救措施是指违约方采取旨在清除违约后果的补救方式。

（三）违约损害赔偿

违约损害赔偿又称为赔偿损失，是指违约方因不履行合同义务或不完全履行合同义务而给对方赔偿的损失。违约赔偿既可以单独使用，也可以与其他救济措施一并使用。在履行义务或者采取补救措施后，对方还有其他损失的，违约方应当赔偿损失。

（四）支付违约金

支付违约金是指由当事人通过协商预先确定的、在违约发生后做出的独立于履行行为以外的给付。当事人可以约定一方违约时应当根据违约情况向对方支付一定数额的违约金。

四、免责事由

在合同履行过程中，若因出现了法定的或约定的免责条件，而导致债务人被免除履行义务，则这些法定的或约定的免责条件称为免责事由。因不可抗力，如地震、台风、洪水、海啸、战争等，而不能履行合同的，根据不可抗力的程度，可以部分或者全部免除责任。但当事人延迟履行后发生不可抗力的，不能免除责任。当事人一方在因这种"不能预见、不能避免且不能克服的客观情况"而不能履行合同时，应及时向对方当事人通报合同不能履行或者延迟履行、部分履行的事实，并应尽最大努力消除事件的影响，减少不可抗力所造成的损失。

复习与思考

一、填空题

1. 合同是（　　　　）之间的民事法律行为。

2. 自愿是指当事人在订立合同时能够根据（　　　　　　）决定合同的相关事宜。

3. 合同的（　　　）形式，是指以文字方式表现当事人之间所订立合同的内容形式。其优点是有据可查，发生纠纷时容易举证，便于分清责任。

4. （　　　）合同，是指因为合同当事人意思表示的瑕疵，撤销权人可以请求人民法院或者仲裁机构予以撤销或变更的合同。

5. （　　　　）合同，是指因当事人或当事人的代理人资格有相应的缺陷，不符合生效要件中当事人相应的资格，所订立的合同在合同成立之后，是否已经发生效力尚不能确定，有待于其他行为或事实使之确定的合同。

二、选择题

1. 违约责任具有以下特点（　　）。（多选）

　　A．违约责任以违反合同义务为前提

　　B．违约责任具有相对性，这种违约只发生在合同当事人之间

　　C．违约责任具有补偿性

　　D．违约责任可由双方当事人约定

2. 以下对合同形式的描述正确的有（　　）。（多选）

　　A．只能采取书面形式

　　B．可以采取书面形式，也可以采取口头形式

　　C．可以采取默示形式

　　D．书面形式和口头形式各有优缺点

3．在订立合同过程中有下列情形之一，给对方造成损失，就应当承担赔偿责任（　　　）。（多选）

    A．假借订立合同，恶意进行磋商

    B．故意隐瞒与订立合同有关的重要事实或者提供虚假情况

    C．在订立合同过程中，无论合同是否成立，当事人泄露或不正当地使用商业秘密

    D．违背诚信原则的其他行为

4．以下对合同变更的描述正确的有（　　　）。（多选）

    A．合同的变更以有效成立的合同为前提

    B．合同的变更在原则上要经过当事人协商一致

    C．合同的变更导致原合同关系的消灭和新合同关系的产生

    D．合同的变更要遵循法定的程序和方式

5．双务合同的当事人应同时履行义务的，一方对他方未履行之前，有权拒绝对方的履行请求的，属于（　　　）。（单选）

    A．同时履行抗辩权　　　　　　　　　　B．不安抗辩权

    C．先履行抗辩权　　　　　　　　　　　D．后履行抗辩权

三、名词解释

1．合同

2．合同的效力

四、简答题

1．合同可撤销的原因有哪些？

2．无效合同的种类有哪些？

五、案例分析题

甲经营饭店向乙借款 5 万元，借款期限为 1 年，利率与同期银行利率相同。双方约定的还款期限为 2012 年 12 月 5 日。甲由于经营管理不善，严重亏损。还款期限一到，乙向甲索要借款及利息。甲称无力还款，乙便让甲变卖饭店或向他人借款等清偿自己的债权。甲请求给自己一个月的时间筹款。在此期间，甲考虑到反正饭店也保不住了，不如做个顺水人情，将饭店无偿转让给他的侄子丙经营（整个饭店可折价 2 万元）。甲还有一辆价值 1 万元的摩托车，以 5 000 元的价格卖给了饭店的厨师丁，丁知道甲向乙借款未还的事实。2013 年 1 月 5 日，乙又来催甲还款，并要求其变卖饭馆和摩托车等财产还债。甲称饭店和摩托车都已是不属于自己的财产，并提供了合同等相关证明。甲说现在只有卖摩托车的款项 5 000 元。乙对甲的行为非常生气。

    问题：乙应该怎么办？

产品质量法 | 第八章

导入案例

路某在一百货商场购买"幸福"牌电饭煲一台，遗忘在商场门口，被王某拾得。王某拿至家中使用时，因电饭煲漏电发生爆炸，面部被灼伤。王某向商场索赔，商场以王某不当得利为由不予赔偿。

问题：王某不当得利，主观上有过错，如此商场是否可以免责？

第一节 产品质量法概述

产品质量法是经济法的重要组成部分，在市场行为规制法中居于核心地位。本节主要介绍了产品与产品质量、产品质量法和产品质量法的调整对象。

一、产品与产品质量

（一）产品的概念

不同国家或地区的法律，对产品的定义不尽相同。例如，美国《统一产品责任示范法》认为，产品是指任何具有真正价值的、为进入市场而生产的，能够作为组装整件或者作为部件、零件交付的物品，但人体组织、器官、血液组成成分除外；1985 年《欧洲经济共同体产品责任指令》规定："产品"是指初级农产品和狩猎产品以外的所有动产产品，即使已被组合在另一动产或不动产之内。日本的《制造物责任法》把"产品"定义为制造物，是指制造或加工的动产。

产品的概念

《中华人民共和国产品质量法》（以下简称《产品质量法》）第二条规定："本法所称产品是指经过加工、制作，用于销售的产品"。《产品质量法》也规定："建设工程不适用本法规定；但是，建设工程使用的建筑材料、建筑构配件和设备，属于前款规定的产品范围的，适用本法规定。"具体而言，产品有两大特征：一是经过加工、制作的物品，而未经加工制作的天然物品，如石油、天然气、矿石及初级农产品等，不属于《产品质量法》所界定的产品之列；二是用于出售的物品，即进入市场用于交换的商品。

除了产品的这两个特点外，并不是经过加工、制作和用于销售的产品都由《产品质量法》调整，另有法律规定的则分别由有关法律进行调整，主要有：食品质量由食品卫生法进行调整，药品质量由药品管理法进行调整，建筑质量由建筑法进行调整等。

《产品质量法》已明确"建设工程不适用本法规定"，建设工程包括房屋、公路、桥梁、隧道等工程。但是用于建设工程的建筑材料、构配件、设备，作为独立的产品被使用时，则应属于《产品质量法》的调整范围。例如，建筑钢材、门窗、电梯等。另外，从事经营性服务所使用的材料和零配件，也被纳入《产品质量法》的调整范围。

【案例】 李某从胡某开办的预制板厂购买水泥空心预制板建房，交定金100元。第二天，胡某派人送了六块3.9米长的水泥预制板到李某建房工地。当日中午由民工抬预制板到二层。安装好两块后，当安装第三块时，已安装好的第二块突然发生断裂，致使站在该预制板上的赵某、钱某、孙某、樊某跌落到地面并不同程度受伤。

事故发生后，李某向该县技术监督局投诉，要求对预制板进行技术检验，该县产品质量监督所即邀请胡某一同到李某建房现场进行检验，检验结果为不合格。该事故造成赵某等人花去医疗费用近2 000元，李某的房屋修建工程也因此而中断，一直停工。于是，李某等人将胡某诉上法庭，依照《产品质量法》要求其赔偿相应损失。胡某认为本案属于建筑工程中的事件，不应当适用《产品质量法》。

问题： 该案是否适用《产品质量法》？

分析： 在本案中，尽管李某购买预制板是为了建房，但是，预制板只属于建设工程使用的建筑材料，也是经过加工、制作并用于销售的产品，应当适用《产品质量法》。

【随堂演练】 依照《产品质量法》的规定，下列产品中，属于该法所称的产品的是（　　）。（单选）

A. 服装　　　　　　B. 大坝　　　　　　C. 冰毒　　　　　　D. 电力

答案： A

解析：《产品质量法》规定的产品是指经过加工、制作，用于销售的产品。建设工程不属于该法规定的产品；但是，建设工程使用的建筑材料、建筑构配件和设备，属于产品。所以，大坝属于建设工程，不适用《产品质量法》的规定。冰毒属于违禁品，电力不属于经过加工制作的产品，只有A项属于法律中规定的经过加工、制作，用于销售的产品范畴。

（二）产品质量

产品质量是对产品品质的评价。所谓产品质量，是指产品在正常使用条件下，能够满足合理使用的要求所必须具备的特征和特性的总和。产品质量如何，要由消费者需要、社会需要以及可以满足这种需要的能力来决定。具体包括以下几个方面。

（1）适用性，即产品在一定条件下，实现预定目的或规定用途的能力。产品只有具有适用性，符合消费者的需要、社会的需要，才是质量好的产品；

（2）安全性，即产品在使用和储藏过程中保证人身和环境不受危害的能力；

（3）可靠性，即产品在规定条件下和规定时间里完成规定功能的能力；

（4）可维修性，即产品发生故障后能迅速修复其规定功能的能力。

《产品质量法》对产品质量的界定是通过是否符合以下三项要求进行的。

1. 产品的安全性

产品不存在危及人身、财产安全的不合理的危险，有保障人体健康、人身、财产安全的国家标准、行业标准的，应当符合该标准。

2．产品的适用性

产品的适用性指产品应该具备的使用性能，但事先对产品性能的瑕疵做出说明的除外。

3．担保性

产品应符合在产品或者在其包装上注明采用的产品标准，符合以产品说明、实物样品等方式表明的质量状况。生产者的说明或者实物都是生产者对产品质量的明示或者默示的担保，产品如果不符合其担保，就被认为是不符合质量要求的。

二、产品质量法

我国产品质量法分为狭义和广义两种。狭义的产品质量法是指 1993 年 2 月 22 日第七届全国人大常委会第三十次会议通过，自 1993 年 9 月 1 日起施行的《中华人民共和国产品质量法》。2000 年 7 月 8 日第九届全国人大常委会第十六次会议通过了《关于修改〈中华人民共和国产品质量法〉的决定》。广义的产品质量法是调整在产品生产、流通、消费以及对产品监督管理过程中因产品质量所发生的社会关系的法律规范的总称。狭义的产品质量法是调整产品质量监督关系和产品质量责任关系的法律规范的总和。具体来说，《产品质量法》调整的法律关系包括三个方面。

（1）产品质量监督管理关系，即各级技术质量监督部门、工商行政管理部门在产品质量的监督检查、行使行政惩罚权时对市场经营主体发生的法律关系。

（2）产品质量责任关系，即因产品质量问题引起的消费者与生产者、销售者之间的法律关系，包括因产品缺陷导致的人身、财产损害在生产者、销售者、消费者之间产生的损害赔偿法律关系。

（3）产品质量检验、认证关系，即因中介服务所产生的中介机构与市场经营主体之间的法律关系，因产品质量检验和认证不实损害消费者利益而产生的法律关系。

三、产品质量法的调整对象

（1）产品质量监督管理关系。这是行政机关在履行产品监督管理职能的过程中与生产经营者之间发生的关系，是管理、监督与被管理、被监督的关系，是一种纵向的关系。

（2）产品质量责任关系。这是生产经营者、用户及其相关第三人之间，因产品质量问题引发的损害赔偿责任关系，是一种横向的民事权利义务关系，是平等的民事主体之间的权利义务关系。它包括人身关系和财产关系。

第二节 产品质量的监督制度

本节全面介绍了产品质量监督管理制度，包括产品质量监督的形式等内容。

一、产品质量监督

根据国家标准 GB6583.1-86 对质量监督的定义，质量监督是指为保证质量要求，由用户或第三方对程序、方法、条件、产品、过程和服务进行连续评价，并按规定标准或合同要求对记录进行分析。中国的产品质量监督主要有以下三种形式。

（一）国家机关的监督

这是指由代表国家的专职政府机构进行监督，可以分为评价型质量监督和抽查型质量监督两种。评价型质量监督是指国家质检部门对企业的生产条件、产品质量考核后，颁发某种证书，确认和证明这一产品已经达到要求的质量水平。抽查型质量监督是指国家质量监督机构在市场上定期或不定期抽取样品进行监督检验，对照标准检验其是否合格，从而责成企业改进措施，直至达到技术标准的要求。《产品质量法》中的"产品认证"制度和国家颁发"许可证"制度就是国家机关监督的具体形式。

（二）社会监督

社会监督是指广泛动员和组织全社会各方力量，对产品质量进行关注、监督和评议，促进企业提高产品质量，维护国家和消费者的利益。社会监督的具体形式包括消费者投诉、群众评议、舆论监督等。任何单位和个人有权对违反《产品质量法》规定的行为向产品质检部门检举，产品质检部门和有关部门应为检举人保密，并按照省、自治区、直辖市人民政府的规定给予奖励。

（三）自律监督

自律监督是企业在生产经营中的自我监督和同行业企业之间对同类产品质量的相互监督。自律监督的主要任务是按照一定的技术标准和订货合同对产品质量进行严格检验，包括原辅材料、外购零配件、半制成品、终端产品以及主要工序工艺检验，对新产品能否正式投产提出意见，签发成品合格证书等。自律监督还包括行业组织的相互监督。

二、产品质量监督管理制度

产品质量监督管理制度，是指由《产品质量法》确认的互相联系、互相依存、自成体系的产品质量管理规定的总和，主要包括产品质量标准制度、产品质量认证制度、产品质量检验制度、产品质量监督检查制度、缺陷产品召回制度等。

（一）产品质量标准制度

标准是指为了在一定范围内获得最佳秩序，经协商一致制定并由公认机构批准，共同使用和重复使用的一种规范性文件。标准宜以科学、技术和经验的综合成果为基础，以促进最佳的共同效益为目的。根据《产品质量法》的规定，我国将产品质量标准划分为国际标准、国家标准、部门标准、地区标准等几种，按照是否强制执行又可以分为强制性标准和推荐性标准。在中国，强制性国家标准代号为 GB，推荐性国家标准代号为 GB/T。行业标准代号中，农业为 NY，轻工为 QB，化工为 HG，机械为 JB，商业为 SB 等。

（二）产品质量认证制度

产品质量认证制度，是指根据国际水平的产品标准和技术要求，经过认证机构确认并通过颁发认证书和产品质量认证标志等形式，证明产品符合相应国际标准和技术要求的制度。

产品质量认证分为安全认证和合格认证两种。安全认证是国家认可的认证机构对涉及人身健康、财产安全的产品，依据国家或者行业安全标准中有关产品安全的强制性规定对产品安全性能进行的认证，用以保护用户和消费者的人身健康和财产安全。合格认证主要是看产品是否符合国家产品标准或者行业产品标准，用以向用户或者消费者说明这个产品是合格的、优质的。产品经认证合格后，认证机构颁发产品质量认证书，准许企业在产品或包装上使用产品质量认证标志。

（三）产品质量检验制度

产品质量检验是指检验机构根据特定标准对产品质量进行检测，以判别产品是否合格。企业产品质量检验是产品质量的自我检验，企业产品质量检验制度要实现两种"判别"功能：（1）符合性判别，这是指判别生产出来的产品是否符合技术标准，即是否合格；（2）适用型判别，这是指判别产品是否适合用户的要求。有的产品检验指标虽然不合格，但用起来却使人满意，所以不合适产品不一定是废品，可以维修后再用，或者直接回用，这种判别称为适用型判别。企业产品质量检验工作，对提高企业产品质量，提高企业竞争力有着至关重要的作用。在产品质量检验过程中，检验机构需要对产品质量进行考核，以避免出现因技术性误差、情绪性误差、程序性误差、明知故犯型误差等造成的漏检和错检。

（四）产品质量监督检查制度

产品质量监督检查制度，是国家和地方各级质量技术监督部门依据法律、法规以及人民政府赋予的行政职权，对本行政区域生产领域和流通领域的产品质量进行行政性监督检查的制度。产品质量监督检查制度是一种强制性行政措施，生产者、销售者不得拒绝。国家对产品质量实行以抽查为主要方式的监督检查制度，其主要内容涉及：监督检查的机构、产品和样品、费用、原则和异议，以及监督检查结果的公布。进行监督检查的产品质量不合格的，由有关的质检部门责令其生产者、销售者限期改正；逾期不改的，责令其停业，限期整顿；整顿后经复查产品质量仍不合格的，吊销其营业执照。监督检查的产品有严重问题的，给予罚款、没收等处罚，甚至追究刑事责任。

（五）缺陷产品召回制度

若因设计制造等原因，某个型号或某个批次的产品出现普遍存在的具有同一性的危及人身和财产安全的缺陷，制造商必须以更换、收回等方式消除产品缺陷，并向消费者道歉或做出物质性赔偿。根据各类产品召回管理规定，在中国境内生产销售的产品，如汽车产品，食品、儿童玩具、药品等，均适用缺陷产品召回制度。

产品召回包括主动召回和责令召回两种方式。主动召回，是指产品存在缺陷时，生产者立即停止生产销售存在缺陷的产品，依法向社会公布有关产品缺陷的产品，并及时召回。责令召回，是指当经营者获知缺陷存在应当召回产品而未主动召回或者故意隐瞒产品缺陷时，产品召回部门责令经营者召回缺陷产品。根据产品缺陷严重程度，产品召回依次可分成：一级召回、二级召回和三级召回。

第三节 | 生产者与销售者的产品质量责任和义务

在产品质量引发的纠纷的分析与处理中，明确生产者与销售者的产品质量义务，有利于清晰界定生产者与销售者的责任。

一、生产者的产品质量责任和义务

生产者应当对其生产的产品质量负责。产品质量应当符合下列要求。

（一）产品内在质量符合法定要求

（1）不存在危及人体健康和人身、财产安全的不合理的危险，产品有保障人体健康、财产安全的国家标准、行业标准的，应当符合该标准。

（2）产品应具备必需的使用性能，但是，对产品存在使用性能的瑕疵做出说明者除外。产品具有应当具有的使用性能，如空调应当具备制冷、制热性能，并在正常使用条件下应有同类产品相同的使用寿命。

瑕疵，是指产品质量不符合应有或明示的使用性能，但是产品不存在危及人身、财产安全的不合理的危险，未丧失产品原有的使用价值。

（3）产品必须符合在其包装上注明采用的产品标准，符合以产品说明、实物样品等方式表明的质量状况。这是产品质量法规定的对生产者保证产品质量的明示担保义务。所谓产品质量的明示担保，是指生产者对产品质量性能符合某一标准的一种明示的保证。产品说明也可被看作生产者的保证和承诺。

（二）产品或者其包装上的标志必须符合法定要求

产品或者包装上的标志应当真实、全面。产品包装必须符合下列要求：（1）有产品质量检验合格证明；（2）有中文标明的产品名称、生产厂厂名和厂址；（3）根据产品的特点和使用要求，需要标明产品规格、等级、所含主要成分的名称和含量的，用中文相应予以标明；（4）需要事先让消费者知晓的，应当在外包装上标明，或者预先向消费者提供有关资料；（5）限期使用的产品，应当在显著位置清晰地标明生产日期和安全使用期或者失效日期；（6）使用不当容易造成产品本身损坏或者可能危及人身、财产安全的产品，应当有警示标志或者中文警示说明。

产品标志并非所有产品都必须具有，存在例外情况。裸装的食品和其他根据产品的特点难以附加标识的裸装产品，可以不附加产品标志。例如，面条、馒头、散装的饼干等是很难标注产品标志的。

（三）特殊产品包装符合要求

另外，易碎、易燃、易爆、有毒、有腐蚀性、有放射性等危险物品以及储运中不能倒置和其他有特殊要求的产品，其包装必须符合相应要求，依照国家有关规定做出警示标志或者中文警示说明，标明储运注意事项。

（四）不得违反禁止性规定

（1）生产者不得生产国家明令淘汰的产品。

（2）生产者不得伪造或者冒用认证标志等质量标志。

（3）生产者不得伪造产地，不得伪造或者冒用他人的厂名、厂址。

（4）生产者生产产品，不得掺杂、掺假，不得以假充真、以次充好，不得以不合格产品冒充合格产品。

二、销售者的产品质量责任和义务

《产品质量法》规定：销售者应当建立并执行进货检查验收制度，验明产品合格证明和其他标志。销售者发现存在产品质量问题时，可以提出异议，甚至可以拒绝验货。具体地说，销售者应尽以下责任和义务。

（1）销售者应当建立并执行进货检查验收制度，验明产品合格证明和其他标志。

（2）销售者应当采取措施，保证销售产品的质量。

（3）销售者不得销售国家明令淘汰并停止销售的产品和失效、变质的产品。

（4）销售者销售的产品的标志应当符合上述对生产者所规定的有关标志的六项要求。

第四节 产品损害赔偿责任

产品损害赔偿责任可以划分为产品质量问题的合同责任与产品质量问题的产品责任，其中后者又包括生产者责任和销售者责任。

一、产品质量问题的合同责任

在产品买卖合同关系中，销售者应在合理的范围内，就产品的质量向合同的相对方（购买者）承担担保责任。这种责任又被称为物的瑕疵担保责任。具体而言，销售者承担物的瑕疵担保责任的情况有三种。

（1）不具备产品应当具备的使用性能而事先未做说明的；

（2）不符合在产品或者其包装上注明采用的产品标准的；

（3）不符合以产品说明、实物样品等方式表明的质量状况的。

销售者在销售的产品出现以上三种情况之一时，应对出售产品承担的民事责任的形式包括：①修理；②更换；③退货；④赔偿损失。这里所讲的损失是指除产品之外的损失，如交通费、邮寄费等。

二、产品质量问题的产品责任

（一）产品责任的概念

产品责任是指生产者和销售者对于因其生产和销售有缺陷产品而使该产品的购买者、使用者乃至其他相关者遭受人身伤害或财产损失而进行赔偿的法律责任，是一种产品在有缺陷时给消费者造成实际损害后的消极责任。产品责任本质上是一种侵权责任，但其与一般的民事侵权责任又有所不同。其特殊性主要在于以下两个方面。

产品质量问题的产品责任1

产品质量问题的产品责任2

1. 归责原则不同

一般民事侵权责任实行过错责任原则，而产品责任实行无过错责任原则。因产品存在缺陷造成他人人身、财产损害的，除了法定免责的事由外，缺陷产品的生产者无论主观上是否存在过错，都应当承担赔偿责任。这样规定是为了促使产品的生产者在产品的设计、生产过程中更加小心，防止产品出现缺陷给消费者造成损害。

2. 证明责任分配不同

一般民事侵权责任，受害人应对生产者的过错承担举证责任，而在产品责任中，受害人无须证明生产者存在过错；而生产者即便能证明自己没有过错，也不能免责，除非能证明存在法定的免责事由。

（二）生产者的责任

《产品质量法》第四十一条规定："因产品存在缺陷造成人身、缺陷产品以外的其他财产损害的，生产者应当承担赔偿责任。"生产者因其产品承担损害赔偿不需要过失证明或过错证明，所以其所承担的是严格责任（或称为无过错责任）。

具体来说，形成生产者责任的条件如下。

1. 产品存在缺陷

产品存在缺陷，是指产品存在危及人身、他人财产安全的不合理的危险；产品有保障人体健康和人身、财产安全的国家标准、行业标准的，是指不符合该标准。产品缺陷包括三种类型，即制造缺陷、设计缺陷和警示缺陷。

（1）制造缺陷，指产品在制造、加工过程中，因原材料、配件、工艺程序等方面存在错误，导致制作的最终产品具有不合理的危险。在产品存在制造缺陷的情况下，产品的不合理危险产生于产品的生产、制造过程。

（2）设计缺陷，指产品设计时在产品结构、配方等方面存在不合理的危险。与制造缺陷不同的是，设计缺陷存在于有关设计者对产品预先形成的构思、方案、规划中。如果存在设计缺陷，则该缺陷必定与产品相伴而生，设计缺陷无法在生产、销售过程中予以克服。因此受到影响的不只是个别产品而是成批产品。

（3）警示缺陷，指产品设计、生产均无问题，质量也符合标准，只是未对产品的安全使用提供充分的提示和警告。

【随堂演练】产品缺陷与产品瑕疵的区别是什么？

解析：（1）程度不同。瑕疵是一般性的质量问题，缺陷是严重的质量问题。

（2）消费者可否接受不同。瑕疵并不使产品丧失原有的使用价值，消费者已经知道或被销售者告知的，可以自行决定是否接受；缺陷是不合理危险，它不仅可能使产品丧失原有的使用价值，而且可能导致人身、财产损害，因此，对缺陷，消费者原则上不能接受。

（3）向谁主张权利不同。对于瑕疵，消费者向与之有合同关系的销售者主张权利，该销售者承担责任后，属于其他供货者责任的，可以向其追偿。对缺陷，消费者分两种情况主张权利：一是缺陷导致人身、缺陷产品之外的其他财产损害的，消费者既可向销售者也可向生产者主张赔偿；二是缺陷尚未引起任何质量事故，或者只引起缺陷产品本身损坏的，消费者向与之有合同关系的销售者主张权利。

（4）补救方式不同。对瑕疵，由销售者依照法律或合同约定，负责修理、更换、退货和赔偿损失；对缺陷，未引起任何质量事故或只引起缺陷产品本身损坏的，按瑕疵的补救方式办理。缺陷导致人身、缺陷产品以外的其他财产损害的，按产品责任处理。

2. 有人身、财产损害的事实

产品侵权责任中的损害事实包括人身损害、财产损害。人身损害包括致人死亡和致人伤残。如果产品有缺陷，但并没有造成人身损害或财产损害，或者仅仅造成缺陷产品本身的损害，均不构成产品侵权责任。在这种情况下，生产者仅按法律关于产品瑕疵担保责任的相关规定，承担修理、更换、退货或者赔偿损失的责任。

3. 产品缺陷和损害之间存在因果关系

产品缺陷和损害之间存在因果关系是指产品的缺陷与受害人的损害事实之间存在的引起与被引起的关系。确认产品责任的因果关系，须由受害人承担举证责任，证明损害是由于使用或消费有缺陷的产品所致。受害人首先要证明缺陷产品曾被使用或消费，然后要证明使用或者消费缺陷产品是损害发生的原因。

【案例】格林曼诉尤巴电器公司缺陷产品侵权案：在原告格林曼在按说明书使用被告尤巴电器公司生产的多用电器削木机床时，一块木头从机器中飞了出来，击中格林曼的头部，造成重伤。后经调查表明，该电器属于缺陷产品，它与事故有直接关系。加州最高法院在该案的判决中表示：制造人就此项具有缺陷产品对人身所造成的伤害，应负严格责任。这是美国司法实践史上第一次正式确认严格责任为产品责任的归责原则。自此，严格责任理论不仅为美国绝大多数州所采纳，也被规定在美国法学会的《第二次侵权法重述》中。

问题：什么是严格责任原则？

解析：《产品质量法》第二十九条规定："因产品存在缺陷造成人身、缺陷产品以外的其他财产损害的，生产者应当承担赔偿责任。" 生产者因其产品承担损害赔偿不需要过失或过错证明，所以其所承担的是严格责任（或称为无过错责任）。

在下列情况下生产者免除承担损害赔偿责任：①未将产品投入流通的；②产品投入流通时，引起损害的缺陷尚不存在的；③将产品投入流通时的科学技术水平尚不能发现缺陷的存在的。

【案例】刘某与某机械厂的王某是好朋友，一日刘某到机械厂办事，顺便找王某聊天。刘某走时发现自行车没气了，就问王某有无气筒，王某顺手拿起一个气筒递给刘某说："这是我们厂新出的一批气筒的样品，你用吧。"当刘某拿起气筒打气时，气筒栓塞脱落，栓塞飞到刘某脸上造成伤害，刘某花去医疗费 1 600 元，要求机械厂予以赔偿。

问题：机械厂是否应当承担《产品质量法》规定的损害赔偿责任？

解析：气筒确实存在缺陷，但该气筒只是机械厂的样品，未投入流通，刘某并非消费者或用户，因此，气筒因缺陷造成刘某的损害不适用《产品质量法》的规定，而应依《民法》的规定进行处理。

（三）销售者的责任

《产品质量法》第四十二条规定："由于销售者的过错使产品存在缺陷，造成人身、他人财产损害的，销售者应当承担赔偿责任，销售者不能指明缺陷产品的生产者也不能指明缺陷产品的供货者的，销售者应当承担赔偿责任。"形成销售者责任的条件是：①销售者有过错；②产品有缺陷；③造成人身、他人财产损害；④产品缺陷与损害之间有因果关系。销售者承担产品责任需要过错证明，因此销售者的责任属于过错责任。销售者主观上存在过错是销售者承担侵权损害赔偿责任的主观要件。但是当销售者无法证明缺陷产品的生产者和供货者时，其应当承担严格责任。例如，销售未标明厂名、厂址的匿名产品而造成损害的，即使不能证明销售者有过错，销售者也必须承担赔偿责任。

（四）生产者和销售者之间的责任关系

生产者和销售者之间存在明确的责任界限，他们之间不存在互相承担责任的问题，但是面对消费者时，生产者和销售者之间存在连带责任关系，即受害消费者可以任意向生产者或销售者索赔，属于销售者的责任，生产者赔偿了的，生产者有权向销售者追偿。但需要说明的是，对于售出产品的质量问题，首先应当对消费者承担责任的主体是销售者。理由是销售者和消费者存在直接的合同关系。但是，由于生产者的责任而销售者赔偿了的，销售者有权向生产者追偿。也就是说，产品质量是谁导致的，谁就承担最终的责任。

三、损害赔偿的范围

中国在确定产品赔偿数额上采取的是实际损失补偿原则，即按照有缺陷产品对使用者或他人造成的实际损害加以赔偿。这一原则与惩罚性原则的区别主要在于：受害者得不到实际损失补偿以外的其他好处。精神损害赔偿部分难以确定统一标准，不属于惩罚性损害赔偿的范围。损害赔偿包括人身损害赔偿和财产损害赔偿两类。

（一）人身损害赔偿

因产品存在缺陷而造成受害人人身伤害的，侵害人应当赔偿医疗费、治疗期间的护理费、因误工减少的收入；造成残疾的，还应当支付残废者生活补助费、残疾赔偿金以及由其扶养的人所必需的生活费等费用；造成受害者死亡的，应当支付丧葬费、死亡赔偿金、抚恤费以及由死者生前抚养的人所必需的生活费等费用。

（二）财产损害赔偿

因产品存在缺陷而造成受害人财产损失的，侵害人应当恢复原状或者折价赔偿。受害人因此遭受重大损失的，侵害人应当赔偿损失。侵害他人财产的，财产损失按照损失发生时的市场价格或者其他方式计算。侵害他人人身权益造成财产损失的，按照受害人因此受到的损失赔偿；受害人的损失难以确定，侵害人因此获得利益的，按照其获得的利益赔偿；侵害人获得的利益难以确定，受害人和侵害人就赔偿数额协商不一致时，向人民法院提起诉讼的，由人民法院根据实际情况确定赔偿数额。

（三）诉讼时效

受害人应当在法定期间内主张权利，因产品存在缺陷而造成损害要求赔偿的，诉讼时效期限为3年，自受害人知道或者应当知道其权益受到损害时起计算。因产品存在缺陷而造成损害要求赔偿的请求权，在造成损害的缺陷产品交付最初消费者满10年丧失；但是，尚未超过明示的安全使用期的除外。

为了加强对产品质量的监管，保护消费者的合法权益，《产品质量法》还规定了"罚则"，明确了违反产品质量法行为所应当承担的刑事责任。例如，生产、销售不符合保障人体健康和人身、财产安全的国家标准、行业标准的产品，情节严重的，责令停止生产、销售，并处违法生产、销售产品（包括已销售和未销售的）货值金额 30% 以下的罚款；有违法所得的，并处没收违法所得；情节严重的，吊销营业执照；构成犯罪的，依法追究刑事责任。

复习与思考

一、填空题

1. （　　　　　　　　　　　　）是指由《产品质量法》确认的互相联系、互相依存、自成体系的产品质量管理规定的总和。

2. 产品应具备必需的使用性能，但是，对产品存在使用性能的（　　　）做出说明者除外。

3. 所谓产品质量的明示担保，是指生产者对产品质量性能符合某一标准的一种（　　　　　　）。

4. 使用不当容易造成产品本身损坏或者可能危及人身、财产安全的产品，应当有（　　　　　　）。

5. 销售者应当建立并执行（　　　　　　）制度，验明产品合格证明和其他标识。

二、选择题

1. 中国的产品质量监督主要有以下几种形式（　　　）。（多选）

    A. 同行监督　　　　B. 自律监督　　　　C. 社会监督　　　　D. 国家机关的监督

2. 产品质量应具有（　　　）。（多选）

    A. 安全性　　　　B. 担保性　　　　C. 适用性　　　　D. 耐用性

3. 产品质量法调整的法律关系包括（　　　）。（多选）

    A. 产品质量监督关系　　　　　　　　B. 产品质量管理关系

    C. 产品质量责任关系　　　　　　　　D. 产品质量检验、认证关系

4. 以下属于产品质量法调整的是（　　　）。（单选）

    A. 初级农产品　　　B. 石油　　　　C. 矿石　　　　D. 钻石

5. 以下不属于产品质量法调整的有（　　　）。（多选）

    A. 食品质量　　　　　　　　　　　　B. 药品质量

    C. 建筑质量　　　　　　　　　　　　D. 建设工程用的建筑材料、建筑构配件和设备质量

三、名词解释

1. 产品质量法

2. 产品质量

四、简答题

1. 什么是缺陷产品？

2. 产品的两大特征是什么？

五、案例分析题

案例：韦富诉南海市永华玩具厂人身损害赔偿案

案情介绍：

原告：韦富

被告：南海市永华玩具厂

　　原告的父母覃燕兰夫妇在广州芳岭南花市经营一家小卖店，也兼营花卉买卖业务。2001 年在韦富过四岁生日时，给他买了一辆童车。2002 年 1 月 20 日，覃燕兰陪韦富骑了一会儿童车后，把童车放在家门口，回到屋里整理账目，丈夫韦治春坐在一边看电视，韦富一个人在外边玩。上午 11 点左右，覃燕兰忽然听到孩子在哭，赶紧跑出门看，看见韦富的手被童车卡住了，流了很多血。夫妇二人赶紧将孩子送往芳村人民医院，经拍片检查，韦富的右手拇指被童车夹断，骨头已经变成碎片，只能进行驳指手术，把断开的手指接上。但这种碎骨驳接成活率不高，一周后，伤口部位发黑，驳接手术失败，医生只能将韦富的右手拇指上端截去。韦富幼小的心灵无法承受这样残酷的现实，原本活泼好动的他变得沉默寡言。由于害怕小朋友会取笑他，他经常把手藏起来，从此不愿学习也不愿去上学。

　　2002 年 6 月 1 日，广东省消委会在省内各大报纸发出消费警示，指出目前市场上出售的儿童单车链罩大多存在安全隐患，建议厂家将问题童车召回，消除安全隐患，免费为消费者更换符合国家标准的链罩，对于因童车链罩不符合国家标准导致消费者身体伤害的，应积极妥善处理，依法给予赔偿。

　　看到这个消费警示以后，覃燕兰夫妇发现韦富受伤正是童车链罩封闭不严造成的，于是他们决定向发布这个消费警示的广东省消委会投诉。广东省消委会马上派人到韦富的家里进行调查，发现造成伤害的这辆"小明星"牌 16 寸儿童自行车安装的是"F"型半封闭链罩，于是与产品标志上标称的童车生产厂家南海市永华玩具厂取得联系。但是南海市永华玩具厂认为自己的产品完全合格，不应对此事负责。覃燕兰夫妇决定起诉，广东省消委会承担了全部的诉讼费用，并派出消委会法律顾问免费为韦富代理诉讼。2002 年 9 月 26 日，韦富向广州市芳村区人民法院提起诉讼，要求南海市永华玩具厂赔偿医疗费、后续医疗费、残疾赔偿金等各项费用共计 124 125 元。

　　原告认为，南海市永华玩具厂的童车存在设计缺陷，链罩没有全封闭，导致韦富受伤，被告应当赔偿原告的损失。

　　被告南海市永华玩具厂则认为，即使是自己生产的童车造成韦富受伤，厂家也不应该负责任，因为自己的产品符合国家安全标准，没有任何缺陷。我国《产品质量法》第四十六条规定：本法所称缺陷，是指产品存在危及人身、他人财产安全的不合理的危险；产品有保障人体健康和人身、财产安全的国家标准、行业标准的，是指不符合该标准。根据 1993 年 12 月 11 日颁布的中华人民共和国国家标准《童车安全要求》的规定，给韦富造成伤害的这辆"小明星"牌 16 寸儿童自行车既可以安装全封闭的链罩，也可以安装半封闭链罩，是符合安全标准的，没有缺陷。南海市永华玩具厂还在法庭上出示了一份检验报告，2001 年 5 月 11 日深圳市计量质量检测研究院曾经受广东省质量技术监督局委托，对南海市永华玩具厂生产的"小明星"牌 16 寸自行车质量情况进行了抽样检验，检验结论为"该样品经检验，所检项目符合国家标准要求，本次检验合格"。

　　原告律师认为，产品符合国家标准，不等于不存在缺陷，只要产品存在不合理的危险，即产品有缺陷，造成消费者人身和财产损害，生产者就应承担赔偿责任。况且，1993 年童车标准有滞后性，厂家用 10 年前的国家安全标准来为现在造成伤害的产品开脱是不合理的。

　　被告又辩称，童车产品本来就是一种可能危及人体健康的工业用品，肯定具有一定的危险性，但不存在不合理的危险，况且企业已经做了警示，在车身及包装箱上都印有"要在成年人看护下使用及不得在道路上行驶"字样，并在《使用说明书》中警告该童车不适合 3 岁以下儿童使用，小孩骑玩时必须有成人陪同，不可离开成人的视线范围。南海市永华玩具厂认为正是因为韦富的父母没有按照警示标志去做，没尽到监护责任，才导致悲剧的发生。而且童车是用来骑的，不能作为一个玩具来玩，韦富把手伸进链条里导致伤害完全是由于父母监护不力，使用童车不当造成的。

原告律师认为，厂家虽然做了警示，但恰恰没有对链罩部分的危险做出警示，而且厂家将有缺陷的产品卖给消费者，所做警示实际上不合理地加重了监护人的监护义务，等于厂家将其产品缺陷的责任转嫁到了监护人身上，这是不公平的。

问题：

（1）生产者是否已尽到《产品质量法》规定的产品质量义务？生产者的产品有无缺陷？生产者在产品、包装和产品说明书上所做的警示说明是否得当，能否使其免于承担损害赔偿责任？生产者是否应对原告承担产品侵权的责任？

（2）原告的法定监护人是否应当承担一定的监护责任？

第九章 | 消费者权益保护法

导入案例

某市日光商场搜身案：1997年1月5日，李某到市中心日光商场欲购买商品，在二楼化妆品专柜前，李某让营业员赵某、钱某、孙某拿出几种化妆品进行挑选。因对商品不太满意，李某未购买即离开此柜台，到其他柜台购买。营业员赵某、钱某在收化妆品时，认为少了一盒，怀疑李某拿走了，就在商场内找到李某，当众指责她偷了化妆品。李某否认，并要求见其经理。赵某就将李某带到了经理办公室。经理说："你有没有拿化妆品？"李某说："没有。"于是经理要求对其进行搜身，李某表示不同意。

这时，有很多人在经理办公室门口围观。经理说："我们商场有规定，如果我们怀疑有人偷东西，就要对其进行搜查。这个规定我们已经贴在商场门口了。"李某仍然拒绝对其进行搜身。经理表示，如果不让搜身，就不放李某走。李某没有办法，只好把随身所带的小包和外衣让商场检查。商场的人没有搜出什么，让李某离开。

李某走出经理办公室的时候，很多人对其指指点点。李某无法忍受众人异样的目光，并且对刚才脱下外衣让人搜查的情景感到受辱。于是，李某向市人民法院提起诉讼，要求追究日光商场的责任。

问题：

（1）根据《中华人民共和国消费者权益保护法》（以下简称《消费者权益保护法》），消费者有哪些权利？该案侵害了消费者的哪些权利？你认为该如何解决？

（2）日光商场在商场门口贴出的告示，在法律上属于何种性质，其法律效力如何？

第一节 | 消费者与消费者权益保护法概述

消费是社会再生产的重要环节之一，是生产、交换、分配的目的与归宿，它包括生产消费和生活消费两个方面。《消费者权益保护法》中的消费，指的是生活消费；生产消费则由其他法律、行政法规调整。

一、消费者的概念与特征

（一）概念

消费者是指为了生活需要购买、使用商品或者接受服务的个体社会成员，是

消费者的概念

指自然人，或称个体社会成员，以区别于政府或其他组织团体。

（二）特征

1. 消费者是以生活消费为目的的

生活消费通常是指为了满足个人物质和文化生活需要而进行的各种物质产品和精神产品以及劳动服务的消费行为，表现在人们的衣、食、住、行等各个方面。但《中华人民共和国消费者权益保护法》第六十二条还规定，"农民购买、使用直接用于农业生产的生产资料，参照本法执行。"农民购买、使用直接用于农业生产的生产资料，是一种消费，但不属于生活消费的范畴，而属于生产消费。在这里，农民当然不属于消费者，但考虑到我国农民的实际情况，我国立法者从保护农民切身利益的角度出发，使农民也享受消费的权利。

2. 消费者的消费表现为购买、使用商品或者接受服务

消费者是为获得商品、使用商品或者接受服务而向经营者支付一定代价的社会成员，即消费者要从经营者那里获得商品或者服务，应当是有偿的。这种有偿性可以通过直接或间接的形式表现出来，一方面消费者为自身支付一定代价而获得商品或者接受服务；另一方面在消费者支付一定代价后，所获得的商品由第三人使用、服务由第三人接受，此时，第三人亦是消费者。此外，有的经营者为宣传自己的商品或者推荐自己的服务，而向社会成员赠予商品或免费提供服务，这些赠予商品的使用者或者免费服务的接受者，亦属于消费者。

3. 消费者是个体社会成员

消费者是自然人或家庭。法人和其他社会组织不属于消费者的范畴。

【案例】知假买假案

2018年3月5日，张某在某商厦购买了台灯3个，拿回来后发现台灯有产品质量问题，使用时觉得效果很差，于是到相关部门进行质量检测，发现该产品有多个项目不符合国家强制性标准。张某的朋友李某知道这件事后，觉得非常气愤，认为应当给该商厦一个教训，以维护消费者的尊严。

同年6月11日，李某在该商厦购买同款台灯40个，每个单价506元，总价款为20 240元，李某购灯当日即持相关部门的检测报告，要求商厦四倍赔偿其经济损失。商厦提出：李某购买台灯十分钟后即手持检测报告及发票来索赔，其行为不是为了生活消费。李某提供的检测报告只说明该产品存在质量问题，不符合四倍返还的有关规定，故不同意李某要求，只同意退货还款。

一审法院经审理确认该商厦所售台灯具有几项指标不符合产品的质量标准，对此商厦应承担相应的民事责任。故判决：（1）自判决生效之日起3日内，被告北京某商厦有限公司给付原告李某人民币20 240元，原告李某同时将其所购台灯40个退还给北京某商厦有限公司。（2）驳回原告李某其他诉讼请求。判决后，李某不服，以该商厦之行为已构成欺诈为由上诉到二审法院，要求撤销原判。

问题：

（1）知假买假的商品购买者不是消费者，其购买行为是否受到《消费者权益保护法》的调整？

（2）知假买假是否应当得到商品价格的四倍返还？

解析：

（1）我国《消费者权益保护法》规定："消费者为生活需要购买、使用商品或接受服务，其权益受本法保护；本法未作规定的，受其他有关法律、法规保护""经营者为消费者提供其生产、销售的商品或者提供服务，应当遵守本法；本法未作规定的，应当遵守其他有关法律、法规。"可见，只有

消费者才受到《消费者权益保护法》的保护。本案中，李某是不是"为生活消费需要而购买、使用商品或接受服务"的"消费者"呢？

从案情来看，李某购买 40 个台灯的目的是因为对其朋友买到假货，上当受骗的事情而感到气愤，想要教训一下商厦，以维护消费者的尊严，而不是"生活消费"。因而，其行为不应受到《消费者权益保护法》的调整。

（2）根据 2013 年修正后的《消费者权益保护法》第五十五条，经营者提供商品或者服务有欺诈行为的，应当按照消费者的要求增加赔偿其受到的损失，增加赔偿的金额为消费者购买商品的价款或者接受服务的费用的三倍；增加赔偿的金额不足五百元的，为五百元。法律另有规定的，依照其规定。

对于欺诈的行为，一般认为其构成要件有四个：（1）欺诈一方存在期诈的故意；（2）欺诈一方为欺诈的行为，包括故意虚假告知情况和有意隐瞒真实情况；（3）受欺诈一方因受欺诈而陷于错误判断，即欺诈中的因果关系；（4）受欺诈一方因错误判断而行为。

由此我们可以看到，在知假买假的情况下，经营者的行为满足了要件中的第一条、第二条，但买假者的行为却不满足要件中的第三条、第四条，因此，经营者不构成欺诈，知假买假者不能根据《消费者权益保护法》的规定获得四倍返还。

二、消费者权益保护法的概念

我国的《消费者权益保护法》于 1993 年颁布，1994 年施行。第二次修正的《消费者权益保护法》于 2013 年 10 月 25 日由第十二届全国人大常委会第五次会议通过，自 2014 年 3 月 15 日施行。

消费者权益保护法，是指调整在保护消费者权益过程中产生的社会关系的法律规范的总称。消费者权益保护法由于其现代性及社会公益性的特性更为突出，因此，它是经济法的重要部门法。

三、消费者权益保护法的宗旨和基本原则

我国《消费者权益保护法》的立法宗旨是：保护消费者的合法权益，维护社会经济秩序，以促进社会主义市场经济健康发展。

我国《消费者权益保护法》的四项原则如下。

（1）经营者应当依法提供商品或者服务的原则；
（2）经营者与消费者进行交易应当遵循自愿、平等、公平、诚实信用的原则；
（3）国家保护消费者的合法权益不受侵犯的原则；
（4）一切组织和个人对损害消费者合法权益的行为进行社会监督的原则。

第二节 消费者的权利

消费者权利的概念，源于消费者运动和消费者权益保护法律对消费者的保护，是随着消费者运动的发展而逐步得到确认和发展的。

一、消费者权利的概念

消费者的权利，是指消费者根据《消费者权益保护法》的规定，在消费活动中享有的各种权利。它是消费者利益在法律上的表现。法律赋予消费者多少权利，消费者就在多大程度上得到国家法律的保护。它具有以下特点：消费者权利以消费者特定的身份为基础，消费者权利具有法律规定性，消费者权利是特别赋予居于弱者地位的消费者的权利。

消费者的权利

二、消费者权利的起源和发展

1962年3月15日，肯尼迪（John F. Kennedy，1917—1963）向国会提出了"关于保护消费者利益的特别国情咨文"，将消费者的权利概括为获得商品的安全保障的权利；获得正确的商品信息资料的权利；对商品自由选择的权利；提出消费者意见的权利。

1983年国际消费者组织联盟做出决定，将3月15日定为"国际消费者权益日"。

三、消费者权利的内容

（一）安全保障权

《消费者权益保护法》第七条规定，"消费者在购买、使用商品或者接受服务时享有人身、财产安全不受损害的权利。消费者有权要求经营者提供的商品和服务，符合保障人身、财产安全的要求。"

它包括三个方面的内容：①人身安全权，即消费者在购买、使用商品或接受服务时，享有身体健康不受损害及生命不受危害的权利；②财产不受损害的权利；③享有个人信息不受侵害的权利。

（二）知悉真情权

知悉真情权，或称获取信息权、知情权、了解权，是消费者享有的知悉其购买、使用的商品或者接受服务的真实情况的权利。

消费者有权根据商品或者服务的不同情况，要求经营者提供商品的价格、产地、生产者、用途、性能、规格、等级、主要成分、生产日期、有效期限、检验合格证明、使用方法说明书、售后服务，或者服务的内容、规格、费用等有关情况。任何欺诈、故意隐瞒的行为都是对消费者知情权的侵害。

（三）自主选择权

消费者享有自主选择商品或者服务的权利。消费者单方所享有的自主权，是消费者权利的核心。它包括四个方面的内容：①消费者有权自主选择提供商品或者服务的经营者；②自主选择商品品种或者服务方式；③自主决定购买或者不购买任何一种商品、接受或者不接受任何一项服务；④消费者在自主选择商品或者服务时，有权进行比较、鉴别和挑选。

（四）公平交易权

公平交易权是指消费者在与经营者之间进行消费交易过程中依法所享有的获得公平交易条件的权利。公平交易是市场交易的基本要求。在消费领域中，公平交易是指消费者支付的价款与其获得的商品或者服务的价值相当。它包括四个方面的内容：①有权获得质量保障、价格合理、计量正确等公平交易条件；②有权拒绝经营者的强制交易行为。

（五）依法求偿权

致人损害要赔偿，是法律上的一般理念和规则。《消费者权益保护法》规定，消费者因购买、使用商品或者接受服务受到人身、财产损害的，享有依法获得赔偿的权利。

法律同时规定，经营者提供商品或者服务有欺诈行为的，应当按照消费者的要求增加赔偿其受到的损失，增加赔偿的金额为消费者购买商品的价款或者接受服务的费用的三倍。

确立和保护这一权利，对于解决实践中大量存在的侵害消费者权益的问题，对于有效惩戒不法经营者，维护市场秩序，保障基本人权，都是非常重要的。

（六）依法结社权

依法结社权，是指消费者享有的依法成立维护自身合法权益的社会团体的权利。这样，消费者在维护其受到不法侵害的权益时，就能够获得社团的帮助和支持。消费者依法成立社会团体，是保护消费者合法权益的重要组织保障。

（七）接受教育权

接受教育权，也称获取知识权，是指消费者享有的获得有关消费和消费者权益保护方面的知识的权利，它包括两个方面的内容：①获得有关消费知识的权利。消费知识主要是指消费者在购买、使用商品或者接受服务中所应了解和知悉的有关情况，如商品服务的价格、质量、性能、安全性、可靠性等；②获得消费权益保护方面知识的权利。消费权益保护的知识，主要是有关自我保护和国家及社会保护的知识，如消费者的权利、经营者的义务、国家机关在保护消费者利益方面的职能和作用、消费者协会的职能和作用，以及当自己合法权益受损害时的解决方式等。

（八）获得尊重权

获得尊重权，是指消费者在购买、使用商品和接受服务时所享有的其人格尊严、民族风俗习惯得到尊重的权利。

侵犯消费者人格及尊严的行为主要有：贬低消费者人格，轻视消费者消费能力；无端猜疑，强行检查或者搜身；侵犯消费者隐私；不尊重少数民族的风俗习惯等。

（九）监督权

监督权也是一项宪法性权利，即消费者享有对商品或者服务以及保护消费者权益工作进行监督的权利。它包括两个方面的内容：①对商品或者服务质量等问题进行监督；②对保护消费者权益工作进行监督。

第三节 经营者的义务与消费者权益的保护

一、经营者的义务

经营者的义务是指经营者在经营活动中应履行的法律义务，义务主体是经营者，具体包括生产者、销售者和提供服务者。义务可以表现为消费者要求经营者做出一定行为，也可以表现为要求经营者抑制一定的行为；经营者的义务是由法律规定的或是与消费者约定的；经营者义务的履行是由国家强制力保障的。

（一）依法定或约定履行义务

经营者向消费者提供商品或者服务，应当依照我国的《产品质量法》和其他有关的法律、法规的规定履行义务，即经营者必须依法履行其法定义务。此外，经营者和消费者有约定的，应当按照约定履行义务，但双方的约定不得违背法律、法规的规定。可见，在不与法律、法规发生抵触的情况下，经营者应依法履行义务。

（二）听取意见和接受监督的义务

经营者应当听取消费者意见，接受消费者监督。这是与消费者的监督批评权相对应的经营者的义务。经营者听取消费者的意见，主要通过与消费者面对面的交流、书面征询消费者的意见、从新闻媒介了解消费者对商品或者服务的看法和反映等方式来进行。经营者接受消费者监督，主要通过设立意见箱、意见簿、投诉电话，及时处理消费者的投诉，自觉接受消费者的批评等方式进行。

（三）保障人身和财产安全

消费者的人身和财产安全是其最基本的利益所在，安全权亦是消费者最基本的权利，消费者的权利要得到实现，就必须要求经营者提供的商品或者服务具有可靠的安全性。

对可能危及人身、财产安全的商品或者服务，经营者应当向消费者做出真实的说明和明确的警示，并说明和标明正确使用商品或者接受服务的方法以及防止危害发生的方法。

经营者发现其提供的商品或者服务存在严重缺陷，即使正确使用商品或者接受服务仍然可能对人身和财产安全造成危害的，应当立即向有关行政部门报告和告知消费者，并采取防止危害发生的措施。

（四）不做虚假宣传

经营者应当向消费者提供有关商品或者服务的真实信息，不得做引人误解的虚假宣传。

经营者对消费者就其提供的商品或者服务的质量和使用方法等具体问题提出的询问，应当做出真实、明确的答复。商店提供商品应当明码标价。

【案例】1997年国庆，李某先后得到本市各大商场和有关单位赠送的"优惠券"10多张，优惠内容包括食品、服装、家用电器和其他日用百货。李某持券来到市内最大的商场，看到有件羊皮大衣的领口和袖口有一圈小狐狸毛，非常漂亮，还是上海某名牌产品。商场服务员告诉她，如果使用优惠券可以打折，原价1500元的大衣，打折后1200元。李某非常动心。服务员还告诉李某，这种大衣是出口转内销的，就剩下几件了，以后不会有了，并拿出说明书给她看，告诉她说明书都是英文的。李某就买下一件大衣。

李某将大衣拿回家后，又仔细看了一下，发现这件大衣做工粗糙，衣服的双肩不太对称，线脚很不齐整，扣子也不整齐，觉得不对，于是送到市皮革公司请制革专家对大衣进行鉴定。经过鉴定，其发现皮大衣不是羊皮做的，而是用驴皮做的，小狐狸毛也是仿造的。李某再找英文好的人看了一下说明，发现其也注明该大衣是驴皮做的，不是上海的名牌产品，也不是出口转内销的。

李某于是要求商场退货赔钱。商场说，说明书里都写清楚了，李某自己不看清楚就买，也有一定的过失。

问题：商场侵害了消费者的什么权利？

解析：在本案中，商场对李某做出的虚假的信息披露，侵犯了消费者知悉真实信息的权利，不能以英文说明书为由进行抗辩。

（五）出具相应凭证和单据的义务

购货凭证和服务单据通常表现为发票、收据、保修单等形式，它是经营者与消费者之间订立的合同凭证，是消费者借以享受有关权利以及在其合法利益受到损害时向经营者索赔的依据。在消费者利益受到损害的情况下，有关凭证单据可作为申诉、仲裁、诉讼程序中的确定当事人责任的直接证据。

我国《消费者权益保护法》第二十一条规定了三种经营者负有出具购货凭证或服务单据的义务的情况。

（1）依照国家有关规定应当出具的。包括法律、法规、规章等的规定。

（2）依照商业惯例应当出具的。主要指在一些商品交换领域，由于长期交易活动而成为习惯，并逐渐形成的为所有参与交易者公认并普遍遵行的习惯做法。

（3）消费者索要购货凭证或者服务单据的。

（六）保证商品和服务质量的义务

根据我国《消费者权益保护法》第二十二条的规定，经营者的质量义务包括以下含义。

经营者的质量义务以消费者正常使用商品或者接受服务为前提。

经营者应当保证在正确使用商品或者接受服务的情况下其提供的商品或者服务应当具有相应的质量、性能和用途，亦即商品或者服务应具有适用性，能满足消费者的消费需求。

消费者在购买该商品或者接受服务前已经知道其存在瑕疵的，经营者不受上述质量义务的约束。

经营者以广告、产品说明、实物样品或其他方式表明商品或者服务的质量状况的，应当保证其提供的商品或者服务的实际质量与表明的质量状况相符。

（七）不得从事不公平、不合理的交易

《消费者权益保护法》第二十四条规定："经营者不得以格式合同、通知、声明、店堂告示等方式，做出排除或者限制消费者权利、减轻或者免除经营者责任，加重消费者责任等对消费者不公平、不合理的规定，或者减轻、免除其损害消费者合法权益应当承担的民事责任。格式条款、通知、声明、店堂告示等含有前款所列内容的，其内容无效。"

（八）不得侵犯消费者的人格尊严和人身自由的义务

这项义务是与消费者的人格尊严受尊重权相对应的。消费者的人身权是其基本人权，消费者的人身自由、人格尊严不受侵犯。具体表现为：经营者不得对消费者进行侮辱、诽谤，不得搜查消费者的身体及其携带的物品，不得侵犯消费者的人身自由。

（九）关于"格式条款"的说明义务

经营者在经营活动中使用格式条款的，应当以显著方式提请消费者注意商品或者服务的数量和质量、价款或者费用、履行期限和方式、安全注意事项和风险警示、售后服务、民事责任等与消费者有重大利害关系的内容，并按消费者的要求予以说明。

经营者不得以格式条款、通知、声明、店堂告示等方式，做出排除或限制消费者权利、减轻或者免除经营者责任、加重消费者责任等对消费者不公平、不合理的规定，不得利用格式条款并借助技术手段强制交易。

格式条款、通知、声明、店堂告示等含有前款所列内容的，其内容无效。

二、消费权益争议及解决途径

（一）概念

消费权益争议指消费者因消费者权益受到侵害而与经营者之间发生的纠纷。

（二）解决途径

消费者与经营者发生的消费者权益争议，属于平等主体之间的民事争议，依据我国《消费者权益保护法》，可以通过下列五种途径解决。

（1）与经营者协商和解。

（2）请求消费者协会调解。

作为保护消费者权益的专门社会团体，消费者协会的调解协议不具有法律效力。因此，消费者仍可以提起仲裁或提起诉讼。

（3）向有关行政部门申诉。

根据商品或者服务的性质，消费者还可以向工商、物价、技术监督、标准、计量、商检、卫生等相关行政部门申诉。由受理案件的行政机关依据有关规定做出相应的决定，及时保护消费者的合法权益。

（4）提请仲裁机构仲裁。

当事双方自愿达成的仲裁协议是仲裁机构受理争议案件的依据，仲裁协议可以事前或事后达成。

（5）向人民法院提起诉讼。

三、消费权益争议的损害责任承担

（一）生产者、销售者

最终承担损害赔偿责任的主体，首先是生产者、销售者，一般情况下，消费者利益受到损害可以向销售者要求赔偿，因为消费者直接接触的都是销售者。消费者可以直接向销售者要求赔偿，销售者赔偿后，属于生产者的责任，或者属于向销售者提供产品的其他销售者的责任的，销售者有权向生产者、其他销售者进行追偿。

（二）展览会举办者、柜台出租者

消费者在展销会、租赁柜台购买商品或者接受服务，合法权益受到损害的，可以向销售者或者服务者要求赔偿。展销会结束或者柜台租赁期满后，也可以向展销会的举办者、柜台的出租者要求赔偿。展销会的举办者、柜台的出租者赔偿后，有权向销售者或者服务者追偿。

（三）提供服务者

消费者在接受服务时，其合法权益受到损害的，可以向服务者要求赔偿。

（四）承受原企业权利义务的企业

因原企业分立、合并，消费者可以向变更后承受其权利义务的企业要求赔偿。

（五）营业执照的持有人和使用人

若使用他人营业执照的违法经营者提供商品或者服务，损害了消费者合法权益，消费者可以要求其赔偿，也可以向营业执照的持有人要求赔偿。

（六）广告主和广告经营者

消费者因经营者利用虚假广告提供商品或者服务，其合法权益受到损害的，可以向经营者要求赔偿。广告的经营者发布虚假广告的，消费者可以请求行政主管部门予以惩处。广告的经营者不能提供经营者的真实名称、地址的，应当承担赔偿责任。

复习与思考

一、填空题

1.《消费者权益保护法》中的消费，指的是（   ）；生产消费则由其他法律、行政法规调整。

2.《消费者权益保护法》是指调整在（   ）过程中产生的社会关系的法律规范的总称。

3. 消费者权利以（   ）特定的身份为基础，消费者权利具有法律规定性，消费者权利是特别赋予居于（   ）地位的消费者的权利。

4. 1983 年国际消费者组织联盟做出决定，将 3 月 15 日定为（   ）。

5. 获得尊重权，是指消费者在购买、使用商品和接受服务时所享有的其（   ）得到尊重的权利。

二、选择题

1.《消费者权益保护法》规定，"消费者在购买、使用商品或者接受服务时享有人身、财产安全不受损害的权利。消费者有权要求经营者提供的商品和服务，符合保障人身、财产安全的要求。"它包括以下几个方面的内容（   ）。（多选）

    A．人身安全权   B．财产不受损害的权利

    C．享有个人信息不受侵害的权利   D．获取信息权

2. 消费者权利的核心是（   ）。（单选）

    A．消费者单方所享有的自主权   B．公平交易权

    C．依法求偿权   D．接受教育权

3. 消费者与经营者发生的消费者权益争议，属于平等主体之间的民事争议，依据我国《消费者权益保护法》，可以通过下列途径解决（   ）。（多选）

    A．与经营者协商和解或请求消费者协会调解

    B．向有关行政部门申诉

    C．提请仲裁机构仲裁

    D．向人民法院提起诉讼

4. 经营者义务是指经营者在经营活动中应履行的法律义务，义务主体是（   ）。（单选）

    A．仅包括销售者   B．仅包括生产者

    C．仅包括提供服务者   D．包括生产者、销售者和提供服务者

5. 侵犯消费者人格及尊严的行为主要有（　　）。（多选）

    A. 贬低消费者人格，轻视消费者消费能力

    B. 无端猜疑，强行检查或者搜身

    C. 侵犯消费者隐私

    D. 不尊重少数民族风俗习惯

三、名词解释

1. 消费者

2. 消费者的权利

四、简答题

1. 消费者的特征有哪些？

2. 我国《消费者权益保护法》的四项原则是什么？

五、案例分析题

2006 年 7 月 21 日，原告肖先生以 1 300 元的价格向被告中国南方航空股份有限公司（以下简称"南航公司"）购买了当日 20 时 10 分飞往广州的 CZ3112 号航班七折机票。在办理登机手续时，被告子公司北京南航地面服务有限公司（以下简称"南航地服公司"）工作人员确认，原告机票为超售票，CZ3112 号航班已满员，原告无法乘坐。南航地服公司先安排原告转签国航某航班，后发现该航班延误，遂将原告召回，转签至南航公司 CZ3110 航班头等舱（机票价格为 2 300 元）。在等候期间原告被安排在头等舱休息室休息，当日晚 22 时 39 分，原告乘坐 CZ3110 航班头等舱离港。后来，原告以南航公司的超售行为侵犯了消费者知情权为由，诉至人民法院，要求被告双倍赔偿其经济损失，公开赔礼道歉。

问题： 依据《消费者权益保护法》，请分析被告是否侵害了消费者的知情权？是否应对消费者进行赔偿？

第十章 反不正当竞争法

导入案例

某年4月27日，鼓楼区工商局接到福州瑞腾达电子信息有限公司（以下谐称"瑞腾达公司"）的投诉，对沈某涉嫌侵犯公司商业秘密的行为立案调查。

沈某原为公司员工，在瑞腾达公司工作期间负责使用和保管公司的海外客户资料。根据公司的保密制度及他与公司签订的保密合同，这些客户资料属商业机密。但沈某利用职权之便，于当年2月4日至当年4月29日期间，私下与资料中的五家境外客户发生贸易往来，经营额折合人民币255251元，给公司造成巨大的经济损失。

调查人员取得确凿证据后，认定沈某的行为属于《中华人民共和国反不正当竞争法》中所指的侵犯商业机密的不正当竞争行为，依法责令他停止违法行为，并处罚款50000元。

问题： 什么是商业机密？它的基本构成要件有哪些？

第一节 反不正当竞争法概述

制止不正当竞争行为可以鼓励和保护公平竞争，促进市场经济的健康发展。本节依据《中华人民共和国反不正当竞争法》，主要介绍了不正当竞争行为的概念、反不正当竞争法的概念、立法宗旨、立法模式和基本原则。

一、反不正当竞争法的概念

（一）不正当竞争行为的含义

不正当竞争行为有广义和狭义之分。广义的不正当竞争包括违反诚实信用、商业道德的不正当竞争行为以及垄断和限制竞争行为。狭义的不正当竞争行为仅指前者，是和垄断相并列的。在下面的介绍中，我们基本采取其狭义含义。

《中华人民共和国反不正当竞争法》（以下简称《反不正当竞争法》）规定："本法所称的不正当竞争行为，是指经营者在生产经营活动中，违反本法规定，扰乱市场竞争秩序，损害其他经营者或者消费者的合法权益的行为。"

不正当竞争行为的含义

不正当竞争行为具有以下几个法律特征。

1. 不正当竞争行为的实施主体是从事商业活动的经营者

经营者是指从事商品生产、经营或者提供服务的自然人、法人和非法人组织。不正当竞争行为通常是经营者在商业活动中，为了参与竞争，为了在竞争中胜出而实施的行为。

2. 不正当竞争行为具有违法性

不正当竞争行为的违法性，是指经营者违反《反不正当竞争法》规定的正当竞争的手段，实施了各种不正当竞争行为。

3. 不正当竞争行为的后果具有危害性

不正当竞争行为之所以为法律所禁止就是因其行为后果具有危害性。其一，不正当竞争行为，直接侵犯了商业竞争对手的权益，也必然会侵害消费者的合法权益。其二，不正当竞争行为扰乱了公平的竞争机制，破坏了市场秩序。

（二）反不正当竞争法

反不正当竞争法，是指调整在维护公平竞争、制止不正当竞争过程中发生的社会关系的法律规范的总称。

在市场经济活动中，竞争是最基本的运行机制之一。竞争在自然界表现为"物竞天择，适者生存"的演化规律，而在经济学中则表现为经济主体在市场上为实现自身经济利益和既定目标而不断进行角逐的过程。竞争的结果是优胜劣汰。面对日趋激烈的市场竞争，有些经营者为了争取竞争优势，采取与商业道德相悖的不正当竞争行为。这种行为必然会破坏公平的竞争秩序，阻碍市场经济健康、有序运行。1993 年 9 月 2 日，第八届全国人大常委会第三次会议通过了《中华人民共和国反不正当竞争法》（以下简称《反不正当竞争法》），该法已自 1993 年 12 月 1 日起施行。该法第一条明确规定，该法的立法宗旨是："为保障社会主义市场经济健康发展，鼓励和保护公平竞争，制止不正当竞争行为，保护经营者和消费者的合法权益。"竞争与世界上任何事物一样具有两面性。一方面，竞争可以产生积极的市场行为，促进社会经济健康的发展；另一方面，由于受利益动机的影响，同样也可以产生消极的市场行为，使一些经营者通过不正当的手段和商业活动来获得市场中的竞争优势。因此，《反不正当竞争法》的制定和实施，对市场竞争行为加以法律规范，对一切公平竞争进行鼓励和保护。法律保障经营者在市场经济中公开、公平地进行竞争，鼓励诚实的经营者通过自己的努力取得市场优势，获取经济效益，使市场活动始终保持竞争的公平性和有效性。

近年来，随着我国市场经济的发展，新的业态、商业模式的不断出现，原《反不正当竞争法》存在许多不适应之处，且与在其后制定的《中华人民共和国反垄断法》（以下简称《反垄断法》）、《中华人民共和国招标投标法》等法律存在内容交叉、重叠甚至不一致的现象，为此，我国分别于 2017 年 11 月 4 日、2019 年 4 月 23 日对《反不正当竞争法》进行了修订。此外，我国商标法、专利法、著作权法、广告法、价格法等中也有不少反不正当竞争方面的规定。

二、反不正当竞争法的基本原则

反不正当竞争法的基本原则，反映于《反不正当竞争法》的第二条规定中："经营者在市场经营活动中，应当遵循自愿、平等、公平、诚信的原则，遵守法律和商业道德。"下面细述其具体内容。

（一）自愿原则

自愿原则，是指经营者在市场交易中，根据自己的意志从事交易活动，不受他人欺诈、胁迫的原则。自由竞争，是市场竞争机制发挥作用的前提，反不正当竞争法的首要目标就是要保护自由竞争机制。自愿原则的具体表现如下。

（1）经营者有权自主决定是否参加某一市场交易活动，他人无权干涉；

（2）经营者有权自主决定交易的对象、交易的内容和交易的方式；

（3）交易者之间的交易关系是以双方真实意思表示一致为基础的。根据自愿原则，任何以欺骗、胁迫、强迫手段进行交易的行为，或利用自己的某种优势强迫交易对方接受不合理的条件的行为都是不正当的。

（二）平等原则

平等原则，是商品经济的本质要求。参加市场交易活动的经营者，其法律地位平等，都享有平等的权利，具体表现如下。

（1）市场上交易关系当事人各自独立，不存在行政上的隶属关系；

（2）市场上交易关系当事人依照法律享有平等的权利，即权利平等；

（3）市场交易关系当事人之间权利和义务的设立都是双方自愿、意思表示一致的结果，即意志平等。

（三）公平原则

每一个商品生产者和经营者都在公平的条件下参与竞争。公平原则是社会公平概念在经济活动中的体现，其具体要求如下。

（1）凡是参与市场竞争的经营者都依照同一规则行事；

（2）在市场交易关系中，民事主体在权利和义务方面不能一方只享受权利，另一方只承担义务，或者显失公平。

（四）诚信原则

商品生产者和经营者在市场交易活动中，应当保持善意、诚实、恪守信用，如实地反映经营状况、资信程度，如实反映自己产品的性能。不能弄虚作假、以次充好、以假乱真，不得随意违约。诚信原则，就是不能有任何欺诈行为。

第二节　不正当竞争行为的表现形式

《反不正当竞争法》主要规定了七类不正当竞争行为，下面将介绍这七类不正当竞争行为的特征、表现形式等。

一、混淆行为

混淆行为是经营者在市场交易中通过使用与他人相同或近似的标志、名称等手段提供商品或者服务，导致消费者误认误购，以牟取非法利益的行为。混淆行为具有以下特征。

（1）行为的主体是从事市场交易活动的经营者；

（2）经营者在市场经营活动中采用了反不正当竞争法所禁止的手段，以牟取非法利益；

（3）经营者的混淆行为已经或足以使用户或消费者产生误解，发生误认误购。

《反不正当竞争法》第六条规定：经营者不得实施下列混淆行为，引人误认为是他人商品或者与他人存在特定联系。

（1）擅自使用与他人有一定影响的商品名称、包装、装潢等相同或者近似的标志。此处的"标志"不要求为注册商标；

（2）擅自使用与他人有一定影响的企业名称（包括简称、字号）、社会组织名称（包括简称等）、姓名（包括笔名、艺名、译名等）；

（3）擅自使用与他人有一定影响的域名主体部分、网站名称、网页等；

（4）其他足以引人误认为是他人商品或者与他人存在特定联系的混淆行为。

《反不正当竞争法》将商业性标志分为商品类标志、主体类标志和互联网商业标志三类，并细化了三类标志的具体形式，并以"等"字对有关商业标志的列举保持开放性规定。

《反不正当竞争法》第十八条规定：经营者违反本法第六条规定实施混淆行为的，由监督检查部门责令停止违法行为，没收违法商品。违法经营额5万元以上的，可以并处违法经营额5倍以下的罚款；没有违法经营额或者违法经营额不足5万元的，可以并处25万元以下的罚款。情节严重的，吊销营业执照。经营者登记的企业名称违反该法第六条规定的，应当及时办理名称变更登记；名称变更前，由原企业登记机关以统一社会信用代码代替其名称。

二、商业贿赂行为

（一）商业贿赂的概念

商业贿赂，是指经营者采用财务或者其他手段对有关人员进行贿赂，以销售或者购买其商品的行为。经营者对工作人员进行贿赂的，应当认定为经营者的行为；但是，经营者有证据证明该工作人员的行为与为经营者谋取交易机会或者竞争优势无关的除外。

我国《反不正当竞争法》第七条规定：经营者不得采用财物或者其他手段贿赂下列单位或者个人，以谋取交易机会或者竞争优势。

（1）交易相对方的工作人员；

（2）受交易相对方委托办理相关事务的单位或者个人；

（3）利用职权或者影响力影响交易的单位或者个人。

（二）商业贿赂行为的含义

商业贿赂行为包括三层含义。

（1）经营者不得采用财物或者其他手段进行贿赂以销售或者购买商品。该规定是对商业贿赂行为的一般性禁止，实际上给出了商业贿赂的定义，即商业贿赂是指经营者为销售或者购买商品而采用财物或者其他手段进行贿赂的行为。

（2）我国商业贿赂的主要表现形式是回扣。所谓回扣，是指在商品购销或者接受服务中，卖方在明确标明应支付的价款之外，通过账外暗中向买方退还钱财或者给予其他好处，以争取交易机会或者便利的交易条件的行为。

（3）正当的折扣和佣金是允许的，不属于商业贿赂的范畴。商业贿赂是经营者以排斥竞争对手为目的，为使自己在销售或购买商品或提供服务的业务活动中获得利益，而采取的向交易人员及其职员或者代理人提供或许诺提供某种利益，以争取交易机会和交易条件的不正当竞争行为。

（三）商业贿赂的特征

商业贿赂具有以下特征。

（1）商业贿赂的主体是从事市场交易的经营者，既可以是卖方，也可以是买方；

（2）商业贿赂是经营者在主观上出于故意和自愿进行的行为，其目的是排挤竞争对手以占据竞争优势；

（3）商业贿赂在客观方面表现为违反国家有关财务、会计及廉政等方面的法律法规的规定，秘密给付财物或其他补偿，具有很大的隐秘性；

（4）商业贿赂的形式包括财物和其他手段。财物是指现金和实物，包括经营者为销售或者购买商品，假借促销费、宣传费、赞助费、科研费、劳务费、咨询费、佣金等名义，或者以报销各种费用等方式，付给对方单位或者个人的财物。其他手段是指提供国内外各种名义的旅游、考察等给付财物以外的各种利益的手段。

《反不正当竞争法》第十九条规定：经营者违反本法第七条规定贿赂他人的，由监督检查部门没收违法所得，处 10 万元以上 300 万元以下的罚款。情节严重的，吊销营业执照。

【随堂演练】 解释商业贿赂与回扣、折扣和佣金。

解析： 回扣是经营者销售商品时以现金、实物或者其他方式退给对方单位或者个人一定比例的商品价款的行为。回扣是经营者一方给付的，是从商品的价款中退给对方单位或者个人的，这里既包括现金，也包括实物，还包括其他形式。经营者给付回扣的目的是推销商品或者购买商品。

回扣不一定均属非法，非法的回扣，构成不正当竞争的回扣只是"暗中账外"给予回扣或接受回扣的行为，明示的、如实入账的回扣就不是非法的，当然也就不是不正当竞争行为。所以，是明示入账还是暗中账外给付或者接受回扣是区分合法或者非法、正当竞争行为和不正当竞争行为的界限。

折扣是指经营者为了销售商品或者购买商品，在销售商品或者购买商品时，给予对方的价格优惠。折扣只发生在交易双方之间。《反不正当竞争法》规定允许交易的双方以明示入账的方式给予对方折扣，由此可见，正当的竞争行为是以明示入账的方式给对方折扣，这种行为也是合法的行为。

佣金是指经营者在市场交易中给予为其提供服务的具有合法经营者资格的中间人的劳务报酬。因为中间人为促成交易付出了劳务，佣金可以是一方支付，也可以是双方支付，接受佣金的只能是中间人，而不是交易双方。给付佣金应当明示，并且入账，接受佣金的，必须如实入账。

三、虚假宣传行为

虚假宣传行为是经营者（广告主）、广告经营者利用广告和其他方法，对商品或服务的性能、功能、质量、销售状况、用户评价、曾获荣誉等做虚假或者引人误解的商业宣传，欺骗、误导消费者。经营者不得通过组织虚假交易等方式，帮助其他经营者进行虚假或者引人误解的商业宣传。

例如，在纪念手表中镶嵌人造钻石，却谎称天然钻石。称保健品具有药品作用，夸大产品或服务所能达到的作用。商品没有注册说成已经注册或注册正在申请中。没有获奖说成获奖，自己编造获奖，甚至鼓吹获得国务院嘉奖。根据 2007 年实施的《最高人民法院关于审理不正当竞争民事案件应用法律若干问题的解释》，有以下行为之一的，足以造成公众误解的，可以认定为虚假宣传。

（1）对商品作片面的宣传或对比的；

（2）把科学上未定论的观点、现象等当作定论的事实用于商品宣传的；

（3）以歧视性语言或者其他引人误解的方式进行商品宣传的。广告的经营者、包括报刊、电台、电视台等新闻媒体，明知或应知经营者利用广告等对商品作欺骗性虚假宣传，仍然为其设计、制作、发布的，构成不正当竞争行为，须承担带连带责任。

我国《反不正当竞争法》第二十条规定：经营者违反本法第八条规定对其商品作虚假或者引人误解的商业宣传，或者通过组织虚假交易方式帮助其他经营者进行虚假或者引人误解的商业宣传的，由监督检查部门责令停止违法行为，处 20 万元以上 100 万元以下的罚款；情节严重的，处 100 万元以上 200 万元以下的罚款，可以吊销营业执照。

四、侵犯商业机密的行为

商业机密，是指不为公众所知悉，能为权利人带来经济效益、具有实用性并经权利人采取保密措施的技术信息（包括完整的技术方案、开发过程中的阶段性技术性成果以及取得的有价值的技术数据，也包括针对技术问题的技术诀窍）和经营信息（包括经营策略、管理诀窍、客户名单、资源情报、投标标底等信息）。

侵犯商业机密的
行为

（1）能够成为商业机密的技术信息和经营信息，必须具备以下三个基本条件。

① 秘密性，即技术信息和经营信息不为公众知晓，秘密性是商业机密的本质特征；

② 实用性，即技术信息和经营信息具有现实的或者潜在的商业价值，能为权利人带来竞争优势，实用性是商业机密的价值所在；

③ 保密性，即权利人为防止信息泄露所采取的与其商业价值等具体情况相适应的合理保护措施，包括订立保密协议、建立保密制度等。权利人是否采取保密措施，不仅是技术信息或经营信息能否成为商业秘密的条件，也是寻求法律保护的前提。

（2）不被认为是商业秘密的情况。

① 该信息为其所属技术或者经济领域的人的一般常识或者行业惯例；

② 该信息仅涉及产品的尺寸、结构、材料、部件的简单组合等内容，进入市场后相关公众通过观察产品即可直接获得；

③ 该信息已经在公开出版物或者其他媒体上公开披露；

④ 该信息已通过公开的报告会、展览等方式公开；

⑤ 该信息从其他公开渠道可以获得；

⑥ 该信息无须付出一定的代价而容易获得。

（3）侵犯商业秘密行为是指经营者通过不正当手段，违法获取、披露、使用或允许他人使用权利人的商业秘密的行为。《反不正当竞争法》第九条规定，侵犯商业机密的不正当途径有以下四种。

① 以盗窃、贿赂、欺诈、胁迫、电子侵入或者其他不正当手段获取权利人的商业秘密；

② 披露、使用或者允许他人使用以前项手段获取的权利人的商业秘密；

③ 违反约定或者违反权利人有关保守商业秘密的要求，披露、使用或允许他人使用其所掌握的商业秘密；

④ 第三人明知或者应知商业秘密权利人的员工、前员工或者其他单位、个人实施前款所列违法行为，仍获取、披露、使用或者允许他人使用该商业秘密的，视为侵犯商业秘密。

《反不正当竞争法》第二十一条规定，经营者违反本法第九条规定侵犯商业秘密的，由监督检查部门责令其停止违法行为，处 10 万元以上 100 万元以下的罚款；情节严重的，处 50 万元以上 500 万元以下的罚款。

五、不正当有奖销售

不正当有奖销售，是指经营者违反《反不正当竞争法》的规定进行的有奖销售行为。它不包括政府或者有关部门依法批准的有奖募捐或彩票发售活动。有奖销售存在下列情况。

（1）有奖销售是在经营者与购买者之间进行的；

（2）用于进行有奖销售的奖品（赠品）包括物品、金钱或者其他经济上的利益；

（3）在有奖销售中，经营者与购买者之间存在着双重法律关系：一是经营者向购买者销售商品或者提供服务的关系，二是经营者向购买者提供赠品的赠予关系。

（4）有奖销售的目的是招揽顾客。

《反不正当竞争法》第十条规定，经营者进行有奖销售不得存在下列情形。

（1）所设奖的种类、兑奖条件、奖金金额或者奖品等有奖销售信息不明确，影响兑奖；

（2）采用谎称有奖或者故意让内定人员中奖的欺骗方式进行有奖销售；

（3）抽奖式的有奖销售，最高奖的金额超过 5 万元。这些不正当的有奖销售行为或者存在欺诈，或者违背公平交易的一般原则，特别是巨额抽奖刺激消费者的投机心理以推销商品，使消费者很难做出理性的真实的判断。

按照《反不正当竞争法》第二十二条的规定，经营者违反本法第十条规定进行有奖销售的，由监督检查部门责令其停止违法行为，处五万元以上五十万元以下的罚款。

六、诋毁商誉行为

诋毁商誉行为，是指经营者通过编造、传播虚假事实等不正当手段，损害竞争对手的商业信誉、商品声誉的行为。

（1）世界知识产权组织《反不正当竞争保护示范条款》第五条对诋毁商誉行为定义如下。

① 一般原则。在工商活动中，任何虚假的或者不合理的陈述，损害或者可能损害其他企业或者其活动的信誉，特别是损害此类企业提供的商品或者服务的信誉的，构成不正当竞争行为。

② 损害信誉可以产生于广告或者促销中，特别发生在以下情形中：产品的制造过程；产品或者服务对特定目的的适用性；产品或者服务的质量、数量或其他特性；产品或者服务所承诺提供的条

件；产品或者服务的价格或价格的计算方法。

（2）商业信誉是社会对经营者商业道德、商品品质、价格、服务等方面的积极评价。商品声誉是社会对特定商品品质、性能的赞誉。诋毁商誉行为的构成要件包括以下几个方面。

① 行为主体主观上具有贬低竞争对手的目的。违法经营者对竞争对手的伤害并非出自言行不慎，而是故意诋毁，目的是削弱对方的竞争能力。

② 行为主体有特定的诋毁对象。如果经营者个人只对竞争对手的个人名誉进行攻击，不涉及商业声誉和商品声誉的，或者诋毁的是同自己毫无关系的非同行竞争者的声誉，则属于民事诽谤，不在《反不正当竞争法》调整范围之内。行为主体诋毁的对象是某个或某些特定的经营者，有关言辞指向特定的经营者或其商品，或者虽未指明，但一般公众可以从其言辞中推测出是针对特定的经营者或其商品。

（3）经营者散布对竞争对手不利的信息，如果是捏造，则是商业诽谤；如果情况属实，则不视为商业诽谤。

《反不正当竞争法》第二十三条规定：经营者违反本法第十一条规定损害竞争对手商业信誉、商品声誉的，由监督检查部门责令其停止违法行为、消除影响，处十万元以上五十万元以下的罚款；情节严重的，处五十万元以上三百万元以下的罚款。

七、妨碍网络运行行为

经营者不得利用技术手段，通过影响用户选择或者其他方式，实施下列妨碍、破坏其他经营者合法提供的网络产品或者服务正常运行的行为。

它的行为主体是经营者。其行为表现主要如下。

（1）未经其他经营者同意，在其合法提供的网络产品或者服务中，插入链接、强制进行目标跳转；

（2）误导、欺骗、强迫用户修改、关闭、卸载其他经营者合法提供的网络产品或者服务；

（3）恶意对其他经营者合法提供的网络产品或者服务实施不兼容；

（4）其他妨碍、破坏其他经营者合法提供的网络产品或者服务正常运行的行为。

《反不正当竞争法》第二十四条规定：妨碍、破坏其他经营者合法提供的网络产品或者服务正常运行的，由监督检查部门责令停止其违法行为，处十万元以上五十万元以下的罚款；情节严重的，处五十万元以上三百万元以下的罚款。

第三节

调查与责任

本节依据《反不正当竞争法》介绍不正当竞争行为的调查、法律责任等法律制度。

一、对涉嫌不正当竞争行为的调查

（一）调查措施

（1）进入涉嫌不正当竞争行为的经营场所进行检查；

（2）询问被调查的经营者、利害关系人及其他有关单位、个人，要求其说明有关情况或者提供与被调查行为有关的其他资料；

（3）查询、复制与涉嫌不正当竞争行为有关的协议、账簿、单据、文件、记录、业务函电和其他资料；

（4）查封、扣押与涉嫌不正当竞争行为有关的财物；

（5）查询涉嫌不正当竞争行为的经营者的银行账户。

（二）调查程序

（1）采取上述规定的措施，应当向监督检查部门主要负责人书面报告，并经批准。

（2）采取上述第（4）项、第（5）项规定的措施，应当向设区的市级以上人民政府监督检查部门主要负责人书面报告，并经批准。

（三）调查结果

监督检查部门调查涉嫌不正当竞争行为，应当遵循《中华人民共和国行政强制法》和其他有关法律、行政法规的规定，并应当将查处结果及时向社会公开。

二、法律责任

（一）民事责任

（1）经营者因不正当竞争行为给他人造成损害的，应当依法承担民事责任。

（2）赔偿数额的确定

① 对因为不正当竞争行为受到损害的经营者的赔偿数额，按照其因被侵权所受到的实际损失确定；实际损失难以计算的，按照侵权人因侵权所获得的利益确定。赔偿数额还应当包括经营者为制止侵权行为所支付的合理开支。经营者恶意实施侵犯商业秘密行为，情节严重的，可以在按照上述方法确定数额的一倍以上五倍以下确定赔偿数额。

② 经营者从事混淆行为和侵犯商业秘密行为的，权利人因被侵权所受到的实际损失、侵权人因侵权所获得的利益难以确定的，由人民法院根据侵权行为的情节判决给予权利人 500 万元以下的赔偿。

（二）行政责任

（1）从事不正当竞争行为的，监督检查部门责令停止违法行为，没收违法商品或所得，并处罚款。情节严重的，吊销营业执照。

（2）减免处罚：有主动消除或者减轻违法行为危害后果等法定情形的，依法从轻或者减轻行政处罚；违法行为轻微并及时纠正，没有造成危害后果的，不予行政处罚。

（3）录入信用记录。经营者从事不正当竞争受到行政处罚的，由监督检查部门记入信用记录，并依法予以公示。

（三）刑事责任

《反不正当竞争法》第三十一条规定，违反《反不正当竞争法》构成犯罪的，依法追究刑事责任。

复习与思考

一、填空题

1. 广义的不正当竞争包括（　　　　　　　　　　　　）的不正当竞争行为以及垄断和限制竞争行为。

2. 混淆行为是经营者在市场交易中通过使用与他人相同或近似的（　　　　　　）等手段提供商品或者服务，导致消费者误认误购，以牟取非法利益的行为。

3. 我国商业贿赂的主要表现形式是（　　　　）。

4. 侵犯商业秘密行为是指经营者通过（　　　　　），违法获取、披露、使用或允许他人使用权利人的商业秘密的行为。

5. 诋毁商誉行为，是指经营者通过（　　　　　　　　）等不正当手段，损害竞争对手的商业信誉、商品声誉的行为。

二、选择题

1. 反不正当竞争法的基本原则包括（　　　）。（多选）

A．自愿原则　　　　　　　　　　B．平等原则

C．公平原则　　　　　　　　　　D．诚信原则

2. 经营者不得实施的混淆行为包括（　　　）。（多选）

A．擅自使用与他人有一定影响的商品名称、包装、装潢等相同或者近似的标志

B．擅自使用与他人有一定影响的企业名称（包括简称、字号）、社会组织名称（包括简称等）、姓名（包括笔名、艺名、译名等）

C．擅自使用与他人有一定影响的域名主体部分、网站名称、网页等

D．其他足以引人误认为是他人商品或者与他人存在特定联系的混淆行为

3. 以下属于商业贿赂行为的是（　　　）。（单选）

A．折扣

B．佣金

C．回扣

D．在明确标明应支付的价款之外，通过账外暗中向买方退还钱财或者给予其他好处，以争取交易机会

4. 以下对竞争的看法正确的是（　　　）。（单选）

A．竞争的后果一定是负面的

B．在市场经济活动中竞争是最基本的运行机制之一

C．市场竞争行为需要加以法律规范

D．市场主体之间的竞争应该完全自由

5. 能够成为商业机密的技术信息和经营信息，必须具备以下几项基本条件（　　　）。（多选）

A．秘密性　　　　B．实用性　　　　C．保密性　　　　D．稀缺性

三、名词解释

1. 反不正当竞争法

2. 商业贿赂

四、简答题

1. 不正当竞争行为具有哪几个方面的法律特征？

2. 反不正当竞争法的立法模式是什么？

五、案例分析题

小徐是某知名高校计算机专业的高才生，毕业后即在 A 公司从事软件研发工作。后 A 公司要上一银行系统软件项目，小徐是项目组的主要研发人员。A 公司与小徐等研发人员就研究该项目签订了专门的保密协议。一年后，小徐离职成立了 B 公司并任法定代表人。不久，A 公司发现 B 公司申请登记的某软件公开部分与其公司之前开发的银行系统软件项目一致。

问题：请推断小徐及 B 公司是否侵犯了 A 公司的商业秘密。

劳动法 第十一章

导入案例

2007年10月底知名高科技民营企业华为公司出台买断工龄政策，其涉及员工数量达上万人次。华为公司此次买断工龄，针对包括总裁任正非在内的所有工作年限在8年以上的员工。这些员工在2008年元旦前均要办理主动辞职手续，公司给予"N+1"的补偿，买断其工龄。随后再签订1～3年的劳动合同，老员工以新员工身份继续为公司服务。

问题：依据《中华人民共和国劳动合同法》，对华为的做法进行分析。

第一节 劳动法概述

本节以《中华人民共和国劳动法》（以下简称《劳动法》）为框架，介绍劳动法的含义和劳动关系的定义、劳动法的基本原则、调整对象和适用范围。

一、劳动法概述

（一）劳动法的含义

劳动法在国际上通常表述为"labour law"，其中的 labour 有两个含义：（1）劳动（work，especially physical work）；（2）劳力、劳方（people who work or are available for work in a country or a company）。在劳动法中，劳动的主体是职工。这种劳动是建立在劳动合同和雇佣关系的基础上的，从属于一定的用人单位或雇主。劳动的目的是谋生，不是助人为乐的义务劳动，而是为了满足自身及其家庭成员的生活需求。劳动的形式是用人单位的集体劳动，具有明显的社会化特征。

劳动法是调整劳动关系以及与劳动关系密切相关的其他社会关系的法律规范的总称。劳动法制定的目的是保护劳动者的合法权益，确立、维护和发展用人单位与劳动者之间稳定、和谐的劳动关系，促进经济发展和社会进步。

劳动法是一个广泛的法律范畴，包括：就业促进法、劳动合同法、工作时间和休息休假时间法、工资法、劳动安全卫生法、女职工和未成年工以及特殊劳动者保护法、职工培训法、劳动纪律法、社会保险和福利法、工会和职工民主管理法、劳动争议处理法、劳动监督检查法等。

（二）劳动关系的定义

劳动关系是人们在从事劳动过程中发生的社会关系。在我国，劳动关系具体表现为劳动者与用人单位之间发生的关系。

1. 劳动者

劳动者，是指依据劳动法律和劳动合同的规定，在用人单位从事体力或脑力劳动，并获取劳动报酬的自然人。劳动者必须具备以下法定条件。

（1）达到法定最低就业年龄。根据我国劳动法的规定，公民的最低就业年龄是 16 周岁。我国法律禁止用人单位招用未满 16 周岁的公民就业，否则将承担相应的法律责任。对有可能危及未成年人健康、安全的职业或工作，劳动法规定就业年龄不应低于 18 周岁。

（2）具备劳动能力。对于一些特定的行业，劳动者的劳动能力还必须满足该行业的特殊要求。

此外，我国劳动法并没有对劳动者的国籍进行限制性规定，我国公民、外国人、无国籍人在具备劳动法规定的条件时，都可以成为劳动者。

【随堂演练】小张 15 周岁，因家庭经济困难被迫辍学外出打工，到一网吧应聘收银员并与其签订了劳动合同。

问题：该劳动合同是否生效？

解析：不生效，因小张未满 16 周岁，其主体资格不符合法律规定，不能订立劳动合同。

2. 用人单位

用人单位，是指依法招用和管理劳动者，并对劳动者承担相关义务者。

（三）与劳动关系密切相关的其他社会关系

劳动法除了调整劳动关系外，还承担着调整与劳动关系密切相关的其他社会关系的责任。这些关系本身不是劳动关系，但是有的是劳动关系发生的前提，有的是劳动关系发生的后果，有的是随劳动关系而附带产生的关系。主要包括：劳动行政关系、社会保险关系、劳动市场服务关系、劳动团体关系、劳动争议处理关系。

二、劳动法的基本原则和调整对象

（一）劳动法的基本原则

劳动法的基本原则集中体现了劳动法的本质和基本精神。劳动法的基本原则包括以下几个。

（1）保护劳动者合法权益。《劳动法》将劳动者合法权益保护的规定具体化，通过劳动用工、劳动合同、法定工时、最低工资保障、劳动保护、职业培训、社会保障等一系列劳动制度以及劳动争议处理程序的规定，充分体现了保护劳动者合法权益的原则。

（2）劳动既是公民的权利，又是公民的义务。凡是具有劳动能力的公民从事劳动，既是行使国家赋予的权利，又是履行对国家和社会所承担的义务。《宪法》规定了公民有劳动的权利和义务，为劳动法调整劳动关系以及与劳动关系密切联系的其他社会关系，确定了出发点和落脚点。

（3）合理配置劳动力资源。一方面，劳动法从宏观上对社会劳动力在全社会范围内各个用人单位之间的合理配置做出原则规定，以便建立劳动力市场，完善劳动力市场管理体制，形成劳动力市场运行规则，并建立一套完整的就业服务体系，使劳动力供求双方能在劳动力市场上实现自主性双向选择。另一方面，劳动法还从微观上对用人单位科学使用劳动者从事生产劳动做出具体规定，以达到既在改善劳动条件的前提下提高劳动生产率、维护劳动者利益、提高劳动者的积极性，又增强劳动者的素质，促进劳动力自身生产良性循环的目的。只有同时进行以上两个方面的合理安排，我们才能从根本上改善劳动力结构，完善市场配置。

（二）劳动法的调整对象

劳动法的调整对象是劳动关系以及与劳动关系有密切联系的其他社会关系。在两种关系中，劳动关系是劳动法调整的主要对象。

劳动关系是指劳动者与劳动力的使用者（用人单位）之间，在劳动过程中发生的，一方提供劳动力，另一方提供劳动报酬的社会关系。劳动关系是一种人身关系属性和财产关系属性相结合的社会关系。劳动力存在于劳动者机体内，不能须臾分离，劳动者向用人单位提供劳动力，就是将其人身在一定限度内交给用人单位支配，因而劳动关系具有人身属性。同时劳动是人们谋生的一种手段，劳动者通过劳动换取生活资料，因此劳动关系也体现为劳动力的让渡与劳动报酬的交换关系。劳动关系是一种平等关系属性与隶属关系属性兼有的社会关系。

三、劳动法的适用范围

（一）时间范围

时间范围即劳动法的时间效力，包括劳动法的生效时间和适用时间。《中华人民共和国劳动法》于 1994 年 7 月 5 日第八届全国人大常委会第八次会议通过，自 1995 年 1 月 1 日起施行，经历了 2009 年的一次修正，它是我国第一部调整劳动关系的基本法。

（二）用人的适用范围

我国《劳动法》第二条规定，"在中华人民共和国境内的企业、个体经济组织（以下统称用人单位）和与之形成劳动关系的劳动者，适用本法。国家机关、事业组织、社会团体和与之建立劳动合同关系的劳动者，依照本法执行。"

（1）企业、个体经济组织的劳动关系均归劳动法调整。作为《劳动法》主体的企业，是指在中国境内的一切企业，企业包括各种所有制性质、各种组织形式的企业。个体经济组织，是指一般雇工在 7 人以下的个体工商户。

（2）国家机关、事业单位和社会团体的劳动关系中，只有劳动合同关系归劳动法调整，如工勤人员、实行企业化管理的事业单位职工。与企业不同的是，国家机关、事业单位和社会团体，均为公益性机构，其工作人员与单位的关系，不像企业那样是建立在双方自愿的合同基础上的劳动关系，因此，不能适用《劳动法》的规定。但国家机关为了工作需要，可以雇用一些劳动者，与他们签订劳动合同，此时，国家机关与该劳动者的关系，是一种劳动关系。

国家机关、事业组织、社会团体和与之建立劳动合同关系的劳动者，属于劳动法的适用范围。但下列人员不适用《劳动法》：公务员和比照实行公务员制度的事业组织和社会团体的工作人员，农村劳动者（乡镇企业职工和进城务工、经商的农民除外）、现役军人、家庭保姆和在中华人民共和国境内享有外交特权和豁免权的外国人。

第二节 劳动合同

劳动合同法是调整劳动合同关系，明确劳动合同双方权利和义务的法律规范的总称。《中华人民共和国劳动合同法》（以下简称《劳动合同法》）于 2007 年 6 月 29 日通过，自 2008 年 1 月 1 日起施行，它是我国第一部调整劳动合同关系的专门性法律。该法于 2012 年 12 月 28 日由第十一届全国人大常委会第三十次会议通过修改，自 2013 年 7 月 1 日起施行。

一、劳动合同的概念和特征

（一）劳动合同的概念

劳动合同又称劳动契约、劳动协议，是指劳动者与用人单位之间为确立劳动关系，经过平等协商达成的明确双方权利和义务的书面协议，是确立劳动关系的法律形式。

（二）劳动合同的特征

除了合同的一般特征外，劳动合同还具有以下几个特征。

（1）劳动合同是劳动者与用人单位确定劳动关系的法律形式，其内容是明确劳动权利和义务。

（2）主体的特定性。劳动合同的双方当事人只能是劳动者和用人单位。作为劳动合同一方的劳动者是有劳动能力的自然人；作为劳动力的使用方即用人单位，可以是企业（个人独资企业、合伙企业、有限责任公司、股份有限公司等），也可以是个体经济组织（个体工商户等）。

（3）内容的法定性。虽然劳动合同是劳动者与用人单位双方自愿协商的结果，但是不同于民事合同，劳动合同双方当事人不能完全协商确定合同的内容，必须在法律许可的框架内进行协商，协商内容也不得违反法律的强制性规定。由此可见，劳动合同的内容具有较强的法定性。

（4）劳动合同属于从属性合同。劳动合同一旦确定，劳动者一方即成为用人单位的成员，即当事人之间存在职业上的从属关系。

（5）劳动合同属于有偿合同。劳动合同以劳动过程的完成为目的，并在此基础上由用人单位向劳动者提供劳动报酬，实现等量劳动交换。

二、劳动合同的订立与效力

劳动合同的订立是指劳动者和用人单位通过相互选择和平等协商，就劳动合同条款达成协议，从而确立劳动关系和明确相互权利义务的法律行为。用人单位自用工之日起即与劳动者建立劳动关系，并应当订立书面劳动合同。已建立劳动关系，未同时订立书面劳动合同的，应当自用工之日起一个月内订立书面劳动合同。《劳动合同法》所指的劳动合同书，仅限于合同书形式。用人单位与劳动者在用工前订立劳动合同的，劳动关系自用工之日起建立。

（一）劳动合同的订立原则

1. 合法性原则

合法性原则，即劳动合同必须依照法律签订，不得违反法律、行政法规的规定。有以下具体内容：

（1）劳动合同的主体合法，即订立劳动合同的主体必须具备劳动法主体资格，符合法律规定；（2）劳动内容的合法，即劳动合同双方当事人的权利和义务，必须符合国家法律、行政法规的规定，也包括国家的劳动法律、法规以及国家的其他法律和行政法规；（3）劳动合同订立的程序和形式合法。未经双方协商强迫订立的劳动合同则无效。而且，劳动合同应具有书面形式。

2. 平等、自愿、协商一致的原则

平等是指在订立劳动合同过程中，双方当事人法律地位平等，不存在管理与服从的关系；自愿是指劳动合同的订立及内容的达成，均出自当事人的自愿，任何一方不得将自己的意志强加于对方，也不允许第三方非法干涉；协商一致是指双方当事人经过充分协商，达成一致意见，签订劳动合同。

（二）劳动关系建立后，用人单位与劳动者应及时签订书面劳动合同

为督促用人单位及时签订劳动合同，保障劳动者权益，劳动合同法在劳动合同签订的时间问题上做出以下规定。

（1）原则上，建立劳动关系，即应当订立书面劳动合同。因此，一般情况下，建立劳动关系和订立书面劳动合同应该是同时进行的。

（2）已建立劳动关系，未同时订立书面劳动合同的，应当自用工之日起 1 个月内订立书面劳动合同。自用工之日起 1 个月内，经用人单位书面通知后，劳动者不与用人单位订立书面劳动合同的，用人单位应当书面通知劳动者终止劳动关系，无须向劳动者支付经济补偿，但是应当依法向劳动者支付其实际工作时间的劳动报酬。

（3）用人单位自用工之日起超过 1 个月不满 1 年未与劳动者订立书面劳动合同的，应当依法向劳动者每月支付 2 倍的工资，并与劳动者补订书面劳动合同；劳动者不与用人单位订立书面劳动合同的，用人单位应当书面通知劳动者终止劳动关系，但应依法支付经济补偿。

（4）用人单位自用工之日起满 1 年未与劳动者订立书面劳动合同的，自用工之日起满 1 个月的次日至满 1 年的前 1 日应当向劳动者每月支付 2 倍的工资，并视为自用工之日起满 1 年的当日已经与劳动者订立无固定期限劳动合同，应当立即与劳动者补订书面劳动合同。

【案例】小刘从 2003 年 11 月开始在一个药店上班到 2005 年 11 月，没有签订劳动合同，药店也没有为其买社保，只是从 3 个月前开始每月补贴其 200 元（说是社保），也不提供其他福利。

问题：现在小刘想辞职，不知道可否索要双倍工资？

解析：根据《劳动合同法实施条例》，用人单位自用工之日起满 1 年未与劳动者订立书面劳动合同的，自用工之日起满 1 个月的次日至满 1 年的前一日应当依照《劳动合同法》第八十二条的规定向劳动者每月支付两倍的工资，并视为自用工之日起满 1 年的当日已经与劳动者订立无固定期限劳动合同，应当立即与劳动者补订书面劳动合同。因此，小刘可以要求自 2003 年 12 月至 2004 年 11 月的双倍工资。并且视为与药店自 2014 年 11 月已经订立了无固定期限的劳动合同。

（三）劳动合同的效力

劳动合同的效力，是指已经成立的劳动合同是否在当事人之间产生法律约束力。

1. 劳动合同的生效

劳动合同由用人单位与劳动者协商一致，并经用人单位与劳动者在劳动合同文本上签字或者盖

章（有时也按手印），即行生效。合同的生效具有下面三项内涵。

（1）合同签订时也就是合同生效时；

（2）合同生效要求合同内容与法律吻合，从而使当事人的意向产生法律上的效力；

（3）生效的合同对当事人产生约束力，如当事人不履行规定的义务，则应承担违约责任。

2. 劳动合同的无效

合同无效，是指当事人所订立的劳动合同因不符合法定条件而不具有法律效力。无效的劳动合同从订立之日起就没有法律约束力。

根据《劳动合同法》第二十六条的规定，有下列情况者，劳动合同无效。

（1）以欺诈、胁迫的手段或者乘人之危，使对方在违背真实意思的情况下订立或者变更劳动合同的；

（2）用人单位免除自己的法律责任、排除劳动者权利的。法律规定用人单位必须承担法定的责任，以维护劳动者的合法权益。劳动合同约定不能排除法律的规定；

（3）违反法律、行政法规强制性规定的。当事人对劳动合同无效或者部分无效有争议的，必须将该争议提交劳动争议仲裁委员会或人民法院确认，其他任何组织和个人均无权确认劳动合同无效。

【案例】 某技校与甲公司签订协议，约定甲公司向技校提供 25 万元资助金，技校向甲公司输送 30 名毕业生。30 名学生进入公司后，技校将他们的毕业证交给甲公司保管。30 名学生在试用期间由于劳动条件等问题要辞职，甲公司经理闻讯后，威胁学生如果辞职，不给毕业证。无奈之下，30 名学生与甲公司签订了无固定期限的劳动合同。

问题： 甲公司与 30 名学生签订的劳动合同是否有效？为什么？

解析： 劳动合同无效。根据《劳动合同法》第二十六条的规定：下列劳动合同无效或者部分无效：（一）以欺诈、胁迫的手段或者乘人之危，使对方在违背真实意思的情况下订立或者变更劳动合同的；（二）用人单位免除自己的法定责任、排除劳动者权利的；（三）违反法律、行政法规强制性规定的。甲公司威胁学生如果辞职不给毕业证的行为属于以胁迫手段，使对方在违背真实意思情况下订立劳动合同，该劳动合同无效。

三、劳动合同的种类、内容与试用期

（一）劳动合同的种类

劳动合同按照不同的标准，可以分为以下几种类型。

1. 按劳动合同的期限划分

按照劳动合同的期限，劳动合同可以分为固定期限劳动合同、无固定期限劳动合同和以完成一定工作任务为期限的劳动合同。

（1）固定期限劳动合同

固定期限劳动合同，也叫定期劳动合同，是指用人单位与劳动者明确约定合同终止时间的劳动合同。当事人在合同中明确规定了劳动合同有效的起止日期，合同约定的期限届满，劳动合同终止，如 3 年一签，或者 5 年一签的劳动合同，它是最普遍的一种劳动合同。固定期限的劳动合同期限届满未续签，但仍保持劳动关系的，形成事实劳动关系。

（2）无固定期限劳动合同

无固定期限劳动合同，也叫不定期劳动合同，是指用人单位与劳动者约定无确定终止时间的劳动合同，此种合同只写明合同生效日期，未明确合同终止的日期。一般来说，如果劳动者没有过错就要一直干下去，对用人单位负担较重。它一般适用于工作保密性强、技术复杂、生产需要长期保持人员稳定的工作岗位。

订立无固定期限劳动合同的情形。一种是协商签订。用人单位与劳动者协商一致，可以订立无固定期限劳动合同。另一种是在以下情形下，对用人单位强制签订。

① 劳动者在该用人单位连续工作满 10 年的；

② 用人单位初次实行劳动合同制度或者国有企业改制重新订立劳动合同时，劳动者在该用人单位连续工作满 10 年且距法定退休年龄不足 10 年的；

③ 连续订立 2 次固定期限劳动合同，且劳动者没有《劳动合同法》第三十九条和第四十条第一项、第二项规定的情形，续订劳动合同的。《劳动合同法》第三十九条规定了由于劳动者的过错，用人单位可以解除劳动合同的情形；第四十条第一项、第二项规定了用人单位可提前 30 日书面通知劳动者或额外支付一个月工资后，解除劳动合同的情形。

用人单位自用工之日起满一年不与劳动者订立书面劳动合同的，视为用人单位自用工之日起满一年的当日已经与劳动者订立无固定期限劳动合同。

用人单位违反法律的规定不与劳动者订立无固定期限劳动合同的，应当自订立之日起，向劳动者每月支付两倍的工资。

（3）以完成一定工作任务为期限的劳动合同

以完成一定工作任务为期限的劳动合同，是指用人单位与劳动者约定以某项工作的完成为合同期限的劳动合同。一般由用人单位与劳动者协商订立。这类合同没有规定合同的具体终止时间，合同约定的工作任务一旦完成，合同自然终止。此类合同实际上是一种特殊的固定期限劳动合同，一般适用于铁路、桥梁、水利、石油勘探等工程项目及季节性很强的工作。

2. 按劳动合同主体的数目划分

按劳动合同主体数目，劳动合同分为个人劳动合同和集体劳动合同。

（1）个人劳动合同，是指由单个的劳动者本人与用人单位依法签订的劳动合同，它规定个别劳动关系，其内容具有个别性，是劳动合同的常态。

（2）集体劳动合同，是指由劳动者推举的代表或者工会代表企业职工一方，通过与用人单位或其团体、协会，就劳动报酬、工作时间、休息休假、劳动安全卫生、保险福利等事项平等协商而订立的合同。它规定的是集体劳动法律关系。我国《劳动合同法》对集体合同做了专门规定。

【随堂演练】 按劳动合同的期限，劳动合同可以分为（   ）。（多选）

A. 固定期限劳动合同

B. 无固定期限劳动合同

C. 以完成一定工作任务为期限的劳动合同

D. 全日制劳动合同

答案： A、B、C

解析： 按照劳动合同的期限，劳动合同可以分为固定期限劳动合同、无固定期限劳动合同和以完成一定工作任务为期限的劳动合同。

（二）劳动合同的主要内容

劳动合同的内容是指劳动者与用人单位双方通过平等协商达成一致的有关劳动权利和劳动义务具体条款。劳动合同的内容作为劳动合同的核心部分，分为劳动合同必备条款和劳动合同约定条款。

1. 劳动合同必备条款

根据《劳动合同法》第十七条的规定，劳动合同的必备条款如下。

（1）用人单位的名称、住所和法定代表人或者主要负责人；

（2）劳动者的姓名、住址和居民身份证或者其他有效身份证件号码；

（3）劳动合同期限；

（4）工作内容和工作地点；

（5）工作时间和休息、休假；

（6）劳动报酬；

（7）社会保险；

（8）劳动保护、劳动条件和职业危害防护；

（9）法律、法规规定应当纳入劳动合同的其他事项。

2. 劳动合同约定条款

劳动合同约定条款是指法律规定劳动合同可以具备的条款，是否约定，由当事人确定。用人单位与劳动者可以在劳动合同中约定试用期、培训、保守秘密、补充保险和福利待遇等其他事项。

在下面两种情况下，用人单位和劳动者可以约定违约金：一是用人单位为劳动者提供专项培训费用，对其进行专业技术培训的，与劳动者约定了服务期。双方可以约定如劳动者违反服务期约定，应当按照约定向用人单位支付违约金。其中，可约定的违约金小于培训费。二是用人单位与劳动者在劳动合同中或保密协议中约定了竞业限制条款，如劳动者违反了竞业限制约定，应按照约定向用人单位支付违约金。

竞业限制条款是双方当事人在劳动合同中约定的劳动者在劳动关系存续期间或在解除、终止劳动合同后的一定期限内不得自营或为他人经营与原用人单位有竞争关系的业务。约定这一条款的主要目的是防止不正当竞争。解除劳动合同后，竞业限制的约定只能针对特定人，如用人单位的高级管理人员、高级技术人员和其他负有保密义务的人员，竞业限制的期限最长不得超过2年，且在竞业限制期限内，用人单位应按月给予劳动者一定的经济补偿。

【案例】2002年5月，刘某任职于制作导航仪的A公司，担任技术副总。由于刘某与A公司的董事长关系甚好，刘某与A公司未签订任何协议。2005年3月，刘某辞去了A公司的工作。2005年4月，A公司得知刘某去了同行业的B公司，职务也是技术副总，负责产品技术研发。不久，A公司发现，其一些客户流失到了B公司，故A公司以刘某掌握了A公司技术及相关产品信息在B公司任职，违反了竞业禁止义务为由准备起诉刘某。

问题：A 公司如果起诉，能否得到人民法院支持？

解析：除了公司法规定的公司高级管理人员负有法定的竞业禁止义务外，公司员工离职后的竞业禁止义务属于一项合同约定义务，除非有合法有效的合同明确约定，否则员工可不负竞业禁止义务。这也是出于对个人择业权与公司利益平衡的考虑。

（三）试用期

试用期是指对新录用的职工进行试用的期限。《劳动合同法》对试用期进行了具体的规定。

1. 试用期期限类型

劳动合同期限为 3 个月以上不满 1 年的，试用期不得超过 1 个月；劳动合同期限为 1 年以上不满 3 年的，试用期不得超过 2 个月；3 年以上固定期限和无固定期限的劳动合同，试用期不得超过 6 个月；以完成一定工作任务为期限的劳动合同，或者劳动合同期限不满 3 个月的，不得约定试用期。

用人单位与同一劳动者只能约定一次试用期。试用期包含在劳动合同期限内。劳动合同仅约定试用期的，试用期不成立，该期限为劳动合同期限。

2. 试用期的限制性

劳动者在试用期的工资不得低于本单位相同岗位最低档工资或者劳动合同约定工资的 80%，并不得低于用人单位所在地的最低工资标准。在试用期间，除劳动者有不符合录用条件、有违规违纪违法行为、不能胜任工作等情形，用人单位不得解除劳动合同。用人单位在试用期解除劳动合同的，应当向劳动者说明理由。

【随堂演练】认定双方存在劳动关系时的凭证有哪些？

解析：用人单位未与劳动者签订劳动合同，认定双方存在劳动关系时可参照下列凭证：（1）工资支付凭证或记录（职工工资发放花名册）、缴纳各项社会保险费的记录；（2）用人单位向劳动者发放的"工作证""服务证"等能够证明身份的证件；（3）劳动者填写的用人单位招工招聘"登记表""报名表"等招用记录；（4）考勤记录；（5）其他劳动者的证言；等等。

四、劳动合同的履行、变更以及解除和终止

（一）劳动合同的履行

劳动合同的履行，是劳动合同双方当事人约定履行各自的义务，并享有各自的权利的行为。这既是劳动法赋予合同当事人双方的义务，也是劳动合同对双方当事人具有法律约束力的表现。劳动合同的履行要遵循以下原则。

1. 亲自履行的原则

劳动合同的双方当事人必须亲自履行合同约定的义务，未经对方同意，合同的一方当事人不得让他人代替履行义务，因为劳动力是存在于人身的、与人身不可分离的。

2. 全面履行的原则

全面履行的原则即合同当事人必须履行合同的全部条款和各自承担的全部义务，既要按照合同约定的标的及其种类、数量和质量履行，又要按照合同约定的时间、地点和方式履行。

3．协助履行原则

协助履行原则即劳动者与用人单位在合同履行过程中始终坚持互助合作。

（二）劳动合同的变更

劳动合同的变更，是指依劳动合同法订立后，由于约定条件或法定事由发生变化，而对劳动合同的内容进行修正或补充。由于某些主客观情况的变化，合同双方或一方难以继续履行合同，则可依法变更合同内容，这涉及双方当事人。提出变更要求的一方，应提前通知对方，并取得对方当事人的同意。变更劳动合同，应采取书面形式。

劳动合同依法变更后，当事人之间的权利义务自变更合同的协议所约定之日起发生变更。劳动合同的变更是在原合同基础上所做出的而不是签订新的合同，因此，原合同中未被修改的部分效力不变，修改后的部分与原合同具有同等的效力，对双方当事人都有约束力。

（三）劳动合同的解除

劳动合同的解除，是指在劳动合同依法订立后，劳动合同期限届满之前，因双方协商提前结束劳动关系，或因出现法定的情形，一方单方通知对方结束劳动关系的法律行为。

1．劳动合同的协商解除

协商解除又称双方解除或约定解除，是指因主客观情况的变化，劳动合同当事人经协商一致而解除劳动合同。《劳动法》第三十六条规定：用人单位与劳动者协商一致，可以解除劳动合同。

劳动合同的
协商解除

2．劳动者单方解除劳动合同

劳动者单方解除劳动合同，又分为两种情况。

一是预告解除。《劳动合同法》第三十七条规定：劳动者提前 30 日以书面形式提前通知用人单位，可以解除劳动合同。劳动者在试用期内提前 3 日通知用人单位，可以解除劳动合同。如果劳动者单方解除劳动合同，给用人单位造成了经济损失，应依照有关规定和劳动合同的约定，由劳动者承担赔偿责任。赔偿责任包括：用人单位招收录用其所支付的费用，用人单位为其支付的培训费用。

劳动者单方解除
劳动合同

二是劳动者的即时解除。用人单位违反法律法规或劳动合同要求的，劳动者可随时解除劳动合同。《劳动合同法》第三十八条规定，有下列情形之一的，劳动者可以随时解除劳动合同。

（1）用人单位未按照劳动合同约定提供劳动保护或者劳动条件的；

（2）用人单位未及时足额支付劳动报酬的；

（3）用人单位未依法为劳动者缴纳社会保险费的；

（4）用人单位的规章制度违反法律、法规的规定，损害劳动者权益的；

（5）用人单位以欺诈、胁迫的手段或者乘人之危，使劳动者在违背真实意思的情况下订立或者变更劳动合同的；

（6）用人单位在劳动合同中免除自己的法定责任、排除劳动者权利的；

（7）用人单位违反法律、行政法规强制性规定的；

（8）法律、行政法规规定劳动者可以解除劳动合同的其他情形。

用人单位以暴力、威胁或者非法限制人身自由的手段强迫劳动者劳动的，或者用人单位违章指挥、强令冒险作业危及劳动者人身安全的，劳动者可以立即解除劳动合同，不需要事先告知用人单位。

3. 用人单位解除劳动合同

（1）用人单位可以随时解除劳动合同的情形

根据《劳动合同法》第三十九条的规定，有下列情况之一的，用人单位可以解除劳动合同：劳动者在试用期间被证明不符合录用条件的；劳动者严重违反用人单位规章制度的；劳动者严重失职、营私舞弊，给用人单位造成重大损害的；劳动者同时与其他用人单位建立劳动关系，对完成本单位的工作任务造成严重影响，或经用人单位提出，拒不改正的；劳动者因欺诈、胁迫、乘人之危等情形使劳动合同无效的；劳动者被依法追究刑事责任的。

用人单位解除
劳动合同 1

用人单位解除
劳动合同 2

这类解除的依据是劳动者有行为上的严重过错，甚至已经给用人单位造成了经济损失，在这些情况下，双方保持劳动关系已经不可能，所以，法律赋予用人单位可以随时解除劳动关系的权利。

（2）用人单位可预先解除劳动合同的情况

按照《劳动合同法》第四十条的规定，有下列情形之一的，用人单位提前三十日以书面形式通知劳动者本人或者额外支付劳动者一个月工资后，可以解除劳动合同：劳动者患病或非因工负伤，在规定的医疗期满后不能从事原工作，也不能从事用人单位另行安排的工作的；劳动者不能胜任工作，经培训或者调整工作岗位，仍不能胜任的；劳动合同订立时所依据的客观情况发生重大变化，致使劳动合同无法履行，经用人单位与劳动者协商，未能就变更劳动合同内容达成协议的。

此类解除不是基于劳动者的行为过错，而是基于劳动者的工作能力和其他客观原因，所以，在解除程序上与随时解除不同。

（3）用人单位经济性裁员

经济性裁员是指用人单位基于经营方面的困难或者基于生产经营方面技术改造的原因，使某些劳动者丧失了劳动岗位，用人单位不得不与他们解除劳动合同。

用人单位在进行法定整顿期间或者生产发生严重困难时，可以裁减人员。《劳动合同法》第四十一条规定，有下列情形之一，需要裁减人员二十人以上或者裁减不足二十人但占企业职工总数百分之十以上的，用人单位提前三十日向工会或者全体职工说明情况，听取工会或者职工的意见后，经向劳动行政部门报告裁减人员方案后，可以裁减人员；依照企业破产法规定进行重整的；生产经营发生严重困难的；企业转产、重大技术革新或者经营方式调整，经变更劳动合同后，仍需裁减人员的；其他因劳动合同订立时所依据的客观经济情况发生重大变化，致使劳动合同无法履行的。

经济性裁员有以下限制：一是用人单位应提前三十日向工会或者全体职工说明情况，听取工会或者职工的意见后，经向劳动行政部门报告裁减人员方案后方可裁员。二是裁减人员时，应当优先留用下列人员：与本单位订立较长期限的固定期限劳动合同的；与本单位订立无固定期限劳动合同的；家庭无其他就业人员，有需要扶养的老人或者未成年人的。三是用人单位依照规定裁减人员后，在六个月内重新招用人员的，应当通知被裁减的人员，并在同等条件下优先录用被裁减的人员。

（四）劳动合同的终止

因合同期满或出现法律规定的其他劳动合同终止的条件，劳动合同的法律效力即告终止。

《劳动合同法》第四十四条规定，有下列情形之一的，劳动合同终止：劳动合同期满的；劳动者开始依法享受基本养老保险待遇的；劳动者达到法定退休年龄的，劳动合同终止；劳动者死亡，或者被人民法院宣告死亡或者宣告失踪的；用人单位被依法宣告破产的；用人单位被吊销营业执照、责令关闭、撤销或者用人单位决定提前解散的；法律、行政法规规定的其他情形。

劳动合同期满的，有下列情形之一的，劳动合同应当延续至相应的情形消失时终止：从事接触职业病危害作业的劳动者未进行离岗前职业健康检查，或者疑似职业病病人在诊断或者医学观察期间的；患病或者非因工负伤，在规定的医疗期内的；女职工在孕期、产期、哺乳期的；在本单位连续工作满十五年，且距退休年龄不足五年的；法律、行政法规规定的其他情形。这是法律规定的在劳动合同终止时，对特殊对象的特殊保护。

（五）劳动合同解除或终止后的经济补偿

1. 可主张经济补偿的劳动合同解除情形

（1）劳动者的即时解除；

（2）用人单位提出的协商解除；

（3）用人单位的预告解除；

（4）用人单位的裁员解除。

2. 经济补偿的支付标准

经济补偿按劳动者在本单位的工作年限和工资标准计算具体金额，并以货币形式支付给劳动者.

（1）每满 1 年支付 1 个月工资的标准向劳动者支付；

（2）6 个月以上不满 1 年的，按 1 年计算；

（3）不满 6 个月的，向劳动者支付半个月工资的经济补偿。

五、集体合同

（一）集体合同的概念

集体合同，又称集体协议、团体合约等，是指全体劳动者作为一方（一般由工会代表劳动者一方），用人单位或者用人单位团体作为另一方，为规范劳动关系而订立的，以全体劳动者的共同利益为中心内容的书面协议。

（二）集体合同的特点

集体合同具有以下特点。

（1）集体合同的一方是代表职工利益的工会组织或者职工推举的代表，另一方是企业或事业组织；

（2）集体合同的内容以劳动报酬、工作时间、休息休假、劳动安全卫生、保险福利等事项为主，它主要规定的是企业义务方面的内容；

（3）集体合同一经订立，即适用于企业全体劳动者，对企业全体劳动者和企业、事业组织产生法律约束力。

集体合同是职工集体意志的体现。集体合同的效力高于劳动合同，劳动合同中所约定的劳动者权益水平不得低于集体合同中确立的标准。集体合同不能代替劳动合同，劳动者个人与企业建立劳动关系，必须另订立劳动合同。

《劳动法》第五十六条规定：用人单位违反集体合同，侵犯职工劳动权益的，工会可以要求用人单位承担责任；因履行集体合同发生争议，经协商解决不成的，工会可以依法申请仲裁、提起诉讼。

（三）集体合同的内容

集体合同的内容包括：劳动报酬、工作时间、休息休假、劳动安全卫生、补充保险和福利、女职工和未成年工特殊保护、职业技能培训、劳动合同管理、奖惩、裁员、其他程序性条款等。

（四）集体合同的订立

《劳动法》第三十三条和第三十四条规定，订立集体合同应当遵循下列程序。

（1）协商拟订草案。这是当事人双方进行初步谈判的过程，即由代表职工利益的工会组织或职工推举的代表与企业在平等自愿的基础上进行充分协商，提出集体合同的主要内容，拟订集体合同草案。

（2）征求意见。集体合同草案拟订后，应当提交职工代表大会或者全体职工讨论，广泛征求职工意见，并在此基础上对合同内容进行修改、补充，使合同能够全面正确地反映职工的要求。

（3）签订合同。集体合同草案经当事人双方再次协商，经职工代表大会或者全体职工讨论通过后，正式制作成合同文书，由工会主席或职工推举的代表和企业法定代表人分别在合同上签字盖章。

（4）报送审查、备案。集体合同订立后，应当报送劳动行政部门，劳动行政部门自收到集体合同文本之日起 15 日内未提出异议的，集体合同即行生效。

六、劳务派遣

【案例】A 公司主营服装鞋帽外贸产品加工生产。去年由于订单量增加，用工紧张，委托 B 公司派遣一批人员赶工。B 公司为此招募了 50 名女工派遣到 A 公司工作，B 公司未与这些女工签订劳动合同，口头承诺工作时间为 2 年，每月工资为 3 000 元，每名女工每月需向 B 公司交纳200 元的用工费。今年，A 公司由于订单量减少，将其中 20 人另外派遣到 C 公司工作。

问题：依据劳务派遣的相关内容，对本案进行分析。

解析：

（1）B 公司与 50 名女工没有签订劳动合同是违法的。劳务派遣单位与用工单位订立劳务派遣协议，约定派遣岗位、人员数量、派遣期限、劳动报酬等事项；

（2）案例中，50 名女工的劳务派遣时间长达 2 年，违反了临时性岗位的要求；

（3）每名女工每月向 B 公司交纳 200 元用工费，属于克扣劳动报酬的行为；

（4）A 公司将其中 20 人派遣到 C 公司的行为违反了用工单位不得将被派遣劳动者再次派遣到其他单位的规定。

（一）劳务派遣的概念

劳务派遣又称劳动派遣，是指由劳务派遣单位按照其与用工单位的劳务派遣协议，将被劳动者派遣到用工单位劳动的一种特殊的用工形式。劳务派遣关系中存在三方主体：劳务派遣单位、用工单位和被派遣劳动者。

1. 劳务派遣单位

劳务派遣单位也称为用人单位，是与被派遣劳动者订立劳动合同，建立劳动关系并把劳动者派到用工单位工作的主体。

劳务派遣单位作为劳动合同的缔约人，和劳动者之间是劳动关系，应当承担用人单位对劳动者的各种义务，如劳务派遣单位应当依法与劳动者签订书面劳动合同、按时足额支付劳动报酬、依法为劳动者缴纳社会保险费用、在解除劳动合同时要支付经济补偿。如果劳务派遣单位和用工单位约定由用工单位负责支付工资、社会保险费，用工单位还要对这些费用的支付承担连带责任。

2. 用工单位

用工单位是接受以劳务派遣形式用工的单位，即使用被派遣劳动者的主体。用工单位虽然不是劳动合同的缔约人，但却是劳动力的使用人和劳动合同的履约人。用工单位在被派遣劳动者的劳动过程中进行指挥和监督，被派遣劳动者要遵守用工单位的规章制度等。但被派遣劳动者同用工单位之间没有订立劳动合同，因而不是劳动关系。

3. 被派遣劳动者

被派遣劳动者是指具有劳动权利能力和劳动行为能力，并与劳务派遣单位签订劳动合同的自然人。

（二）劳务派遣协议

劳务派遣协议是派遣单位与用工单位之间就劳动力的使用、管理等事项订立的一种协议。在劳务派遣协议中，双方还应当就派遣岗位和人员数量、派遣期限、劳动报酬和社会保险费的数额与支付方式以及违反协议的责任等做出约定。

（三）劳务派遣的适用

《劳动合同法》第六十六条规定：劳动合同用工是我国的企业基本用工形式，劳务派遣用工是补充形式。劳务派遣用工只能在临时性、辅助性（不能是主营业务岗位）或者替代性的工作岗位上实施。临时性工作岗位是指存续时间不超过 6 个月的岗位；辅助性工作岗位是指为主营业务岗位提供服务的非主营业务岗位；替代性工作岗位是指在用工单位的劳动者因脱产学习、休假等原因无法工作的一定期间内，可以由其他劳动者替代工作的岗位。

（四）劳务派遣的内容

（1）被派遣劳动者的主要权利：享有与用工单位的劳动者同工同酬的权利；依法组织或参加工会，维护自身合法权益的权利；依法解除与劳务派遣单位的劳动合同的权利。

（2）劳务派遣单位的主要义务：告知被派遣劳动者劳务派遣协议内容，不得克扣被派遣劳动者的劳动报酬。

（3）用工单位的主要义务：向被派遣劳动者提供劳动条件和劳动保护，告知被派遣劳动者工作要求和劳动报酬，提供与工作岗位相关的福利待遇，用工单位不得将被派遣劳动者再次派遣到其他单位。

第三节 | 劳动基准

　　劳动基准是法定最低劳动标准。即劳动者在劳动关系中所享有的劳动条件最低标准。为了保障劳动者在劳动过程中的合法权益，《劳动法》对劳动基准做了严格的规定，这种强制性的最低标准，用人单位必须严格遵守，不得违反。劳动基准包括：工作时间制度、休息休假制度、工资制度、劳动安全卫生制度、女职工和未成年工劳动保护制度。

一、工作时间制度

　　工作时间，是劳动者为履行劳动义务，在法定限度内从事劳动和工作的时间，即法律规定劳动者在一天内或一周内必须用来完成其所负担工作的时间。工作时间是法律规定的，是用人单位计发劳动报酬的依据之一。法定工作时间具有强制性，不得违反。

　　（一）工作时间的种类

　　具体来说，工作时间分为以下几种：标准工作时间、计件工作时间、缩短的工作时间、综合计算的工作时间和不定时工作时间。

　　1. 标准工作时间

　　《劳动法》规定："国家实行劳动者每日工作时间不超过八小时，每周平均工作时间不超过四十小时的工时制度。"

　　2. 计件工作时间

　　计件工作时间是指以劳动者完成一定劳动定额为标准的工作时间。实行计件工作时间的用人单位，必须以劳动者在一个标准工作日和一个标准工作周的工作时间内完成的计件数量为标准，确定劳动日或周的劳动定额。

　　3. 缩短的工作时间

　　在特殊情况下从事特殊工作的职工，其工作时间可少于国家规定的的标准工作时间，如从事矿山井下作业、高空作业、严重的有毒有害作业、特别繁重和过度紧张的体力劳动者，以及从事夜班工作的劳动者，还有哺乳未满一周岁婴儿的女职工，都可以缩短工作时间。

　　4. 综合计算的工作时间

　　综合计算的工作时间是指因用人单位生产或者工作的特点，不以日而以周、月、季为周期综合计算工作时间长度的工作时间。综合计算的工作时间适用于因工作性质需要连续作业的职工或者受季节及自然条件限制的行业的部分职工等。

　　5. 不定时工作时间

　　不定时工作时间一般适用于下列人员：企业中的高级管理人员、外勤人员、推销人员，部分值班人员、出租汽车司机、部分装卸人员；事业单位的领导及其助手、出租汽车司机以及某些自行支配工作时间的特殊岗位的工作人员。这些人员因工作特殊需要或者职责范围的关系或特殊的生产特点，无法按照标准工作时间衡量或者需要机动工作时所实行的工作时间。

（二）延长的工作时间

延长工作时间又称加班加点，是指根据法律、法规和行政命令的规定，在法定节假日和公休假日进行额外工作（即加班），以及超过正常工作日进行工作（加点）。

用人单位不得随意延长工作时间，《劳动法》第四十一条规定："用人单位延长工作时间一般每日不超过一小时；因特殊原因需要延长工作时间的，在保障劳动者身体健康的情况下延长工作时间每日不得超过三小时，但是每月不得超过三十六小时。"用人单位延长工作时间必须与劳动者或工会协商。

为了保障劳动者的权益，弥补用人单位延长工作时间对劳动者带来的不利影响，我国《劳动法》对劳动者加班加点的工资标准做了特殊的规定。《劳动法》第四十四条规定："用人单位应当按照下列标准支付高于劳动者正常工作时间工资的工资报酬：（1）安排劳动者延长工作时间的，支付不低于日常工资的150%的工资报酬；（2）休息日安排劳动者工作又不能安排补休的，支付不低于日常工资的 200%的工资报酬；（3）法定节假日安排劳动者工作的，支付不低于日常工资的300%的工资报酬。"

【案例】 2008 年 11 月至 2009 年 1 月，小王因负责一个公司项目，经常加班：有 20 个工作日每天晚上加班 2 小时。有 4 个周六全天加班，且无法安排补休。2009 年 1 月 1 日元旦也没有休息。

问题： 公司应当如何支付小王的加班工资？

解析： 根据我国《劳动法》第四十四条的规定，公司应支付小王的加班工资为：工作日加班的每小时加班费为正常每小时工资数的 150%，周六加班的每小时加班费为正常每小时工资数的 200%，元旦加班的每小时加班费为正常每小时工资数的 300%。

二、休息休假制度

休息休假制度，是指劳动者在国家法定工作时间之外自行支配的时间。根据《劳动法》和有关行政法规的规定，劳动者依法享有以下几种休息休假时间：公休假日，包括星期六和星期日；法定节假日，包括元旦、春节、国际劳动节、端午节、国庆节、中秋节等；年休假，即劳动者连续工作一年以上，享受带薪休假的一段休息日；探亲假，即在两地分居时，劳动者享有回家与父母或配偶团聚的带薪休假期；女职工保护休假，即因女职工生理特点所安排的休假。

至于年休假的天数，《职工带薪年休假条例》规定：职工累计工作已满 1 年不满 10 年的，年休假 5 天。已满 10 年不满 20 年的，年休假 10 天。已满 20 年的，年休假 15 天。

《职工带薪年休假条例》规定：单位确因工作需要不能安排职工休年休假的，经职工本人同意，可以不安排职工休年休假。对职工应休未休的年休假天数，单位应当按照该职工日工资收入的 300%支付年休假工资报酬。

三、工资制度

（一）工资概述

工资是指用人单位根据国家有关规定或者劳动合同，以货币形式直接支付给劳动者的劳动报酬，是劳动者收入的主要组成部分。依照《劳动法》第四十六条的规定，工资分配应当遵循按劳分配原则，实行同工同酬，工资水平在经济发展的基础上逐步提高，国家对工资总量实行宏观控制。工资形式包括计时工资、计件工资、定额工资、浮动工资、奖金、津贴、特殊情况下的工资等。

（二）最低工资制度

最低工资是法律规定的劳动者在法定工作时间提供了正常劳动的前提下，其所在用人单位必须按法定最低标准支付的劳动报酬，以确保每一个劳动者能够通过自己的劳动养活自己。最低工资制度，也是一种社会保障制度，其保障范围不仅包括劳动者本人的基本生活需要，也包括劳动者赡养的家庭成员的生活需要。具体的最低工资会随国民经济发展水平和生活费用价格指数等的变化而适当调整。《企业最低工资规定》第七条规定："最低工资标准高于当地的社会救济金，低于平均工资。"《劳动法》规定：确定和调整最低工资标准应考虑以下因素：维持劳动者最低生活的费用，劳动者平均赡养人口的最低生活费用，社会平均工资水平，就业情况。

（三）工资支付保障

《劳动法》第五十条规定："工资应当以货币形式按月支付给劳动者本人。不得克扣或者无故拖欠劳动者的工资。"为了保障用人单位足额支付劳动者工资，劳动法做了如下限制性规定：（1）对代扣工资的限制。用人单位不得非法克扣劳动者的工资；（2）因劳动者本人原因造成经济损失的，用人单位可以按照劳动合同的约定要求劳动者赔偿其经济损失。经济损失的赔偿，可以从劳动者本人的工资中扣除。但每月扣除金额不得超过劳动者月工资的 20%，若扣除后的余额低于当月最低工资标准，则应按最低标准支付。另外，用人单位对劳动者违纪罚款，一般不得超过本人月工资标准的 20%。

四、劳动安全卫生制度

（一）劳动安全卫生的概念

劳动者的安全和健康直接关系到劳动者的生存和发展，因此劳动保护制度一直是《劳动法》的基本内容之一。劳动安全卫生制度是指用人单位依法制订的具体防止劳动过程中的事件，减少职业危害的劳动安全卫生规则。

（二）劳动者在劳动安全卫生方面的权利

劳动者的权利包括：拒绝违章指挥和强令冒险作业，这是制止用人单位违章作业、保障劳动者生命安全和身体健康的一项重要措施。

对于劳动过程中的任何危害劳动者生命安全和身体健康的行为，劳动者本人或者其他知道实情的劳动者，都有权批评用人单位或向有关部门检举和控告。

五、女职工和未成年工劳动保护制度

（一）女职工特殊劳动保护

根据《劳动法》等相关法律的规定，对女职工的劳动保护包括以下内容。

（1）禁止要求女职工从事有害妇女健康的劳动。《劳动法》第五十九条规定："禁止安排女职工从事矿山井下、国家规定的第四级体力劳动强度的劳动和其他禁忌从事的劳动。"

（2）对女职工的四期（经期、孕期、产期、哺乳期）加以保护。根据《劳动法》第六十条、第六十一条、第六十二条的规定，不得安排女职工在怀孕期间从事国家规定的第三级体力劳动强度的劳动和孕期禁忌从事的劳动，对怀孕七个月以上的女职工不得安排其延长工作时间和夜班劳动；女职工生育享受不少于 90 天的产假；不得安排女职工在哺乳未满一周岁婴儿期间从事国家规定的第三级体力劳动强度的劳动和哺乳禁忌从事的其他劳动。不得安排其延长工作时间和夜班劳动。另外，有条件的用人单位要为女职工建立女职工卫生室、孕妇休息室和哺乳室。

（二）未成年工特殊劳动保护

根据未成人的生长、发育特点和其接受义务教育的需要，必须给予未成年人提供特殊的劳动保护。未成年人是指已满 16 周岁但不满 18 周岁的劳动者。对未成年工的特殊保护包括以下四个方面。

（1）对未成年工应缩短工作时间，禁止未成年工加班、加点及从事夜班工作。未成年工用人单位应根据自身条件安排未成年工进行文化补习。

（2）限制工作范围。禁止未成年工从事矿山井下劳动、繁重体力劳动、深水或高空作业以及有毒、有害作业，不得让未成年工进行机械危险部分的检修工作。

（3）定期进行身体检查。企业单位在录用未成年工时要进行体格检查，录用后，也要定期体检。

（4）实行同工同酬。未成年工提供与成年工同等的劳动，应该获得同等的劳动报酬，对未成年工不得因实行缩短工作日而扣减其工资。

第四节　劳动争议的处理方法

本节主要讲述关于劳动争议的处理方法，包括劳动争议的概念、劳动争议处理方式和劳动争议处理机构。

一、劳动争议的概念

劳动争议亦称劳动纠纷，是指劳动关系当事人之间因实现劳动权利、履行劳动义务发生分歧而引起的争议。劳动争议以劳动者和用人单位为主体，与劳动关系密切相关。

二、劳动争议处理方式

劳动争议的处理方式有四种：协商、调解、仲裁、诉讼。

（一）协商

劳动者与用人单位发生劳动争议后，首先要由双方当事人直接进行协商，也可以请工会或者第三方共同与用人单位协商，达成和解协议。但是，和解协议没有必须履行的法律效力，而是由双方当事人自觉履行。协商不是处理劳动争议的必经程序，当事人不愿协商或协商不成，可以向本单位劳动争议调解委员会申请调解或向劳动争议仲裁委员会申请仲裁。

（二）调解

发生劳动争议，当事人不愿协商、协商不成或者达成和解协议后不履行的，可以向本单位的调解委员会或者法律规定的其他调解组织申请调解。但调解不是处理劳动争议的必经程序。不愿调解、调解不成或者达成调解协议后不履行的，可以向劳动争议仲裁委员会申请仲裁。

（三）仲裁

仲裁是处理劳动争议的必经程序。劳动争议发生后，当事人任何一方都可以向劳动争议仲裁委员会申请仲裁。

仲裁的基本步骤为：当事人申请，劳动仲裁委员会受理，案件审理。劳动仲裁委员会可以依法进行调解，经调解达成协议的，制作仲裁调解书。仲裁调解书具有法律效力，自达成之日起具有法律约束力，当事人须自觉履行，一方当事人不履行的，另一方当事人可向人民法院申请强制执行。

（四）诉讼

劳动者对劳动争议的终局裁决不服的，可以自收到仲裁裁决书之日起15日内向人民法院提起诉讼。

【案例】王某于1995年1月进入某证券公司工作，1998年起转为B类员工。其公司内部规定，B类人员不是正式员工。在相同的单位、相同（或相似）的岗位，干相同（或相似）的工作，其享受的待遇却不相同。2014年某证券公司向员工发放亲属慰问费2 000元，却没有王某的，他向有关负责人询问，得到的回答是：B类员工不享受此种待遇。2015年公司继续发放亲属慰问费3 000元，依然没有王某的。

公司2014年、2015年发给员工补充医疗保险费8 000元，也没有他的。他在公司工作已经10年以上，单位却拒绝与其签订无固定期限劳动合同。王某感到自己在公司受到不公平待遇。

问题：王某可以通过哪些途径维护其劳动权益？

解析：王某可以通过以下途径，维护其劳动权益：①王某可以与某证券公司协商，解决双方的纠纷。②王某可以通过第三方进行调解，解决双方的纠纷。③王某可以直接向劳动争议仲裁委员会申请仲裁，要求与公司签订无固定期限劳动合同，补发2014年、2015年亲属慰问费以及2014年、2015年的补充医疗保险费。④王某不服劳动仲裁裁决的，可以向人民法院提起诉讼。

三、劳动争议处理机构

劳动争议的处理机构主要有以下几个。

（一）劳动争议调解机构

劳动争议调解委员会（以下简称"调解委员会"）是依法成立的调解本单位发生的劳动争议的群众性组织。企业劳动争议调解委员会由职工代表和企业代表组成。职工代表由工会成员担任或由全体职工推举产生，企业代表由企业负责人选定。企业劳动争议调解委员会主任由工会成员或者双方推举的人员担任。

（二）劳动争议仲裁机构

劳动争议仲裁委员会是依法独立地对劳动争议案件进行仲裁的专门机构。劳动争议仲裁委员会仲裁劳动争议，实行仲裁庭仲裁制度。仲裁庭仲裁实行少数服从多数的原则。劳动争议仲裁不收费。

劳动争议仲裁委员会的经费由财政予以保障。

劳动争议仲裁委员会依法进行仲裁，依法决定劳动争议案件的受理、仲裁庭的组成、仲裁员的回避；依法对案件进行调查研究、进行调解和做出仲裁。

劳动争议仲裁委员会受理本行政区域内的下列劳动争议案件：①因订立、履行、变更、解除和终止劳动合同发生的争议；②因除名、辞退和辞职、离职发生的争议；③因工作时间、休息休假、社会保险、福利、培训以及劳动保护发生的争议；④因劳动报酬、工伤医疗费、经济补偿或者赔偿金等发生的争议；⑤法律、法规规定的其他劳动争议。

（三）人民法院

人民法院是行使审判权的审判机关。劳动争议案件由人民法院的民事审判庭审理。属于《调解仲裁法》第二条规定的劳动争议，当事人不服劳动争议仲裁委员会做出的裁决、依法向人民法院起诉的，人民法院应当受理。

复习与思考

一、填空题

1．劳动合同法是调整（　　　）关系，明确劳动合同双方权利和义务的法律规范的总称。

2．已建立劳动关系，未同时订立书面劳动合同的，应当自用工之日起（　　　）订立书面劳动合同。

3．劳动合同的效力，是指已经成立的劳动合同是否在当事人之间产生（　　　）。

4．无固定期限劳动合同，也叫不定期劳动合同，是指用人单位与劳动者约定（　　　）的劳动合同。

5．劳动合同的内容是指劳动者与用人单位双方通过平等协商达成一致的有关（　　　）具体条款。

二、选择题

1．有以下情形之一的，用人单位不得依据《劳动合同法》的某些规定而解除合同（　　　）。（多选）

    A．从事接触职业病危害作业的劳动者未进行离岗前职业健康检查，或者疑似职业病病人在诊断或者医学观察期间的

    B．在本单位患职业病或因工负伤并被确认丧失或部分丧失劳动能力的

    C．患病或非因工负伤，在规定的医疗期内的；女职工在孕期、产期、哺乳期内的

    D．在本单位工作满15年且距法定退休年龄不足5年的；法律、行政法规规定的其他情形

2．以下关于集体合同与劳动合同的关系的表述，正确的有（　　　）。（多选）

    A．集体合同的效力高于劳动合同

    B．劳动合同中所约定的劳动者权益水平不得低于集体合同中确立的标准

    C．集体合同不能代替劳动合同

    D．劳动者与用人单位签订了集体合同就不用再签订劳动合同了

3．劳动争议的处理方式有（　　　）。（多选）

    A．协商　　　　　　B．调解　　　　　　　C．仲裁　　　　　　D．诉讼

4．以下关于最低工资保障制度的表述，正确的有（　　　）。（多选）

    A．它包括了加班加点、中班、夜班、高温、低温、井下、有毒有害等特殊工作环境下的津贴

    B．以法定货币按时支付

    C．既是一种工资制度，也是一种社会保障制度

    D．是劳动者在法定工作时间内提供了正常劳动的前提下，其所在单位应支付的最低劳动报酬

5．试用期的限制性是指（　　　）。（单选）

    A．在同一用人单位劳动者职务晋升时，需要再试用

    B．试用期不包含在劳动合同期限内

    C．试用期最长不能超过 6 个月

    D．只要签订劳动合同，就可以试用

三、名词解释

1．劳动法

2．劳动关系

四、简答题

1．劳动法的基本原则有哪些？

2．劳动合同的特征有哪些？

五、案例分析题

某市国营轮胎厂发生下列纠纷。

（1）工人 A 因身体有病被辞退，与厂方发生争议。

（2）技术员 B 因未被允许参加全省轧钢行业技术员培训与厂方发生争议。

（3）助理工程师 C 因未晋升工程师职务与厂方发生争议。

（4）副总工程师 D 因工资调整与厂方发生争议。

问题：

（1）A、B、C、D 中哪几个人与厂方发生的争议属于《中华人民共和国劳动争议调解仲裁法》所规定的劳动争议？

（2）劳动争议可以通过哪几种方式解决？在运用这几种方式解决争议时，不同方式之间是什么关系？

（3）解决劳动争议的各种方式的法律效力如何？

第十二章 | 税法

某汽车制造厂2020年2月销售卡车200辆，每辆700 000元，另外每辆收取不含税的包装费、运输装卸费等5 000元。当月购进原材料金额6 800 000元，增值税专用发票上注明税款额884 000元；购进燃料金额60 000元，增值税专用发票上注明税额7 800元；购进动力金额1 200 000元，增值税专用发票上注明税额为156 000元；购进低值易耗品金额为88 000元，增值税专用发票上注明税额为11 440元（价格均为不含税价格）。

问题： 计算该企业当月应纳增值税税额。

第一节 | 税法概述

下面介绍现行税收法律制度中税收的概念与特征、税法的概念与构成要素。

一、税收的概念与特征

税收是国家为了行使职能，通过专门机构，按照法律规定的程序和标准，向企业或公民强制、无偿地征收其财产或收入的一定比例部分，形成财政收入的行政行为。税收的基本特征有以下三个。

税收的概念与特征

（1）强制性。即国家依据法律强制地征收税赋。任何单位和个人，只要是税法规定应该纳税的主体，都必须无条件按时足额地缴纳税款，履行纳税义务，否则就要受到法律的制裁。税收的强制性是国家无偿取得财政收入的可靠保证。

（2）无偿性。税收是将征收的税款归国家所有，不再偿还给各纳税人，也无任何代价进行交换，是一种无偿所得。

（3）固定性。税收的固定性是强制性和无偿性的必然要求，是指国家运用法律的形式，将每种税的征税对象、纳税主体、税率、纳税期限等预先确定下来，在一定时期内要求国家税务机关及纳税人共同遵守，以确保国家财政收入的稳定。

二、税法的概念与构成要素

（一）税法的概念

税法是规定国家与纳税人之间征纳权利与义务关系的法律规范的总和，是国家向纳税人征税的法律依据。

所谓税收征纳关系，就是国家为了实现其职能，由国家各级税务部门向负有纳税义务的单位和个人无偿地征收货币或实物而形成的社会关系，对这种征纳关系的法律调整就是税法。

我国现行的税法由调整不同税种的法律、法规组成，主要有《中华人民共和国增值税暂行条例》（以下简称《增值税暂行条例》）、《中华人民共和国企业所得税法》（以下简称《企业所得税法》）、《中华人民共和国个人所得税法》（以下简称《个人所得税法》）以及外资企业所得税法等。

（二）税法的构成要素

1. 征税人

征税人，是指代表国家行使税收征管职权的各级税务机关和其他征收机关。因税种的不同，征税人可能有所不同。

2. 纳税义务人

纳税义务人又称纳税人或纳税主体，是指税法规定的直接负有纳税义务的法人、自然人及其他组织。

纳税人有权向税务机关了解国家税收法律、行政规定以及与纳税程序有关的情况；纳税人有权要求税务机关为纳税人保密；纳税人对税务机关所做出的决定，享有陈述权、申辩权；纳税人依法享有申请行政复议、提起行政诉讼、请求国家赔偿等权利；纳税人有权控告和检举税务机关、税务人员的违法违纪行为。

3. 纳税对象

纳税对象又称征税对象，是指对什么征税。征税对象是税法结构中最基本的因素。征税对象是征不征税的主要标准，是区别不同税种的主要标志。例如，流转税的征税对象是商品销售额或服务性行业的业务额；所得税以所得额为对象；财产税以财产为对象；行为税以行为为对象；资源税以资源为对象。

4. 税种与税目

税种即税收的种类，是指征收什么税；而税目是指各税种中具体规定的应纳税的项目，是税收对象的具体化，反映征税的范围和广度。

5. 税率

税率是指应纳税额与纳税对象数额之间的比例，或者说税率是计算每一个单位征税对象与应纳税额之间的比率。它是计算应纳税额的主要尺度，是税法的核心因素。税率的高低直接体现税收的经济杠杆作用。税率主要有三类：比例税率、累进税率和固定税率。

（1）比例税率。通常适用于流转税。比例税率不分征税对象数额的大小，只规定一个比例的税率，通常适用于对流转额的征税。

（2）累进税率。累进税率又称等级税率，即按征税对象数额大小规定不同等级的税率。累进税率又可分为全额累进税率、超额累进税率和超率累进税率。

全额累进税率是把征税对象按数额大小分成不同等级，税率依次提高，纳税人按其所属等级，适用一个税率。征税对象的等级达到哪一级，就按哪一级的税率征税。

超额累进税率，是把征税对象按数额大小分成若干等级，为每一等级规定一个税率，税率依次提高，纳税人依所属等级同时适用几个税率来分别计算，相加后得出应纳的税款，也就是将征税对象不同等级部分同时适用相应的税率，每一次计算仅以征税对象数额超过前级的部分作为计算基数，然后将计算结果相加得出应纳税数额的税率。目前采用超额累进税率的是个人所得税。

超率累进税率，是把征税对象按增加的比率分成若干等级，为每一等级规定一个税率，税率依次提高，纳税人依所属等级同时适用几个税率分别计算。即对纳税人的全部利润，按不同的销售利润率划分为若干等级，分别适用不同的税率计算征收税款的一种累进税率。现行的土地增值税就采用超率累进税率计算征收税款。

（3）固定税率。这是一种按征税对象的一定单位直接规定固定的税额，而不采用百分比的形式的税率，一般适用于从量计征的税种。

6. 纳税环节、期限与地点

纳税环节是指应税商品在整个流转过程中，税法规定应当缴纳税款的环节。一般商品从生产到消费往往需要经过许多环节，税法只选择其中一个环节，规定为其缴纳税款的环节，如工业商品应在工业销售环节和商品批发环节、零售环节缴纳增值税。

纳税期限是指缴纳税款的具体期限，如按月缴纳、按季缴纳、按年缴纳等。在实践中，税法对各税种都明文规定了纳税期限。例如，增值税纳税义务发生时间：销售货物或者应税劳动，为收讫销售款或者取得索取收款凭据的当天；进口货物，为报关进口的当天。纳税人必须依法如期纳税，逾期纳税者要加滞纳金。

纳税地点是纳税人申报缴纳税款的地点，主要是纳税人所在地、营业行为发生地、财产所在地、报关地等。

7. 税的减免

减税就是减征部分税额，免税就是免征全部应税税额。减免税是对特定的纳税人或征税对象给予鼓励和照顾，减轻或免除其税收负担的一种优惠措施。下面为减免税的内容涉及的起征点和免征额。

（1）起征点

起征点是指对征税对象开始征税所规定的数额，未达到这个数额的不征税，达到或超过这个数额，就对其全额征税。

（2）免征额

免征额是指在征税对象数额中免予征税的数额。

8. 附加和加成

附加是正税的对称，是按基本税率征收正税之外，按一定比例随正税附加的税额，如教育费附加。

加成是指按规定税率计算出税款后，再加一定成数。例如，对个人劳务报酬所得，适用比例税率，税率为20%；对劳务报酬所得一次收入畸高的，可以实行加成征收。

9. 法律责任

纳税人如有违反税法的行为，应当受到惩罚。这种行为的法律责任，主要有责令纳税人限期缴纳税款、加收滞纳金、处以罚款、税收保全措施和税收强制执行等行政责任。情节严重构成犯罪的，依法追究刑事责任。

我国现行的主要税种

本节概括介绍了我国现行的主要税种，包括增值税、所得税等。

一、增值税

（一）增值税的概念

增值税是对在中华人民共和国境内销售货物或者是提供加工、修理修配劳务以及进口货物的单位和个人就其实现的增值额而征收的一个税种。从理论上分析，增值额是指一定时期内劳动者在生产过程中新创造的价值额；从税收征管实际看，增值额是指工业企业在一定时期内的商品或劳务的销售收入额扣除同期已经消耗的外购原材料、燃料、动力以及计入产品销售价格的包装物金额后的数额。

增值税制度源自 1918 年德国的隆西蒙斯和美国的亚当斯的学说，1954 年法国将生产阶段的营业税改为增值税，增值税立法正式诞生。

（二）增值税的内容

根据 2017 年修订的《增值税暂行条例》的规定，增值税包括的主要内容如下。

1. 纳税主体

在中国境内销售货物或提供加工、修理修配劳务，销售服务、无形资产、不动产以及进口货物的单位和个人，通常为增值税的一般纳税人。应征税销售额小于规定标准且会计制度不健全的纳税人，称为小规模纳税人。2018 年 4 月 4 日发布的《财政部税务总局关于统一增值税小规模纳税人标准的通知》（财税〔2018〕33 号）规定：自 2018 年 5 月 1 日起，增值税小规模纳税人标准为年应征增值税销售额 500 万元及以下。

2. 税率

我国增值税实行的是等级比例税率。自 2019 年 4 月 1 日起，我国实行以下四档增值税税率。

（1）税率 13%，适用于绝大多数销售货物和销售加工、修理劳务、有形动产租赁服务或者进口货物。

（2）税率 9%，适用于销售交通运输、邮政、基础电信、建筑、不动产租赁服务，销售不动产，转让土地使用权。

销售或者进口下列货物，税率也为 9%：一是粮食等农产品、食用植物油、食用盐、自来水、暖气、冷气等人民生活必需品；二是图书、报纸、杂志、音像制品、电子出版物；三是饲料、化肥、农药等农业生产资料。

（3）税率 6%，适用于销售服务、无形资产，另有规定的除外。

（4）零税率。仅适用于纳税人出口货物，但是国务院另有规定的除外，以及境内单位和个人跨境销售国务院规定范围内的服务、无形资产。

此外，由于小规模纳税人经营规模小，且会计核算不健全，《增值税暂行条例》规定其按照简易办法，即 3%的征税率计算其应纳税额，并不得抵扣增值税进项税额。

二、所得税

（一）企业所得税

根据 2007 年 3 月 16 日发布、2018 年 12 月 29 日修订的《企业所得税法》的规定，我国内资企业和外商投资企业、外国企业统一适用《企业所得税法》。

企业所得税，是以中国境内企业（合伙企业和个人独资企业除外）为纳税人，以企业一定时期的纯所得为计税依据而征收的一种税。企业所得税直接影响税后利润及其分配，影响着国家、企业、个人之间的利益分配关系。

企业所得税主要包括以下内容。

1. 纳税主体

在中国境内，企业和其他取得收入的组织（以下统称"企业"）为企业所得税的纳税人。

企业分为居民企业和非居民企业。居民企业是指依法在中国境内成立，或者依照外国（地区）法律成立但实际管理机构在中国境内的企业。非居民企业是指依照外国（地区）法律成立且实际管理机构不在中国境内，但在中国境内设立机构、场所的，或者在中国境内未设立机构、场所，但有来源于中国境内所得的企业。

2. 征税对象

企业所得税也根据居民企业和非居民企业有所不同。居民企业应当就其来源于中国境内、境外的所得缴纳企业所得税。非居民企业的征税对象还根据该企业在中国境内是否设立机构、场所进行区分：在中国境内设立机构、场所的，应当就其所设机构、场所取得的来源于中国境内的所得，以及发生在中国境外但与其所设机构、场所有实际联系的所得，缴纳企业所得税；在中国境内未设立机构、场所的，或者虽设立机构、场所但取得的所得与其所设机构、场所没有实际联系的，应当就其来源于中国境内的所得缴纳企业所得税。

3. 税率

企业所得税的税率统一为 25%。非居民企业在中国境内设立机构、场所的，应当就其所设机构场所取得的来源于中国境内的所得，以及发生在中国境外但与其所设机构、场所有实际联系的所得，缴纳企业所得税，税率为 25%。非居民企业在中国境内未设立机构、场所，或者虽设立机构、场所但取得的所得与其所设机构、场所没有实际联系的，对其来源于中国境内的所得，适用税率为 20%。

此外，国家为了重点扶持和鼓励发展特定的产业的项目，还规定了两档优惠税率：①符合条件的小型微利企业，按 20%的税率征收企业所得税；②国家需要重点扶持的高新技术企业，按 15%的税率征收企业所得税。

4. 税收抵免

企业取得的下列所得已在境外缴纳的所得税税额，可以从其当期应纳税额中抵免，抵免限额为该项所得依照《企业所得税法》的规定计算的应纳税额；超过抵免限额的部分，可以在以后五个纳税年度内，用每年度抵免限额抵免当年应抵税额后的余额进行抵补：居民企业来源于中国境外的应

税所得；非居民企业在中国境内设立机构、场所，取得发生在中国境外但与该机构、场所有实际联系的应税所得。

居民企业从其直接或者间接控制的外国企业分得的来源于中国境外的股息、红利等权益性投资收益，外国企业在境外实际缴纳的所得税税额中属于该项所得负担的部分，可以作为该居民企业的可抵免境外所得税税额，在《企业所得税法》第二十三条规定的抵免限额内抵免。

（二）个人所得税

个人所得税是以个人（自然人）取得的各项应税所得为征税对象，并由获取所得的个人缴纳的一种税。个人所得税主要包括以下内容。

1. 纳税人

我国个人所得税的纳税人分成两类：居民纳税人和非居民纳税人。区分这两类纳税主体的标准有两个：一是住所标准，二是时间标准。凡在中国境内有住所，或者无住所而一个纳税年度内在中国境内居住累计满 183 天的个人，为居民个人。居民个人应就其源于中国境内、境外所得，依法缴纳个人所得税。"在中国境内有住所"是指因户籍、家庭、经济利益关系而在中国境内习惯性居住。"从中国境内和境外取得的所得"，分别是指来源于中国境内的所得和来源于中国境外的所得。"在中国境内居住累计满 183 天"是指在一个纳税年度（即公历每年 1 月 1 日至 12 月 31 日）中在中国境内居住满 183 天。在中国境内居住累计满 183 天的任一年度中有一次离境超过 30 天情形的，其在中国境内居住累计满 183 天的年度的连续年限就需要重新起算。

凡在中国境内无住所又不居住或者无住所而在境内居住不满 183 天的个人，为非居民纳税人，其仅就其来源于中国境内的所得缴纳个人所得税。个人所得是否来源于中国境内，以受雇活动的所在地、提供个人劳务的所在地、财产坐落地以及资金、产权的实际运用地等标准来确定。另外，个人独资企业和合伙企业的投资者，也为个人所得税的纳税义务人。

2. 征税对象

个人所得税征税对象是个人所得的应税所得，主要包括以下几个方面。

（1）工资、薪金所得；

（2）经营所得；

（3）劳务报酬所得；

（4）稿酬所得；

（5）特许权使用费所得；

（6）利息、股息、红利所得；

（7）财产租赁所得；

（8）财产转让所得；

（9）偶然所得；

（10）其他所得。

3. 税率

依据所得的不同项目，税率有两种形式：超额累进税率和比例税率。综合所得，适用 3%到 45%的超额累进税率；经营所得，适用 5%至 35%的超额累进税率；利息、股息、红利所得，财产租赁所得，财产转让所得，偶然所得，适用比例税率，税率为 20%。

4. 个人所得税应纳税所得额的确定

（1）居民个人的综合所得，以每一纳税年度的收入额减除费用 6 万元以及专项扣除、专项附加扣除和依法确定的其他扣除后的余额为应纳税所得额。

（2）非居民个人的工资、薪金所得，以每月收入额减除费用 5 000 元后的余额为应纳税所得额；劳务报酬所得、稿酬所得、特许权使用费所得以收入减除 20%的费用后的余额为收入额。稿酬所得的收入额减按 70%计算。

（3）经营所得，适用 5%～35%的超额累进税率，以每一纳税年度的收入总额减除成本、费用以及损失后的余额为应纳税所得额。

（4）财产租赁所得，每次收入不超过 4 000 元的，减除费用 800 元；4 000 元以上的，减除 20%的费用，其余额为应纳税所得额。

（5）财产转让所得，以转让财产的收入额减除财产原值和合理费用后的余额为应纳税所得额。

（6）利息、股息、红利所得，偶然所得，以每次收入额为应纳税所得额。

5. 免征个人所得税

以下是免征个人所得税的 10 种情形。

（1）省级人民政府、国务院部委和中国人民解放军军以上单位，以及外国组织、国际组织颁发的科学、教育、技术、文化、卫生、体育、环境保护等方面的奖金；

（2）国债和国家发行的金融债券利息；

（3）按国家统一规定发给的补贴、津贴；

（4）福利费、抚恤金、救济金；

（5）保险赔款；

（6）军人的转业费、复员费、退役金；

（7）按照国家统一规定发给干部、职工的安家费、退职费、基本养老金或者退休费、离休费、离休生活补助费；

（8）依照我国有关法律规定应予免税的各国驻华使馆、领事馆的外交代表、领事官员和其他人员的所得；

（9）中国政府参加的国际公约、签订的协议中规定免税的所得；

（10）国务院规定的其他免税所得，并由国务院报全国人民代表大会常务委员会备案。

根据《个人所得税法》第五条的规定，由省、自治区、直辖市人民政府规定具体幅度和期限，并报同级人民代表大会常务委员会备案，对于以下情形之一，可以减征个人所得税：①残疾、孤老人员和烈属的所得；②因严重自然灾害遭受重大损失的。国务院可以规定其他减税情形，报全国人民代表大会常务委员会备案。

【随堂演练】个人所得税是世界各国普遍征收的一个税种，但各国的个人所得税规定有所不同。下列表述中属于我国现行个人所得税特点的有（　　　）。（多选）

A. 实行的是综合所得税制　　　　B. 累进税率和比例税率并用

C. 实行的是分类所得税制　　　　D. 采取源泉代扣制和个人自行申报制两种征纳方法

答案：B、C、D

解析：根据个人所得税的概念及特点回答即可。

【随堂演练】下列项目中，免征个人所得税的有（　　　）。（多选）

A. 企业为职工缴纳的补充养老保险　　　B. 军烈属的抚恤金

C. 商业保险到期返还的本金　　　D. 中国科学院、中国工程院院士津贴

答案：B、C、D

解析：根据个人所得税的免税对象回答即可。

复习与思考

一、填空题

1. 所谓税收征纳关系，就是国家为了实现其职能，由国家各级税务部门向负有纳税义务的单位和个人（　　　　　　　　　）而形成的社会关系。

2. 超额累进税率将征税对象不同等级部分同时适用相应的税率，每一次计算仅以（　　　　　）作为计算基数，然后将计算结果相加得出应纳税数额的税率。

3. （　　　）是对在中华人民共和国境内销售货物或者提供加工、修理修配劳务，销售服务、无形资产、不动产以及进口货物的单位和个人就其实现的增值额而征收的一个税种。

4. 我国增值税实行的是（　　　　）税率。

5. 由于小规模纳税人经营规模小，且会计核算不健全，《增值税暂行条例》规定其按照以销售额和征收率计算应纳税额的简易办法，按（　　　）的征收率计算应纳税额，并不得抵扣进项税额。

二、选择题

1. 以下对纳税主体的描述，正确的有（　　　）。（多选）

　　A. 纳税人有权向税务机关了解国家税收法律、行政规定以及与纳税程序有关的情况

　　B. 纳税人有权要求税务机关为纳税人保密

　　C. 纳税人对税务机关所做出的决定，享有陈述权、申辩权

　　D. 纳税人依法享有申请行政复议、提起行政诉讼、请求国家赔偿等权利，纳税人有权控告和检举税务机关、税务人员的违法违纪行为

2. 个人所得税是世界各国普遍征收的一个税种，但各国的个人所得税规定有所不同。下列表述中属于我国现行个人所得税特点的有（　　　）。（多选）

　　A. 实行的是综合所得税制

　　B. 累进税率和比例税率并用

　　C. 实行的是分类所得税制

　　D. 采取源泉代扣制和个人自行申报制两种征纳方法

3. 以下免征个人所得税的有（　　　）。（多选）

　　A. 按国家规定发给的补贴、津贴　　　B. 福利费、抚恤金、救济金

　　C. 保险赔款　　　D. 军人的转业费、复员费、退役金

4. 个人综合所得适用的超额累进税率为（　　　）。（单选）

　　A. 3%至45%　　　B. 5%至35%　　　C. 20%　　　D. 10%

5. 6%的增值税税率适用于（　　　）。（单选）

    A．进口人民生活必需品　　　　　　B．销售服务、无形资产

    C．纳税人出口货物　　　　　　　　　D．绝大多数货物

三、名词解释

1. 税收

2. 税法

四、简答题

1. 税收的基本特征有哪些？

2. 税法的构成要素有哪些？

五、案例分析题

美国人杰克（Jack）于 2018 年 2 月来华居住并在 2019 年 5 月回国，期间在某高校担任英语教师并取得收入。

问题： 杰克应该如何纳税？

参 考 文 献

[1] 中华人民共和国民法典（2020 年 5 月 28 日第十三届全国人民代表大会第三次会议通过）

[2] 北京万国学校. 国家法律职业资格考试——万国授课精华：商法·经济法·环境资源法·劳动与社会保障法[M]. 北京：中国法制出版社，2018.

[3] 赵威. 经济法[M]. 北京：中国人民大学出版社，2019.

[4] 谭俊华. 经济法[M]. 北京：清华大学出版社，2015.

[5] 王福友. 经济法[M]. 北京：中国人民大学出版社，2015.

[6] 梁鑫. 经济法[M]. 北京：清华大学出版社，2014.

[7] 刘泽海. 新编经济法教程[M]. 北京：清华大学出版社，2014.

[8] 张学森. 新编经济法教程[M]. 北京：清华大学出版社，2014.

[9] 葛恒云，赵伯祥. 经济法[M]. 北京：机械工业出版社，2014.

[10] 杨紫煊. 经济法[M]. 北京：北京大学出版社，2014.

[11] 张虹，何辛，张倩. 经济法基础[M]. 北京：经济管理出版社，2014.

[12] 刘瑞复. 经济法原理[M]. 北京：北京大学出版社，2013.

[13] 唐立新. 经济法新编[M]. 武汉：武汉大学出版社，2013.

[14] 财政部会计资格评价中心. 经济法[M]. 北京：中国财政经济出版社，2012.

[15] 刘健民. 经济法[M]. 上海：上海交通大学出版社，2012.

[16] 刘大洪. 经济法[M]. 北京：机械工业出版社，2012.

[17] 沈幼伦. 合同法[M]. 北京：中国财政经济出版社，2012.

[18] 陈恩才. 经济法[M]. 北京：人民邮电出版社，2012.

[19] 常凯. 劳动法教程[M]. 北京：高等教育出版社，2011.

[20] 曹胜亮. 经济法[M]. 武汉：武汉理工大学出版社，2010.

[21] 范健，王建文. 破产法[M]. 北京：法律出版社，2009.

[22] 刘少军，翟继光. 税法学[M]. 北京：中国政法大学出版社，2008.

[23] 刘静. 产品责任论[M]. 北京：中国政法大学出版社，2000.

[24] 石少侠. 公司法[M]. 北京：中国政法大学出版社，2008.

[25] 王显勇. 竞争法教程[M]. 北京：法律出版社，2008.

[26] 王东敏．新破产法疑难解读与实务操作[M]．北京：法律出版社，2007.

[27] 赵旭东．公司法[M]．北京：高等教育出版社，2006.

[23] 曲振涛，王福友．经济法[M]．北京：高等教育出版社，2004.

[29] 韩世远．合同法总论[M]．北京：法律出版社，2004.

[30] 甘培忠．企业与公司法学[M]．北京：北京大学出版社，2001.